西北大学“双一流”建设项目资助
Sponsored by First-class Universities
and Academic Programs of Northwest University

xiandai jingjixue
lilun yu fangfa chuangxin luntan

现代经济学理论与方法创新论坛

（十二）

高 煜 王 聪◎主编
吴丰华 赵麦茹◎副主编

中国经济出版社
CHINA ECONOMIC PUBLISHING HOUSE
北 京

图书在版编目（CIP）数据

现代经济学理论与方法创新论坛．十二／高煜，王聪主编．--北京：中国经济出版社，2020.12

ISBN 978-7-5136-6405-9

Ⅰ.①现… Ⅱ.①高… ②王… Ⅲ.①经济学-文集 Ⅳ.①F0-53

中国版本图书馆 CIP 数据核字（2020）第 246855 号

责任编辑 王 帅 闫明明
责任校对 李若雯
责任印制 巢新强

出版发行 中国经济出版社
印 刷 者 北京九州迅驰传媒文化有限公司
经 销 者 各地新华书店
开 本 710mm×1000mm 1/16
印 张 17.25
字 数 227 千字
版 次 2020 年 12 月第 1 版
印 次 2020 年 12 月第 1 次
定 价 98.00 元
广告经营许可证 京西工商广字第 8179 号

中国经济出版社 **网址** www.economyph.com **社址** 北京市东城区安定门外大街 58 号 **邮编** 100011
本版图书如存在印装质量问题，请与本社销售中心联系调换（联系电话：010-57512564）

目 录

我国中西部与东部地区资源型城市可持续发展的长效机制构建

岳利萍

摘　要：资源型城市可持续发展不仅是其产业的可持续发展，更是社会和环境的可持续发展。虽然我国资源型城市可持续发展取得了一定成效，但现有政策在援助方向和目标、支持领域和力度方面未能完全做到区别对待和分类指导。本文通过梳理我国不同类型资源型城市空间分布特点及特征，剖析了我国不同区域资源型城市可持续发展的痛点与难点，在此基础上，提出了三个视阈下的长效机制构建框架：在主体异质性视阈下尽快建立“7+5”机制；在空间异质性视阈下，构建“腾笼换鸟”与“凤凰涅槃”机制；在类型异质性视阈下，构建不同重点的预警机制，形成事前、事中和事后的全方位一体化长效机制体系，实现资源型城市可持续发展。

关键词：资源型城市；可持续发展；长效机制；主体异质性；空间异质性；类型异质性

作者简介：岳利萍（1978—　），西北大学经济管理学院教授、博士生导师，主要研究方向为资源环境约束下的经济发展。主持并结题国家社科基金、陕西省哲学社会科学基金、陕西省软科学项目等多项研究课题。围绕“资源枯竭型城市转型政策”这一主题，在《光明日报》《改革》《中国人口、资源与环境》等期刊发表多篇论文。

一、引言

早在2001年我国就开始重视并研究资源枯竭型城市转型发展问题。目前共有262座资源型城市，其空间分布呈现出全国性分布、空间非均衡分布和区域内部聚集分布三大特征。全国性分布体现在资源型城市的绝对数量上，四大区域无一例外均有资源型城市，东北地区、东部地区、中部地区和西部地区资源型城市个数分别是37座、49座、74座和102座；空间非均衡性分布则表现为各地区资源型城市占全国资源型城市的相对数量呈现出从西部—中部—东部—东北比重逐渐减少的特征；区域内部聚集分布体现在资源型城市占所在地区县级以上城镇比重上，呈现出东北密集分布，中、西部次之，东部地区分散化的特点。不同类型资源型城市的分布：从绝对数量上看，成熟型和衰退型多，成长型和再生型少；从不同类型的区域分布来看，东北地区成长型城市最少，仅有1座，中部地区成熟型城市最多，达到45座；衰退型城市主要集中在东北、西部和中部地区；再生型城市四大区域均较少，相对较多的东部地区也仅有7座（见表1）。

表1　我国不同类型资源型城市的空间分布及特征

区域划分	成长型城市	成熟型城市	衰退型城市	再生型城市	与全国资源型城市相比		与地区县级以上城镇总数相比	
					总数（座）	占比（%）	总数（座）	占比（%）
东北地区	1	12	19	5	37	14	37	11
东部地区	2	31	9	7	49	19	49	6
中部地区	4	45	20	5	74	28	74	9
西部地区	24	53	19	6	102	39	102	9

资料来源：根据《全国资源型城市可持续发展规划（2013—2020年）》整理所得。

中央政府历来重视资源型城市的转型与可持续发展，对于资源型城市可持续发展的认识经历了一个由点到面，从散至合的全面化、综合化与体系化过程，而这一过程则生动地体现在以下三个方面：一是决策重点更加科学，经历了“资源枯竭型城市转型—振兴东北—全面建成小康社会—五位一体全面发展”的深化过程；二是对资源型城市的界定更加广泛，从2001年仅有1座资源枯竭型城市，到目前明确界定了涉及全国28个省区不同产业、不同发展阶段、不同行政级别的262座城市；三是助力资源型城市转型与可持续发展的机制不断优化，逐渐形成了一揽子系统性发展机制。事实上，尽管不同地区的资源型城市可持续发展取得了一定成效，但从实践效果来看，“五大机制”的发挥效果并不理想，一方面是其发挥的空间受制于现行资源管理体制的掣肘，资源隶属部门不同，难以形成“多规合一”，不能统筹使用、合理配置经济要素；另一方面则是其发挥的潜力受限于国家对资源型城市可持续发展政策的不完善，现有政策在援助方向和目标、支持领域和力度方面未能完全做到区别对待和分类指导，尤其缺乏对政策执行效果的事后评估，导致可持续发展机制很难促进经济增长。

二、我国中西部和东部地区资源型城市可持续发展：痛点与难点

除保障国家能源与资源安全外，保障国家生态安全是中西部地区资源型城市肩负的另一大重任。这些城市大多区位劣势明显，远离区域经济集聚中心，社会发展成本高昂，其可持续发展的痛点与难点表现为以下五个方面：一是供给侧结构性改革与资源型城市稳定发展之间的矛盾。供给侧结构性改革要求去产能，转换经济发展新动能要求中西部地区淘汰落后产能，引导其有序退出，这势必会产生大量下岗职工，给资源型城市社会稳定带来巨大的压力。二是国际、国内资源能源价格低迷与资源型城市多元发展的矛盾。中西部地区聚集了我国70%的成熟型资源型城市，在当前国际、国内石油和煤炭等能源和资源价格低迷的宏

观背景下，资源型城市地方政府财政收入增速急剧下降，导致其寻求多元化发展的财政支持能力降低。三是资源型城市国企效率低下与市场机制之间的矛盾。中西部地区成熟型和衰退型城市数量的总和为137座，占资源型城市总数的52%。成熟型和衰退型资源型城市国有企业比重普遍较大，“矿城一体”“政企合一”的现象较为普遍，国有企业在某些方面存在的效率低下和市场机制要求高效配置资源之间存在较大矛盾。四是资源产业的锁定效应与资源型城市产业转型发展的矛盾。资源富集地区资源型产业利润率高于社会平均利润率，对生产要素形成强大的虹吸效应，将资本和人力资源锁定在资源产业内部，形成“资源优势陷阱”，这与资源型城市产业可持续发展所要求的产业多样化形成巨大矛盾。五是财富流失效应与财富当地资本化的矛盾。资源型城市因矿而建、因矿而兴或因矿而衰，资源产业的大力发展促使当地的企业家先富起来，但这部分人又会将资源开发带来的财富转移到东部发达地区或发达地区的高利润率行业，形成了资源型城市在生产领域创造财富，在消费领域流失财富的不正常现象，导致资源所在地资本形成不足。

东部地区资源型城市区位优势明显，靠近区域经济聚集中心，市场化程度较高，实现可持续发展的痛点与难点表现为以下三个方面：一是新旧动能转换与资源型城市经济稳定增长之间的矛盾。新旧动能转换会造成东部地区资源型产业的转移，短期内会导致经济增速下降，这与保增长形成矛盾。二是绿色发展与资源型城市产业选择之间的矛盾。改革开放以来，东部地区经过率先发展，生态容量可用空间越来越少，在当前绿色发展的要求下，在接续产业的选择上，形成了既要保证逐步恢复生态环境又要实现经济增长的矛盾。三是资源产业挤出效应与资源型城市创新发展之间的矛盾。东部地区成熟型资源型城市比重较高，资源型经济对人力资源，特别是高素质人力资源的挤出，降低了资源型城市技术创新效率，进而对其制造业形成二次打击，使其难以实现创新驱动下的经济可持续发展。

三、我国中西部地区和东部地区资源型城市可持续发展：长效机制

（一）主体异质性视阈下的长效机制："7+5"机制

资源型城市可持续发展涉及经济、社会、环境的统筹发展，需要处理好产业转型与可持续发展，城市转型与可持续发展，社会稳定与可持续发展，以及各种生产要素与经济转型之间的关系。主体异质性视阈下，一端以中央政府为主导，统筹构建以产权为纽带的开发前约束与规范、开发中共享、开发后补偿、评估与区域利益协调的机制；另一端以地方政府为主导，构建资源型产业与资源型城市之间转型发展的产城融合机制。

从中央政府层面，除了加大已有的"五大机制"，即开发秩序约束机制、产品价格形成机制、资源开发补偿机制、利益分配共享机制和接续替代产业扶持机制外，应尽快在全国范围内建立起资源开发后的可持续发展评估机制与区域间利益协调机制，形成事前规范、事中共享、事后评估与利益协调的全生命周期三位一体七大发展机制。可持续发展评估机制要求在全社会范围内建立绿色政绩考评体系和绿色 GDP 核算体系，从规范政府行为和提升产业发展质量两个方面实现资源、环境、经济和社会的和谐统一。区域利益协调机制要求通过规范财政转移支付制度，建立资源型与非资源型城市间的补偿制度和城市协调发展专项资金等方式，促进资源型城市与非资源型城市在基础设施建设、公共事业发展、产业分工协作、社会保障、生态环境治理等方面的深入合作。此外，要尽快组建由中央、地方政府，资源所在地居民与资源开发企业四方共同参与主导的股份制资源开发公司，推进资源开发利益共享机制的建立。通过合理拆分资源的产权，完善资源开发过程不同参与主体的权利与义务，优化设计资源勘探开发成本与资源开发收益相匹配的成本分摊与利益共享份额，提高资源开发的短期红利与地区发展的长期收益之

间的相互匹配度。完善接续替代产业扶持机制。国家在重大产业项目布局和建设、项目审批、土地利用、融资贷款等方面引导和鼓励生产要素向接续替代产业集聚。完善资源开发补偿机制。按照开发者保护、受益者补偿、污染者治理、破坏者修复的原则，将资源型企业给生态环境带来的负外部性内部化。

从地方政府层面，要尽快建立起以产城融合为核心的五大发展机制，防范资源型产业对可持续发展带来的挤出、锁定和财富快速流失效应。第一，构建产城融合机制，破除锁定效应。以城市为基础，通过技术创新，实现产业升级、产业延伸、产业配套、产业嬗变，打破产业边界，降低进入壁垒，达到产业与城市功能融合、空间整合，以产促城，以城兴产。第二，完善城市创新体系互动机制，破除挤出效应。首先，增强供给侧对创新的支持力度，加大地方政府在创新基础设施、创新平台等硬件方面的投入，不断促进形成创新友好型社会环境。其次，优化创新主体激励相容机制，打破体制机制对大学、企业、科研机构等创新主体的束缚，让其进一步释放创新活力，增强创新动力，提高创新能力。最后，积极引导绿色技术创新。从需求侧强化对绿色创新的需求，在产业布局上，培育绿色产业集群。第三，完善财富聚集机制，破解财富流失效应。其一，建立健全资源所在地产业发展项目库，以产业为支撑吸引资源所在地企业家回家乡创业；其二，从财税优惠、投资补贴、地租减免、用工奖励、创新激励等方面，构建相应的制度体系与政策平台，用制度与政策培育、引领、激励资源开发的财富留在资源所在地，形成财富保护机制。第四，建立城市中心转移、合并、拓展共进机制，扩展城市发展容量。推进对资源型城市进行分类归置、区别对待、存优去劣、有所取舍的进程。一方面，对于那些主导性资源濒临枯竭、区位优势不明显、生态环境承载力差、人口规模小、接续替代产业难成“气候”的资源型城镇，应尽快转变其在区域中的功能定位与职能分工，坚持因地制宜与因势利导原则，“宜工则工”“宜牧则牧”“宜林则林”；另一方面，对于那些产业关联度大、区位条件优越、基础设施完善、交通网络发达、行政区划接近一致的资源型城市，通过增进城市经济活力与产业实力，进一步完善其中心城镇功能。第五，完善城乡优势互补发展机制，破解城乡双重二元结构。提质扩容后的资源型城市，通过城区基础设施、非资源型产业、公共产品、城市文明向农村延伸、辐射和倾斜等方式，促进美丽乡村建设，形成以城带乡、城乡互补、协调发展的长效发展机制。

（二）空间异质性视阈下资源型城市可持续发展的长效机制："腾笼换鸟"与"凤凰涅槃"

资源型经济“一柱擎天，结构单一”，在当前“三期叠加”的特定阶段，经济下行压力加大，经济发展步入新常态。空间异质性视阈下，东部地区资源型城市可持续发展的关键在于如何实现“腾笼换鸟”，而中西部地区资源型城市可持续发展的关键则在于如何实现“凤凰涅槃”。

1. 中西部地区资源型城市可持续发展的长效机制

以产业可持续发展为重点，通过构建产业选择性承接机制，实现经济可持续发展。一方面，以集群式承接为途径，通过精准引入，实现“凤凰涅槃”。另一方面，根据中西部地区资源型城市特点和生态环境容量，遵循“趋利避害”的转型发展理念，在积极有序承接东部产业集群式迁入的基础上，建立科学有效的产业准入标准和产业承接负面清单，拒绝承接高污染、高耗能、技术含量低的产业和企业，促进地区经济、社会和环境三重福利的携手共进，实现区域福利水平的全方位提升。

以改善民生为根本，通过设立中西部地区稳定基金，实现社会稳定发展。近年来，农民工等人员返乡创业与务工活动逐渐增多，加之东部地区持续向中西部地区进行产业转移，导致中西部地区资源型城市对本地劳动力需求明显增加，但劳动力技能单一、结构失衡等问题比较突出。因此，可考虑设立中西部地区稳定基金，该基金主要用于对中西部地区资源型城市进行企业职工生活保障、下岗再就业培训、基础设施建设等方面的支持。资金有三个来源，一是中央政府和地方政府财政收入，二是成熟期资源型产业的部分利润，三是矿山环保与土地复垦保证金收入等。以加大中西部地区资源型城市普通劳工的技能培训作为突破口，以改善中西部地区资源型城市基础设施为抓手，提高中西部地区资源型城市劳动力本地就业率，减少跨区域人口流动。

以保护生态为抓手，通过设立中西部地区可持续发展准备金，实现生态环境可持续发展。中西部地区，尤其是西部地区的资源型城市生态环境脆弱，中西部地区准备金主要用于资源开采中和开采后的生态环境修复。在征收方面，一方面，可按资源生产、加工和销售收入的一定比例征收，实行专款专用、专户储存的管理方式，由中西部地区政府按照资源型城市转型的紧迫程度统筹使用。另一方面，节能环保产业具有产业链条长、吸纳就业高、生态效益显著的特点，对于中西部地区的节能环保产业，可从中西部地区可持续发展准备金中提取适当比例，对其生产、加工和销售环节进行适当补贴。促进中西部地区节能环保产业的发展，既是保护生态的需要，也是实现中西部地区资源型城市产业可持续发展的需要。

以丝绸之路经济带为支撑，通过对接中亚实现区位比较优势。目前国家正在积极地推进向西开放的战略，中西部地区资源型城市应充分发挥其毗邻中亚的地缘优势，根据各地资源环境禀赋，开展资源的精加工和深加工，延伸产业链条。一方面，把从中亚等地区进口的原材料就地加工，促进就业，增加当地收入，而不仅仅是充当资源的过境地，进一步缩小民族地区与内地的发展差距，促进民族团结。另一方面，积极实行“走出去”战略，依托中西部地区资源型企业的技术优势，在中亚国家拓展市场，扩大中国企业在国外，尤其是在中亚国家的知名度。

2. 东部地区资源型城市可持续发展的长效机制

构建落后产能淘汰机制，“腾笼换鸟”“筑巢引凤”。一是从供给侧入手，加快推进支柱产业技术升级与主导产业业态重塑，以龙头企业为主导，鼓励一大批企业开展生产技术优化升级、生产设备更新完善、生产工艺开拓创新，加速淘汰落后产能。二是搭建新型载体，力促资源型产业转型。东部地区资源型城市应以信息技术为载体，大力发展信息传输、软件和信息技术服务业，促进资源型产业转型。三是以全面推行企业分类综合评价制度为契机，着力研究资源要素价格的动态形成与优化配置政策，加快推进配套政策落地实施，采取市场化的方式，用价格机制推动落后产能的淘汰、过剩产能的化解与低效产能的退出。

完善创新创业就业机制，实现区域内部共同繁荣。一是通过大力发展服务业，创造更多岗位；二是从供给侧发力，创新公共服务供给模式，施行政府购买基层公共管理和社会服务岗位的兜底措施；三是构建劳动者终身职业培训体系，预防失业，促进就业，通过政府引领与市场竞争相结合，实现就业可持续发展。

建立城市文化再造机制，提升城市形象，塑造城市品牌。作为推动资源型城市转型发展的重要力量，城市文化能够凝聚其转型发展的共识，激发其转型发展的动力，释放其转型发展的活力，引领其转型发展的风气。东部地区资源型城市在转型过程中，一是鼓励文化原创，营造创新文化，引领城市向创新发展转型；二是保护城市遗产，营造城市发展特色，引领城市向个性发展转型；三是振兴文化产业，优化城市产业结构，引领城市向多元发展转型。通过城市文化建设，提升城市形象，塑造城市品牌。

以海上丝绸之路经济带为契机，改善贸易结构，开拓新市场。东部地区沿江、沿边、沿海，区位优势明显。东部地区的资源型城市应积极利用区位优势，支持具有自主品牌、高附加值和自主知识产权的产品出口。紧紧围绕已有的上海、广东、天津和福建自贸区，通过海上丝绸之路，带动地质勘探设备、资源开发设备和技术劳务出口。以海上丝绸之路经济带为平台，推行出口市场多元化战略，在巩固传统出口市场的同时，全方位、多层次、立体化开拓新兴市场。

（三）类型异质性视阈下资源型城市可持续发展的长效机制

类型差异视阈下我国资源型城市可持续应遵循差异化指导、特色化发展的原则，根据资源保障能力和可持续发展能力差异，以预警机制的建设为核心，构建长效发展机制。

1. 成长期资源型城市有序发展预警机制

此类资源型城市资源储备充足，开发前景光明，经济、社会发展潜力巨大，是我国能源资源的供给和后备基地。该类型的城市应建立有序开发预警机制，包括建立资源开发企业的准入预警、资源开发强度预警和生态环境变化预警，通过预警机制，合规开发资源。明确资源型企业的进入规模门槛、技术门槛、开发强度门槛、生态退化门槛，对于垄断、恶性竞争或不合规的企业，及时制止其生产和销售行为。同时，错位竞争有序发展，积极谋划布局与周边地区带有差异性的战略性新兴产业，以新型工业化促进新型城镇化，实现资源型城市的可持续发展。

2. 成熟期资源型城市跨越发展预警机制

此类资源型城市资源保障能力强，经济社会发展水平较高，是现阶段我国能源资源安全保障的核心区。该类型的城市按照“一产精、二产优、三产强”的思路，建立跨越发展预警机制，包括资源型产业衰退预警、先进产业和技术追踪预警、生态环境破坏预警。通过构建资源能源大数据库，长时间、大跨度、大范围整合世界资源能源价格，评估资源能源产业发展周期，为相应资源产业发展前景提供精准预报。通过建立资源开发利用先进技术转移市场，追踪世界顶级技术。通过建立资源开发利用生态恢复实验室，加大治理和恢复生态环境，消除资源开发利用对生态环境的不利影响。通过完善城市功能，提高城镇化质量，跨越资源型经济陷阱。

3. 衰退期资源型城市转型发展预警机制

此类资源型城市产业结构不合理，地方财政困难，就业压力大，公共服务体系运转困难，生态环境脆弱，是实现可持续发展的重点问题区和攻坚区。该类城市应建立转型发展预警机制，包括地方债务预警、社会稳定预警、地质灾害预警和接续替代产业预警。通过确认、甄别、预测与评价衰退期资源型城市政府的直接债务、负有担保责任的债务，对其进行综合评价，建立包含债务依存度、负担率、赤字率、人均负债额、债务逾期率、平均还债年限等指标在内的地方债务风险预警指标体系。通过数据采集、风险监测、风险识别、状态分析、风险度量，形成预警报告，通过风险分散、阻断风险和转化风险，实现动态监测。加强衰退期资源型城市地质与气象部门的数据共享，加大排除地质灾害隐患，形成地质灾害预警常态化、动态化。通过对全产业链和产品生命周期的预判，及早识别接续替代产业，形成接续替代产业预警。

4. 再生期资源型城市创新发展预警

此类城市是可持续发展的示范区与先行区。这意味着，该类型城市的发展应聚焦在实现转型成功后的长期繁荣，这就要求其应建立创新发展预警机制，包括经济结构优化预警、传统产业智能化预警、公共服务均等化预警。在经济结构优化方面，形成生产性服务业与生活性服务业领跑发展的趋势；在传统产业方面，利用信息技术和互联网技术，改造传统产业；在公共服务方面，更加注重科技、教育、医疗等服务质量的提升。通过优化城市功能，提升城市文化品位，形成区域发展的中心区和增长极，建立宜居、宜业、宜游、复绿、增绿、低碳的新城市。

综上所述，在资源型城市可持续发展中，应通过新旧动能转换来转变发展方式；通过正式与非正式制度安排突破体制机制束缚；通过城市功能完善与提升实现资源型城市的可持续发展。在主体异质性视阈下尽快建立“7 + 5”机制，在空间异质性视阈下，构建“腾笼换鸟”与“凤凰涅槃”机制，在类型异质性视阈下，构建不同重点的预警机制，形成事前、事中和事后的全方位一体化长效机制，实现资源型城市可持续发展。

丝绸之路经济带支点城市：空间分布、地区差异与建设路径①

王颂吉　李　昂　刘　俊

摘　要：丝绸之路经济带是联通亚欧非大陆的经济合作网络，通过加强支点城市建设，可以为丝绸之路经济带“连线”“结网”，为各领域全方位合作提供空间支撑。本文研究支点城市在丝绸之路经济带三条线路上的分布状况，比较支点城市在丝绸之路经济带沿线不同地区的分布差异，从做强支点城市、深化支点城市分工、构建支点城市合作网络三个方面提出加强丝绸之路经济带支点城市建设的路径。

关键词：丝绸之路经济带；支点城市；空间分布；地区差异；建设路径

作者简介：王颂吉（1986—　），西北大学经济管理学院副教授、硕士生导师，西北大学中国西部经济发展研究中心研究员，主要研究方向为城乡与区域经济发展、国际经济治理，在《中国工业经济》《中国软科学》《经济学家》等权威及核心期刊发表学术论文40余篇，主持国家自然科学基金青年项目、教育部人文社会科学研究青年基金项目等多项课题。李昂（1995—　），圣路易斯华盛顿大学乔治·沃伦·布朗学院，主要研究方向为国际经济学。刘俊（1984—　），西北政法大学经济学院，主要研究方向为区域经济学。

---

① 本文发表于《中国软科学》2018年第11期。基金项目：国家自然科学基金青年项目（批准号：71603204），教育部人文社会科学研究青年基金项目（批准号：16YJC790101），西安市社科基金项目（编号：19Z35）。

一、引言

丝绸之路经济带是联通亚欧非大陆的新型国际合作平台，在广袤的地域范围内开展互联互通建设，必须充分发挥沿线中心城市的空间支撑作用。2015 年 3 月，国家发展改革委、外交部、商务部联合授权发布的《推动共建丝绸之路经济带和 21 世纪海上丝绸之路的愿景与行动》提出："陆上依托国际大通道，以沿线中心城市为支撑，以重点经贸产业园区为合作平台，共同打造新亚欧大陆桥、中蒙俄、中国—中亚—西亚、中国—中南半岛等国际经济合作走廊"。从以上表述可以看出，如果把丝绸之路经济带看作一个经济合作"网络"，那么经济走廊就是结网的一条条"线"，而沿线中心城市则是连线结网的"支点"。以沿线中心城市为支点编织城市网络，对于加强区域经济合作，辐射带动整个丝绸之路经济带建设具有重要意义。

城市是区域经济的增长极，可以通过集聚扩散效应带动周边区域的经济发展。学术界对经济活动的空间分布开展了广泛研究，提出了增长极理论、中心—外围理论、发展轴理论等经典模型。20 世纪 90 年代以来，新经济地理学进一步论证了经济活动的空间集聚与分散问题，提升了学术界对城市与区域经济发展问题的认识水平。2016 年 10 月，联合国第三次住房和城市可持续发展大会审议通过的《新城市议程》提道："城市联通着地区、国家，甚至连接着全球网络"，是"更平衡的地域开发的枢纽"①，由此可见城市在世界经济发展中的重要作用。当前，丝绸之路经济带沿线一些地区的城市化水平相对较低，通过加快丝绸之路经济带沿线的中心城市建设，把沿线中心城市通过现代交通网络连接起来，可以有效发挥沿线中心城市的增长极和发展轴效应，带动沿线区

① 屠启宇．国际城市发展报告(2017)：丝路城市走廊——构筑"一带一路"战略主通道[M]．北京：社会科学文献出版社，2017：2.

域的经济社会发展。

我们把丝绸之路经济带沿线的中心城市称为“支点城市”。从丝绸之路经济带支点城市的相关研究来看，屠启宇（2016）提出了“丝路城市”的概念，认为丝路城市网络可以在丝绸之路经济带建设中发挥重要作用。目前，学术界对丝绸之路经济带支点城市的研究主要集中在国内段，尤其是国内西北段，相关研究较为深入地分析了丝绸之路经济带国内段沿线支点城市的对外经济联系强度、产业发展水平等问题，对培育丝绸之路经济带国内段支点城市，加强国内段支点城市之间的产业分工合作已经形成了广泛共识（例如，郭爱君、毛锦凰，2016；任海军、张虎平，2016）。尽管学术界对丝绸之路经济带国外区域的支点城市分布状况有所讨论，但相关研究还很不充分。我们认为，选取并研究丝绸之路经济带支点城市，是研究丝绸之路经济带互联互通的基础性工作，这也是本项研究的价值所在。

二、丝绸之路经济带支点城市的空间分布

（一）丝绸之路经济带支点城市的选择依据

作为丝绸之路经济带互联互通的空间支撑，支点城市对所在区域发挥着“内聚”和“外联”作用。一方面，丝绸之路经济带支点城市是所在区域的要素集聚“中心地”或经济“增长极”，辐射带动周边区域经济发展；另一方面，丝绸之路经济带支点城市又是所在区域对外经贸联系的“门户”或“窗口”，在域外要素配置中发挥着重要作用。在支点城市的选择上，我们主要选取丝绸之路经济带沿线具有高度集聚能力和高度外联功能的世界级中心城市。除此之外，丝绸之路经济带支点城市还包括丝绸之路经济带沿线国家（地区）的一些中心城市，这些城市尽管未入围世界级中心城市，但在区域经济要素集聚和对外经济合作中发挥着重要作用。

基于对丝绸之路经济带支点城市的界定以及学术界研究现状，为保证支点城市选取的科学性和权威性，我们主要依据英国拉夫堡大学全球化与世界城市（Globalization and World Cities，GaWC）研究组织（Research Network）公布的2016年世界城市名单。英国拉夫堡大学全球化与世界城市研究组织侧重于评价城市发展水平，尤其是评价城市之间的对外联系强度，该组织定期推出世界城市名单，在全球范围内产生了广泛影响。英国拉夫堡大学全球化与世界城市研究组织把世界城市分为五个总等级，分别是α、β、γ、High Sufficiency（*HS*）、Sufficiency（*S*）。其中，α等级又细分为α^{++}、α^{+}、α、α^{-}；β等级细分为β^{+}、β、β^{-}；γ等级细分为γ^{+}、γ、γ^{-}；*HS*和*S*并未进一步细分。根据英国拉夫堡大学全球化与世界城市研究组织公布的2016年世界城市名单，中国大陆有26个世界城市，中国港澳台地区有5个世界城市。

（二）丝绸之路经济带的“三条线路”

根据推进“一带一路”建设工作领导小组办公室2017年5月发布的《共建“一带一路”：理念、实践与中国的贡献》，丝绸之路经济带包括“三条线路”：一是从中国西北、东北经中亚、俄罗斯至欧洲、波罗的海，可称为“北线”；二是从中国西北经中亚、西亚至波斯湾、地中海，可称为“中线”；三是从中国西南经中南半岛至印度洋，可称为“南线”。从空间分布来看，丝绸之路经济带辐射蒙俄、中亚、西亚、南亚、东欧、中欧、北欧、西欧、南欧、北非、中南半岛等地区，其中北线涉及的主要地区包括中国东北、西北、蒙俄、中亚、东欧、中欧、北欧、西欧；中线涉及中国西北、中亚、西亚、北非、南欧；南线涉及中国西南、中南半岛和南亚。丝绸之路经济带沿线各地区涵盖的国家见表1。

表1　丝绸之路经济带沿线地区及国家分布

地区	国家	国家数量（个）
蒙俄	蒙古、俄罗斯	2
中亚	哈萨克斯坦、吉尔吉斯斯坦、乌兹别克斯坦、塔吉克斯坦、土库曼斯坦	5
西亚	阿富汗、伊朗、伊拉克、叙利亚、黎巴嫩、巴勒斯坦、以色列、约旦、沙特阿拉伯、也门、阿曼、阿联酋、卡塔尔、巴林、科威特、土耳其、塞浦路斯、格鲁吉亚、亚美尼亚、阿塞拜疆	20
南亚	印度、巴基斯坦、孟加拉国、尼泊尔、不丹	5
东欧	爱沙尼亚、拉脱维亚、立陶宛、白俄罗斯、乌克兰	5
北欧	瑞典、芬兰、挪威、丹麦	4
西欧	爱尔兰、英国、法国、荷兰、比利时、卢森堡、摩纳哥	7
中欧	德国、瑞士、波兰、捷克、斯洛伐克、奥地利、匈牙利、列支敦士登	8
南欧	葡萄牙、西班牙、意大利、圣马力诺、安道尔、梵蒂冈、马耳他、斯洛文尼亚、克罗地亚、波斯尼亚和黑塞哥维那、塞尔维亚、黑山、阿尔巴尼亚、马其顿、科索沃、希腊、罗马尼亚、保加利亚、摩尔多瓦	19
北非	埃及、利比亚、突尼斯、阿尔及利亚、摩洛哥	5
中南半岛	越南、老挝、柬埔寨、泰国、缅甸、马来西亚	6

资料来源：笔者根据公开资料整理。

（三）丝绸之路经济带“三线”上的支点城市分布

1. 丝绸之路经济带“北线”支点城市

丝绸之路经济带北线从中国西北、东北出发，经中亚、俄罗斯至欧洲、波罗的海。北线的东段是中国东北、新疆和内蒙古自治区，该地区经济发展处于快速上升期，涌现出了大连、沈阳、长春、哈尔滨、乌鲁木齐等世界城市，以及呼和浩特等区域性中心城市。以这些支点城市为中心，形成了哈长城市群、辽中南城市群、呼包鄂榆城市群、天山北坡城市群。

丝绸之路经济带北线中段的蒙古、俄罗斯、哈萨克斯坦地域辽阔，三个国家的国土面积共有2138.97万平方公里，占丝绸之路经济带北线地域总面积的73.46%；与广袤疆土相异的是，俄罗斯、哈萨克斯坦、蒙古的人口及 GDP 总量却相对较小，分别仅占丝绸之路经济带北线区域的 22.28% 和 8.72%。受人口密度和经济发展水平的限制，三国境内的世界城市数量很少。蒙古国境内的唯一世界城市是其首都乌兰巴托，世界城市级别较低；俄罗斯境内的两个世界城市是地处欧洲的莫斯科和圣彼得堡；哈萨克斯坦没有城市入围世界城市。

俄罗斯之外的东欧国家地域面积较小，经济发展水平较高，拥有基辅、塔林、里加、维尔纽斯、明斯克等 5 个世界城市。从东欧向西，丝绸之路经济带北线西段的中欧、北欧、西欧经济高度发达，拥有相当数量的世界城市，形成了三大城市群：一是以巴黎为核心的欧洲西北部城市群，包括阿姆斯特丹、鹿特丹、安特卫普、布鲁塞尔、科隆等世界城市；二是以伦敦为核心的英格兰城市群，包括曼彻斯特、利物浦、伯明翰等世界城市；三是无核心城市的环阿尔卑斯山城市群，包括慕尼黑、维也纳、苏黎世、日内瓦、里昂等世界城市。以三大城市群为主体，组成了发达的欧洲经济圈和高密度人口聚居区。中欧、西欧、北欧的人口占丝绸之路经济带北线总人口的 48.20%，GDP 占 82.45%，是整个北线的经济集聚高地（见表 2）。

表 2　丝绸之路经济带“北线”的支点城市

地区	国家	区域面积（万平方公里）	人口（亿人）	GDP（十亿美元）	支点城市	等级
	中国（东北、内蒙古、新疆）	363.11	1.58	1212.83	大连	γ^{+}
					沈阳	γ^{-}
					长春	S
					哈尔滨	S
					乌鲁木齐	S
					呼和浩特	—
蒙俄中亚	俄罗斯	1709.83	1.44	1283.00	莫斯科	α^{+}
					圣彼得堡	γ^{+}
	蒙古	156.65	0.03	11.16	乌兰巴托	S
	哈萨克斯坦	272.49	0.18	133.66	阿斯塔纳	—

续表

地区	国家	区域面积（万平方公里）	人口（亿人）	GDP（十亿美元）	支点城市	等级
东欧	爱沙尼亚	4.52	0.01	23.14	塔林	β^{-}
	拉脱维亚	6.46	0.02	27.68	里加	γ^{+}
	立陶宛	6.53	0.03	42.74	维尔纽斯	γ^{+}
	白俄罗斯	20.76	0.10	47.43	明斯克	γ
	乌克兰	60.36	0.45	93.27	基辅	β^{+}
北欧	芬兰	33.82	0.05	236.79	赫尔辛基	β^{+}
	瑞典	45.03	0.10	511.00	斯德哥尔摩	α^{-}
					哥森堡	γ
					马尔默	γ^{-}
	挪威	32.38	0.05	370.56	奥斯陆	β^{+}
					卑尔根	S
	丹麦	4.31	0.06	306.15	哥本哈根	β^{+}
					奥胡斯	HS
西欧	爱尔兰	7.03	0.05	294.05	都柏林	α^{-}
	英国	24.36	0.66	2619.00	伦敦	α^{++}
					曼彻斯特	β^{-}
					爱丁堡	β^{-}
					伯明翰	γ^{+}
					格拉斯哥	γ^{+}
					贝尔法斯特	γ^{-}
					利兹	γ^{-}
					布里斯托	γ^{-}
					利物浦	HS
					纽卡斯尔	HS
					南安普敦	S
					阿伯丁	S
					卡迪夫	S
					莱切斯特	S

续表

地区	国家	区域面积（万平方公里）	人口（亿人）	GDP（十亿美元）	支点城市	等级
西欧	法国	55. 15	0. 67	2465. 00	巴黎	α^+
					里昂	β^-
					斯特拉斯堡	γ^-
					马赛	γ^-
					里尔	*HS*
					波尔多	*S*
					格勒诺布尔	*S*
					图卢兹	*S*
					蒙彼利埃	*S*
					尼斯	*S*
	荷兰	4. 15	0. 17	770. 85	阿姆斯特丹	α
					鹿特丹	β^-
					乌得勒支	*HS*
					海牙	*S*
	比利时	3. 05	0. 11	466. 37	布鲁塞尔	α
					安特卫普	β^-
					列日	*S*
	卢森堡	0. 26	0. 0058	59. 95	卢森堡	α^-
	摩纳哥	0. 0002	0. 0004	6. 08	—	
中欧	德国	35. 71	0. 83	3467. 00	法兰克福	α
					杜塞尔多夫	β^+
					慕尼黑	β^+
					汉堡	β^+
					柏林	β
					斯图加特	β^-
					科隆	β^-
					莱比锡	γ^-
					纽伦堡	γ^-
					德累斯顿	γ^-
					汉诺威	*S*

续表

地区	国家	区域面积（万平方公里）	人口（亿人）	GDP（十亿美元）	支点城市	等级
中欧	德国	35.71	0.83	3467.00	不来梅	S
					多特蒙德	S
					曼海姆	S
	瑞士	4.13	0.08	659.83	苏黎世	α^-
					日内瓦	β
					洛桑	γ
					巴塞尔	S
					伯尔尼	S
	波兰	31.30	0.38	469.51	华沙	α
					弗罗茨瓦夫	γ^-
					克拉科夫	HS
					波兹南	S
					卡托维兹	S
					罗兹	S
	捷克	7.88	0.11	192.93	布拉格	β^+
	斯洛伐克	4.90	0.05	89.55	布拉迪斯拉发	β
	奥地利	8.39	0.09	386.43	维也纳	α^-
					林茨	S
					格拉茨	S
	匈牙利	9.30	0.10	124.34	布达佩斯	β^+
	列支敦士登	0.02	0.0004	6.66	—	
总计		2911.88	7.41	16376.96		

资料来源：各国的人口和 GDP 为 2016 年数据（其中，列支敦士登的 GDP 数据为 2014 年，摩纳哥的 GDP 数据为 2011 年），来源于世界银行数据库；各国的区域面积数据来源于世界银行 2009 年世界发展报告《重塑世界经济地理》附表（清华大学出版社 2009 年版，第 332－334 页）；中国各省份数据来自相关省份的国民经济和社会发展统计公报。

2. 丝绸之路经济带“中线”支点城市

丝绸之路经济带中线从中国西北出发，经中亚、西亚至波斯湾、地中海。中线的中国境内区域主要包括陕西、甘肃、青海、宁夏、新疆等西北五省区，从表 3 可以看出，这一区域有西安和乌鲁木齐两个世界城市，以及兰州、西宁、银川3个区域性中心城市。以这些支点城市为核心，形成了以西安为核心的关中城市群，以兰州和西宁为核心的兰西城市群，以银川为核心的宁夏沿黄城市群，以乌鲁木齐为核心的天山北坡城市群。

中亚与中国毗邻，经济发展水平不高，工业化、城镇化尚处于初级阶段。哈萨克斯坦在这一区域中经济规模最大，占中亚五国GDP总量的53.34%。中亚仅有的两个世界城市是乌兹别克斯坦的塔什干和吉尔吉斯斯坦的比什凯克，世界城市数量少、等级较低，说明该区域对外经济关联度低，经济基础薄弱，城镇化水平不高。

西亚与北非地区的国家数量众多，该区域一方面由于种族、宗教等原因，冲突战乱频繁，整体经济发展水平较低；另一方面由于石油、天然气资源丰富，形成了一些零散的经济中心。其中，阿拉伯半岛形成了以迪拜、利雅得为主的阿拉伯半岛经济圈；地中海沿岸形成了以伊斯坦布尔、安卡拉为核心的西亚经济圈；北非形成了以开罗为主的苏伊士运河经济圈。从西亚和北非的世界城市数量分布来看，除沙特阿拉伯和土耳其各自拥有多个世界城市之外，其余国家的世界城市数量介于零到两个之间。

地中海南岸的南欧经济较为发达，该区域拥有意大利、西班牙、葡萄牙等发达国家，形成了以米兰、罗马、马德里、巴塞罗那、里斯本等城市为主的环阿尔卑斯山经济圈，汇聚了数量较多的世界城市。该区域的巴尔干半岛拥有较多的世界城市，但经济发展水平仍有待提升。

表3　丝绸之路经济带“中线”的支点城市

地区	国家	区域面积（万平方公里）	人口（亿人）	GDP（十亿美元）	支点城市	等级
	中国（西北）	310.87	1.01	627.15	西安	γ^-
					乌鲁木齐	S
					兰州	—
					西宁	—
					银川	—

续表

地区	国家	区域面积（万平方公里）	人口（亿人）	GDP（十亿美元）	支点城市	等级
中亚	哈萨克斯坦	272.49	0.18	133.66	阿拉木图	—
	吉尔吉斯斯坦	19.99	0.06	6.55	比什凯克	S
	乌兹别克斯坦	44.74	0.32	67.22	塔什干	HS
	塔吉克斯坦	14.26	0.09	6.95	杜尚别	—
	土库曼斯坦	48.81	0.06	36.18	阿什哈巴德	—
西亚	阿富汗	65.21	0.35	19.47	喀布尔	S
	伊朗	174.52	0.80	393.44	德黑兰	—
	伊拉克	43.83	0.37	171.49	摩苏尔	γ
					巴格达	—
	叙利亚	18.52	0.18	40.41	大马士革	—
	黎巴嫩	1.04	0.06	47.54	贝鲁特	β
	巴勒斯坦	2.46	无数据	无数据	耶路撒冷	S
	以色列	2.21	0.09	318.74	特拉维夫	α^-
					海法	S
	约旦	8.88	0.09	38.66	安曼	β^-
	沙特阿拉伯	200.00	0.32	646.44	利雅得	α^-
					吉达	β^-
					达曼	HS
	也门	52.80	0.28	27.32	萨那	S
	阿曼	30.95	0.04	66.29	马斯喀特	γ^+
	阿联酋	8.36	0.09	348.74	迪拜	α^+
					阿布扎比	β
	卡塔尔	1.10	0.03	152.47	多哈	β
	巴林	0.07	0.01	31.86	麦纳麦	β
	科威特	1.78	0.04	114.04	科威特城	β^-
	土耳其	78.35	0.80	857.75	伊斯坦布尔	α
					安卡拉	γ
					伊兹密尔	S
					布尔萨	S

续表

地区	国家	区域面积（万平方公里）	人口（亿人）	GDP（十亿美元）	支点城市	等级
西亚	塞浦路斯	0.93	0.01	19.80	尼科西亚	β
					利马索尔	*HS*
	格鲁吉亚	6.97	0.04	14.33	第比利斯	γ
	亚美尼亚	2.98	0.03	10.55	埃里温	*HS*
	阿塞拜疆	8.66	0.10	37.85	巴库	γ^+
北非	埃及	100.15	0.96	336.30	开罗	β^+
	利比亚	175.95	0.06	34.70	的黎波里	*S*
	突尼斯	16.36	0.11	42.06	突尼斯	β^-
	阿尔及利亚	238.17	0.41	156.08	阿尔及尔	—
	摩洛哥	44.66	0.35	101.45	卡萨布兰卡	β
					拉巴特	—
南欧	葡萄牙	9.21	0.10	204.57	里斯本	α^-
					拉各斯	β^+
					波尔图	γ^+
	西班牙	50.54	0.47	1232.00	马德里	α
					巴塞罗那	α^-
					瓦伦西亚	γ^+
					毕尔巴鄂	γ^-
					塞维利亚	*S*
					马拉加	*S*
					莱昂	*S*
					瓦伦西亚	*S*
	意大利	30.13	0.61	1850.00	米兰	α
					罗马	β^+
					都灵	γ
					博洛尼亚	γ^-
					佛罗伦萨	*S*
					热那亚	*S*
	圣马力诺	0.01	0.0003	1.9	—	
	安道尔	0.05	0.0008	3.25	—	

续表

地区	国家	区域面积（万平方公里）	人口（亿人）	GDP（十亿美元）	支点城市	等级
南欧	梵蒂冈	0.00004	—	—	—	
	马耳他	0.03	0.0044	10.95	—	
	斯洛文尼亚	2.03	0.02	43.99	卢布尔雅那	γ^+
	克罗地亚	5.65	0.04	50.43	萨格勒布	β^-
	波斯尼亚和黑塞哥维那	5.12	0.04	16.56	萨拉热窝	S
	塞尔维亚	8.84	0.07	37.75	贝尔格莱德	β^-
	黑山	1.40	0.0062	4.17	波德戈里察	S
	阿尔巴尼亚	2.88	0.03	11.93	地拉那	γ
	马其顿	2.57	0.02	10.90	斯科普里	γ^-
	科索沃	1.09	0.02	6.65	普里什蒂纳	—
	希腊	13.20	0.11	194.56	雅典	β^+
	罗马尼亚	23.84	0.20	186.69	布加勒斯特	β^+
	保加利亚	11.10	0.07	52.40	索菲亚	β
	摩尔多瓦	3.38	0.04	6.75	基希纳乌	S
总计		2167.15	9.19	8830.94		

资料来源：各国的人口和 GDP 为 2016 年数据（其中，伊朗的 GDP 数据为 2015 年，叙利亚的 GDP 数据为 2007 年，利比亚的 GDP 数据为 2011 年，圣马力诺的 GDP 数据为 2008 年，安道尔的 GDP 数据为 2013 年），来源于世界银行数据库；区域面积数据来源于世界银行 2009 年世界发展报告《重塑世界经济地理》附表（清华大学出版社 2009 年版，第 332－334 页）；中国各省份数据来自相关省份的国民经济和社会发展统计公报。

3. 丝绸之路经济带“南线”支点城市

丝绸之路经济带南线是从中国西南经中南半岛至印度洋，涉及的主要区域包括中国西南地区、中南半岛和南亚，沿线都是发展中国家，具备较大的经济发展潜力和广阔的经济合作空间。丝绸之路经济带南线与海上丝绸之路相连，形成了立体多元的经贸通道。

中国西南地区与中南半岛山水相连。中国西南地区包括云南、广西、贵州、四川、重庆、西藏 6 个省级行政单位，拥有成都、重庆、南宁和昆明 4 个世界城市，以及贵阳和拉萨两个区域性中心城市。中国西南地区近年来经济发展速度较快，同中南半岛各国经贸合作密切，形成了以成都和重庆为双中心的成渝城市群，以南宁为核心的北部湾城市群，以昆明为中心的滇中城市群，以贵阳为中心的黔中城市群。

中南半岛包括越南、老挝、泰国、柬埔寨、缅甸、马来西亚等国家，该区域拥有由吉隆坡、曼谷、胡志明市、河内、仰光、金边、新山等世界城市组成的中南半岛支点城市群，其中更以吉隆坡、曼谷为中心形成了区域经济增长极。近年来，包括泛亚铁路在内的交通基础设施建设快速推进，把中国西南与中南半岛更为紧密地联结在一起，为实现中国与东盟两大经济体协同发展产生了积极影响。

南亚次大陆包括印度、巴基斯坦、孟加拉国、尼泊尔、不丹等国家。印度、巴基斯坦、孟加拉国人口数量众多，尤以印度为最。印度 2016 年人口 13. 24 亿，占南亚总人口的 77. 43%；GDP 为 22640 亿美元，占南亚 GDP 总量的 81. 08%；国土面积 328. 73 万平方公里，占南亚总面积的 74. 35%。印度境内有孟买、新德里、班加罗尔等 12 个世界城市，巴基斯坦拥有卡拉奇、伊斯兰堡和拉合尔 3 个世界城市，孟加拉国拥有的世界城市是达卡。总体而言，南亚各国的经济发展大都处于上升期，能够支撑丝绸之路经济带建设的支点城市数量将不断增加（见表 4）。

表 4　丝绸之路经济带“南线”支点城市

地区	国家	区域面积（万平方公里）	人口（亿人）	GDP（十亿美元）	支点城市	等级
	中国（西南）	259. 21	2. 55	1448. 87	成都	β^-
					重庆	γ
					南宁	γ
					昆明	S
					贵阳	—
					拉萨	—

续表

地区	国家	区域面积（万平方公里）	人口（亿人）	GDP（十亿美元）	支点城市	等级
中南半岛	越南	32.93	0.92	202.62	胡志明市	β^+
					河内	β
	老挝	23.68	0.07	15.90	万象	—
	柬埔寨	18.10	0.16	20.02	金边	HS
	泰国	51.51	0.69	406.84	曼谷	α^-
	缅甸	67.66	0.53	67.43	仰光	γ^-
	马来西亚	32.97	0.31	296.36	吉隆坡	α
					新山	HS
					槟城	S
南亚	印度	328.73	13.24	2264.00	孟买	α
					新德里	α^-
					班加罗尔	β^+
					钦奈	β
					加尔各答	β^-
					海得拉巴	β^-
					浦那	γ
					艾哈迈德巴德	γ
					阿拉哈巴德	S
					那格浦尔	S
					纳西克	S
					科钦	S
	巴基斯坦	79.61	1.93	283.66	卡拉奇	β
					拉合尔	β^-
					伊斯兰堡	β^-
	孟加拉国	14.40	1.63	221.42	达卡	β^-
	尼泊尔	14.72	0.29	21.14	加德满都	—
	不丹	4.70	0.0080	2.24	廷布	—
总计		928.22	22.33	5250.50		

资料来源：各国人口和GDP为2016年数据，来源于世界银行数据库；区域面积数据来源于世界银行2009年世界发展报告《重塑世界经济地理》附表（清华大学出版社2009年版，第332－334页）；中国各省份数据来自相关省份国民经济和社会发展统计公报。

三、丝绸之路经济带支点城市分布的地区差异

（一）三条线路的支点城市数量差异

从丝绸之路经济带“三线”上的支点城市数量分布来看(见表5)，北线的支点城市数量比中线的多13个，世界城市数量比中线的多23个；两条线路辐射的地域面积、人口数量相差不大，但北线的GDP规模接近中线的2倍，说明丝绸之路经济带北线的经济更为发达。从以上对比可以发现，丝绸之路经济带沿线的支点城市数量分布同经济发展水平存在较为密切的相关关系，因此我们进一步对北线和中线的经济发展情况进行比较。丝绸之路经济带北线涉及中国东北、中国西北、蒙俄、中亚、东欧、中欧、北欧、西欧等地区，各地区的经济发展水平存在较大差异。具体而言，中国东北、西北经济发展较快，中亚、蒙俄经济发展潜力较大，欧洲大多数国家经济发达，其中德国、英国、法国是GDP排名世界前列的发达国家，这就增大了丝绸之路经济带北线的GDP规模。丝绸之路经济带中线涉及中国西北、中亚、西亚、北非、南欧等地区，除了南欧的意大利、西班牙、葡萄牙等少数国家经济发达，以及西亚的以色列和少数石油富国（沙特阿拉伯、阿联酋、卡塔尔、科威特、巴林等）之外，其他国家大都处于发展中阶段，实现工业化和城镇化仍任重道远，因此经济总量相对较小。由此可见，欠发达地区要增加支点城市数量，必须加快本地区的工业化和城镇化进程，提升区域经济发展和对外开放水平。

丝绸之路经济带南线的支点城市数量较少，不到北线和中线的一半。从其他指标的对比来看，南线人口规模是北线的三倍、中线的两倍以上，但地域面积仅相当于北线的1/3、中线的1/2，GDP规模也大致相当于北线的1/3、中线的1/2。这说明南线人口密度很高，但经济发展水平相对较低。丝绸之路经济带南线涉及的主要区域是中国西南、中南半岛和南亚，这些地区人口稠密，但工业化和城镇化远未完成，从而

限制了支点城市的发展。

表5　丝绸之路经济带“三线”上的支点城市分布数量

线路	地域面积（万平方公里）	人口（亿人）	GDP（十亿美元）	支点城市数量（个）	世界城市数量（个）
北线	2911. 88	7. 41	16376. 96	87	85
中线	2167. 15	9. 19	8830. 94	74	62
南线	928. 22	22. 33	5250. 50	33	28

资料来源：笔者整理。

由于丝绸之路经济带的三条线路都涉及多个地区，各地区的经济发展阶段和城镇化水平存在很大差异，单纯从线路层面考察丝绸之路经济带的支点城市分布，很难看出实质差别。基于此，我们具体到地区层面，进一步考察丝绸之路经济带沿线不同地区的支点城市分布状况。

（二）不同地区的支点城市数量差异

从丝绸之路经济带沿线各地区的支点城市数量来看（见表6），西欧、中国、中欧、南欧、西亚地区的支点城市数量介于29～33个，这些地区的世界城市数量也都超过25个；南亚地区的支点城市数量达到18个，世界城市数量为16个；中南半岛、北欧、北非、东欧、中亚、蒙俄等地区的支点城市和世界城市数量较少，都不到10个。

表6　丝绸之路经济带沿线各地区的支点城市分布情况

地区	地域面积（万平方公里）	人口（亿人）	GDP（十亿美元）	支点城市数量（个）	世界城市数量（个）
中国	959. 81	13. 79	11000. 20	32	26
蒙俄	1866. 48	1. 47	1294. 16	3	3
中亚	400. 29	0. 71	250. 56	6	2
西亚	709. 63	3. 73	3357. 19	29	26
南亚	442. 16	17. 1	2792. 46	18	16
东欧	98. 63	0. 61	234. 26	5	5

续表

地区	地域面积（万平方公里）	人口（亿人）	GDP（十亿美元）	支点城市数量（个）	世界城市数量（个）
北欧	115.54	0.26	1424.5	8	8
西欧	94.00	1.67	6681.3	33	33
中欧	101.63	1.64	5396.25	31	31
南欧	171.07	1.85	3925.45	29	28
北非	575.29	1.89	670.59	6	4
中南半岛	226.85	2.68	1009.17	9	8

资料来源：笔者整理，其中中国的数据仅包括中国大陆地区。

丝绸之路经济带沿线各地区的支点城市数量同该地区的地域面积、人口规模有一定关系，但对支点城市数量影响最大的变量是该地区的经济发展水平。进一步讲，贸易便利化水平是一国经济发展和对外开放水平的重要指标，它对于一国内部的支点城市加强对外经济联系发挥着重要影响。世界经济论坛发布的《全球贸易便利化报告2016》为我们分析贸易便利化同支点城市数量之间的关系提供了基础材料。《全球贸易便利化报告2016》对各国贸易便利化水平的评价从五个维度展开，分别是市场准入、关境管理透明度和效率、运输服务可用性和质量、信息技术便利化、贸易环境规制，这五个评价维度实际上反映了一国的基础设施状况和营商软环境。我们从丝绸之路经济带沿线各地区分别选取代表性国家，分析代表性国家的贸易便利化水平与支点城市数量之间的关系。从中可以发现（见表7），除了经济和人口规模较大的中国、印度以及规模较小的瑞典之外，代表性国家的贸易便利化水平同它的支点城市数量呈明显的正相关关系。其中，西欧（英国）、中欧（德国）、南欧（西班牙）的贸易便利化水平高，基础设施和营商软环境优越，代表性国家的支点城市数量也普遍比较多；蒙俄（俄罗斯）、中亚（哈萨克斯坦）、东欧（乌克兰）、西亚（沙特阿拉伯）、北非（埃及）、中南半岛（越南）的贸易便利化水平较低，基础设施和营商软环境较差，代表性国家的支点城市数量也普遍比较少；中国、印度的人口和经济规模大，目前的支点城市数量较多，但如果能够进一步促进贸易便利化，将会对增加支点城市数量产生积极影响。这启示我们，一个国家或地区要加快支点城市建设，必须改善基础设施条件和营商软环境，通过贸易便利化提升对外开放水平，这对于支点城市加强对外经济联系具有积极意义。

表7　丝绸之路经济带沿线地区代表性国家的贸易便利化水平与支点城市数量

地区	代表性国家	贸易便利化各维度排名					贸易便利化总排名	支点城市数量（个）
		市场准入	关境管理透明度和效率	运输服务可用性和质量	信息技术便利化	贸易环境规制		
东亚	中国	101	52	32	64	42	61	32
蒙俄	俄罗斯	112	104	82	37	113	111	2
中亚	哈萨克斯坦	111	88	68	46	53	88	2
西亚	沙特阿拉伯	81	83	47	40	39	67	3
南亚	印度	135	75	44	101	76	102	12
东欧	乌克兰	24	95	69	73	125	95	1
北欧	瑞典	54	3	5	2	6	5	3
西欧	英国	60	6	11	1	16	8	14
中欧	德国	51	14	6	17	19	9	14
南欧	西班牙	52	20	23	28	41	15	8
北非	埃及	113	128	54	86	118	116	1
中南半岛	越南	77	86	60	66	77	73	2

资料来源：世界经济论坛《全球贸易便利化报告2016》。

（三）不同地区的支点城市密度差异

鉴于丝绸之路经济带沿线各地区的地域面积、人口规模、经济总量各不相同（见表6），这会在很大程度上影响各地区的支点城市数量，为了更准确地比较各地区的支点城市分布状况，我们进一步从空间集聚和人口集聚两个层面来考察各地区的支点城市密度。表8、图1展示了丝绸之路经济带沿线各地区每十万平方公里拥有的支点城市（世界城市）数量，表8和图2展示了各地区每千万人口拥有的支点城市（世界城市）数量。

表8　丝绸之路经济带沿线各地区的支点城市密度

地区	支点城市数量个（十万平方公里）	支点城市数量个（千万人口）	世界城市数量个（十万平方公里）	世界城市数量个（千万人口）
中国	0.333	0.232	0.271	0.189
蒙俄	0.016	0.204	0.016	0.204
中亚	0.150	0.845	0.050	0.282
西亚	0.409	0.777	0.366	0.697
南亚	0.407	0.105	0.362	0.094
东欧	0.507	0.820	0.507	0.820
北欧	0.692	3.077	0.692	3.077
西欧	3.511	1.976	3.511	1.976
中欧	3.050	1.890	3.050	1.890
南欧	1.695	1.568	1.637	1.514
北非	0.104	0.317	0.070	0.212
中南半岛	0.397	0.336	0.353	0.299

资料来源：笔者整理。

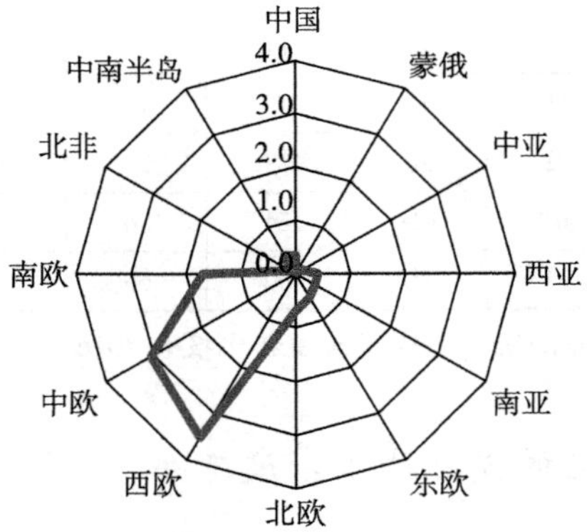

图1　各地区每十万平方公里拥有的支点城市数量

从各地区的空间集聚来看（表8、图1），西欧、中欧的空间集聚水平远高于其他地区，每十万平方公里的支点城市数量超过3个；南欧的空间集聚水平较高，每十万平方公里的支点城市数量接近1.7个；北欧、东欧的空间集聚水平居中，每十万平方公里的支点城市数量介于0.5～0.7个；中国、西亚、南亚、中南半岛的空间集聚水平较低，每十万平方公里的支点城市数量为0.4个左右；中亚、北非、蒙俄的空间集聚水平很低，每十万平方公里的支点城市数量少于0.15个，这跟三个地区地广人稀有很大关系。

从各地区的人口集聚来看（表8、图2），北欧的人口集聚水平最高，每千万人口的支点城市数量超过3个；西欧、中欧、南欧的人口集聚水平较高，每千万人口的支点城市数量介于1.5～2个；中亚、东欧、西亚的人口集聚水平较低，每千万人口的支点城市数量介于0.7～0.9个；中国、中南半岛、北非、蒙俄、南亚的人口集聚水平很低，每千万人口的支点城市数量少于0.4个，说明这些地区应加快人口向城镇集聚，并提高城镇的外向型经济发展水平。

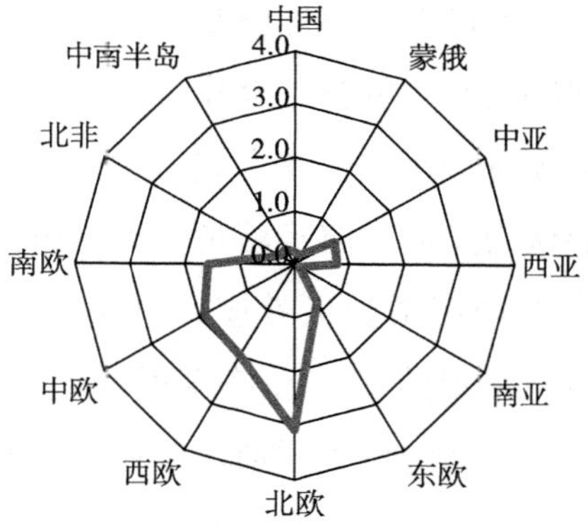

图2　各地区每千万人口拥有的支点城市数量

综上可知，北欧、西欧、中欧、南欧的支点城市密度很高，同欧洲高度发达的经济和高水平城市化有着很大关系，这些地区对外经济联系广泛，每十万平方公里土地和每千万人口中拥有数量可观的支点城市，可以为丝绸之路经济带建设提供有力的空间支撑；东欧的支点城市密度较高，但与欧洲其他地区存在一定差距，说明东欧地区的城镇化和外向型经济发展有待进一步推进；中国、西亚、北非、南亚、中亚、中南半岛、蒙俄等地区的支点城市密度较低，支点城市和世界城市分布较为分散，在支撑丝绸之路经济带建设上较为乏力，因此需要加快这些地区的城镇化进程，并进一步加强对外经济联系。总体而言，丝绸之路经济带沿线各地区的支点城市发展水平存在很大差异，应在加强各地区支点城市建设的基础上，促进支点城市之间深化分工合作，从而引领各地区在互联互通过程中实现协同发展。

四、丝绸之路经济带支点城市的建设路径

丝绸之路经济带支点城市在自身发展的基础上，通过支点城市之间的联动可以串联形成城市发展轴，多条城市发展轴之间的互动可以结成丝绸之路经济带合作网络，从而为丝绸之路经济带各领域全方位合作提供有力的空间支撑。当前丝绸之路经济带沿线一些地区的支点城市密度较低，支点城市之间缺乏有效的分工合作关系，为保障丝绸之路经济带建设的顺利推进，必须进一步加强支点城市建设。从世界城市发展的理论与实践出发，我们认为丝绸之路经济带支点城市的建设思路如下：一是充分发挥支点城市的经济增长极效应，以支点城市为核心培育城市群，推动丝绸之路经济带沿线城市经济发展和城市建设“遍地开花”；二是加强邻近支点城市之间的设施联通、产业分工和经贸往来，以邻近支点城市为载体，培育合作紧密、竞争有序的城市发展轴，推动丝绸之路经济带沿线“串联”形成多条城市发展走廊；三是构建丝绸之路经济带支点城市（城市群）合作网络，推动支点城市之间实现生产要素自由流动和优化配置，支撑丝绸之路经济带形成开放、包容、均衡、普惠的经济合作平台。基于此，我们从以下三方面提出丝绸之路经济带支点城市建设的具体路径。

第一，明确各支点城市的定位，做大做强支点城市。中国、西亚、北非、南亚、中亚、中南半岛、蒙俄等丝绸之路经济带沿线地区的支点

城市密度较低，在支撑丝绸之路经济带建设上较为乏力，因此需要加快这些地区的支点城市建设。由于各支点城市在发展基础、产业结构、地理区位、交通设施、政策法规等方面存在很大差异，不可能追求统一的发展模式，各支点城市应依据各自的比较优势明确功能定位，从产业集聚和城市群发展两个方面做大做强支点城市。一方面，支点城市应加快优势产业集聚，提升城市产业发展水平。20 世纪中期以来，国际产业分工经历了从“产业间分工”到“产业内分工”再到“产品内分工”的演进历程，目前世界范围内的各主要产业已经形成了以发达国家为龙头、以跨国公司为载体的全球价值链。在此背景下，支点城市只有积极融入全球价值链，提升产业集聚水平，才能不断增强城市产业竞争力。重庆电子信息产业的快速崛起，可以为中国及丝绸之路经济带沿线其他国家的支点城市加快产业发展提供借鉴。近年来，重庆按照“全链条、集群化”发展的思路，积极承接国内外电子信息产业转移，迅速崛起为世界级电子信息产业基地。2010—2016 年，重庆市的电子制造业产值从 978 亿元增至 5000 亿元，笔记本电脑产量占全球的 40%[①]，汇聚了世界领先的电子产品制造商。重庆发展电子信息产业的实践，启示支点城市应依据自身比较优势加快产业集聚，逐步提升城市产业竞争力。另一方面，支点城市同周边中小城市和小城镇之间应形成有效的分工合作关系，提升城市群竞争力。支点城市集聚效应的发挥，有赖于同周边城镇加强功能分工及优势互补，构建以支点城市为核心的城市群网络体系。一般而言，城市群内部的核心支点城市具有高新技术、高端服务和资金密集的优势，周边城镇及乡村则拥有广阔的市场和要素资源，支点城市同周边城镇及乡村实现功能互惠，才能最大限度地发挥城市群系统的网络外部性优势，促进整体经济效率的提升。丝绸之路经济带沿线很多区域地广人稀，丝绸之路经济带建设的顺利推进，有赖于这些区域加

① 吴陆牧．重庆：西部崛起世界级电子制造高地［N］．经济日报，2017－02－23.

快形成以支点城市为核心的城市群网络，促进支点城市同周边中小城市、小城镇、乡村协调发展，带动区域发展水平的提升。

第二，邻近支点城市之间加强分工合作，引领周边区域经济发展。发展轴理论认为，随着经济增长极（支点城市）数量的增多，邻近的增长极之间可以通过交通线相互连接起来，这样两个增长极之间能够以交通线为主轴形成一条产业发展带。在发展轴理论视角下，邻近支点城市之间应重点从设施联通、产业联动两方面加强合作，共同带动周边区域经济发展。一方面，加快实现邻近支点城市之间的基础设施联通。基础设施互联互通，是丝绸之路经济带支点城市之间构建城市发展轴的基础，也是丝绸之路经济带建设的优先发展方向。邻近的支点城市之间通过开展公路、铁路、航空、能源、电力、通信网络等在内的基础设施联通，促进运输便利化和标准一体化，可以有效降低支点城市之间的交易成本，为丝绸之路经济带支点城市联动发展提供硬件支撑。例如，近年来中国以泛亚铁路网、亚洲公路网、陆港网、互联网等为纽带加强同东盟之间的互联互通，积极构建南宁—曼谷、昆明—曼谷城市发展轴，为推进这一区域的经贸合作和经济一体化创造了条件。另一方面，以价值链为纽带实现丝绸之路经济带支点城市之间的产业联动。加强产业分工合作，是丝绸之路经济带支点城市之间构建城市“发展轴”的关键。在产品内分工和全球价值链背景下，丝绸之路经济带支点城市应依托各自的城市群，以价值链为纽带加强城市群之间的产业分工合作，为建设丝绸之路经济带提供强有力的空间支点和产业载体。例如，我们设想丝绸之路经济带中线的国内段支点城市之间，可以借助高水平的立体基础设施网络，优化同东中部城市群之间的产业分工协作，积极构建以长三角城市群为“龙头”，以中原城市群、武汉城市群、关中城市群、成渝城市群为“枢纽”，以兰西城市群、宁夏沿黄城市群、天山北坡城市群为重要组成部分的产业价值链，提升丝绸之路经济带支点城市之间的产业分工和联动发展水平，引领区域经济发展。

第三，构建支点城市合作网络，促进支点城市之间的全方位交流。在加强支点城市建设、构建支点城市发展轴的基础上，还应积极构建丝绸之路经济带支点城市网络，加强丝绸之路经济带更大范围内的支点城市合作。一方面，丝绸之路经济带支点城市之间以互相结为友好城市和构建城市合作平台为主要方式，广泛开展城市外交。跨国城市之间互相结为友好城市（伙伴城市、姐妹城市），是开展城市外交、加强城市合作的重要途径，对于促进城市发展具有积极意义。中国自 1973 年开展友好城市活动以来，截至 2018 年 1 月已同国外 1627 个城市建立了 2518 对友好城市（省州）关系①，有力推动了中国城市的对外开放与国际交流。在丝绸之路经济带建设过程中，国内支点城市应依据自身定位和发展基础，积极同国外支点城市结为友好城市关系，并且拓展友好城市之间的贸易和产业合作内容。除此之外，丝绸之路经济带支点城市之间还应通过正式或非正式机制，构建丝绸之路经济带支点城市合作平台。例如，乌鲁木齐市政府和新疆维吾尔自治区政府外事办公室发起成立了丝绸之路经济带城市合作论坛，旨在促进沿线城市的政府、企业、非政府组织、研究机构等多主体之间的合作，目前已有国内外城市会员 79 个，涉及亚欧 20 个国家②。乌鲁木齐的城市外交实践，对于其他支点城市具有借鉴意义。另一方面，在开展城市外交的基础上，丝绸之路经济带支点城市之间应开展政策沟通、设施联通、产能合作和人文交流等全方位合作，促进丝绸之路经济带的大合作、大发展、大繁荣。其一，支点城市政府之间应广泛开展合作对话，加强政策沟通，制定合作发展规划，对丝绸之路经济带支点城市合作进行顶层设计；其二，支点城市之间应加强国际公路、铁路、航空、信息网络等基础设施建设，逐步实现设施联通；其三，支点城市之间应加强国际产能合作，共建产业合作园

① 数据来源：中国国际友好城市联合会网站，http://www.cifca.org.cn/Web/YouChengTongJi.aspx。

② 资料来源：丝绸之路经济带城市合作发展论坛网站，http://srmf.urumqi.gov.cn/2016n/gxld/275509.htm。

区，提高贸易投资便利化水平；其四，支点城市之间应共享科技资源，加强科技合作，共同建立高科技国际联合研发中心，围绕高新技术开展跨国联合攻关，提升创新驱动城市经济发展的能力；其五，支点城市之间应加强人文交流和旅游合作，互相借鉴城市建设和管理经验，为丝绸之路经济带建设创造良好的人文环境。

参考文献

[1]国家发展改革委,外交部,商务部. 推动共建丝绸之路经济带和21世纪海上丝绸之路的愿景与行动[M]. 北京:人民出版社,2015.

[2]屠启宇. 国际城市发展报告(2016):丝路城市——世界城市网络新板块[M]. 北京:社会科学文献出版社,2016.

[3]郭爱君,毛锦凰. 丝绸之路经济带中国西北段核心节点城市经济联系实证研究[J]. 兰州大学学报(社会科学版),2016(1):92-100.

[4]任海军,张虎平. 丝绸之路经济带建设背景下西北五省(区)主要节点城市产业结构空间差异分析[J]. 新疆大学学报(哲学·人文社会科学版),2016(1):8-15.

[5]推进"一带一路"建设工作领导小组办公室. 共建"一带一路":理念、实践与中国的贡献."一带一路"国际合作高峰论坛重要文辑[M]. 北京:人民出版社,2017.

[6]刘修岩,秦蒙. 多中心城市体系促进区域协调发展[N]. 中国社会科学报,2018-01-17.

[7]王颂吉. 丝绸之路经济带国内段中心城市产业合作研究:基于价值链分工视角[J]. 西北大学学报(哲学社会科学版),2016(6):89-96.

[8]汤伟."一带一路"与城市外交[J]. 国际关系研究,2015(4):59-68.

[9]高友才,汤凯."丝绸之路经济带"节点城市竞争力测评及政策建议[J]. 经济学家,2016(5):67.

网络媒体关注、外部环境与非效率投资[①]

——基于信息效应与监督效应的分析

韩少真　潘　颖　李　辉　李辽宁

摘　要： 网络媒体通过信息效应和监督效应的微观机制影响企业的非效率投资。本文利用2007—2013年中国A股上市公司面板数据，实证检验网络媒体关注对企业非效率投资的影响，以及外部环境对网络媒体作用的调节效应。研究发现：网络媒体关注的提高降低了企业的非效率投资水平，既能缓解投资不足，也能抑制投资过度；随着上市公司所处地区的外部环境变差，网络媒体关注缓解投资不足的效应并未发生显著变化，但抑制投资过度的效应却显著降低。文章丰富了网络媒体治理作用的内部微观机制和外部环境影响，为完善媒体治理与资本市场关系提供了新视角。

关键词： 媒体治理；信息效应；监督效应；投资不足；投资过度

作者简介： 韩少真（1987—　），管理学博士、西北大学经济管理学院副教授、硕士生导师，主要研究方向为财务与会计、公司治理、企业社会责任与创新，已在*Journal of Cleaner Production*、《中国经济问题》《投资研究》等国际国内SCI和CSSCI等期刊发表论文10余篇，出版

---

① 基金资助：本文获教育部人文社会科学研究青年项目（17YJC790046）"中国上市公司年报文本信息披露特征、生成机制与经济后果研究"的资助。

《会计信息、制度环境与资本配置：基于信息效应和治理效应的研究》专著1部，主持并参与教育部人文社科基金、教育厅人文社科基金与国家省部级等多项研究项目。潘颖（1977— ），管理学博士、西北大学经济管理学院副教授、硕士生导师，主要研究方向为企业社会责任、绿色创新，在国内CSSCI等核心期刊发表论文20余篇，出版专著1部，主持并参与国家社科基金项目、教育部人文社科基金项目、陕西省社科基金项目等课题10余项。李辉（1982— ），经济学博士、西北大学经济管理学院副院长、硕士生导师，主要研究方向为会计学理论与会计准则、公司治理、企业自主创新，在《经济学家》《光明日报（理论与实践版)》等期刊发表论文30篇，主持教育部哲学社会科学青年项目等10余项，荣获科研、教学奖励10余项。李辽宁（1982— ），长安大学经济与管理学院，博士、讲师。

一、引言

中国互联网发展20余年来，网络媒体经历了从弱到强、从边缘到主流的发展过程，已经成长为继报纸、广播和电视之后的第四大独立性媒体，并形成中央重点新闻网站、省级重点新闻网站和中心城市新闻网站的阶梯式布局（田依林，2013）。中国主流网络媒体的梯队已经初具规模，管理和运作也日趋成熟。网络媒体具有双向互动、海量存储、即时检索等技术特性，改变了传统媒体的信息传播格局，逐渐取代传统媒体成为现代信息生活的主流。网络媒体的扩张与发展使社会呈现网络化特征，对社会的发展产生了重要影响。

在互联网背景下，网络媒体对中国资本市场的影响力也日益凸显。网络媒体就像一把双刃剑，对资本市场存在双重影响：一方面，网络媒体担负信息传播和舆论监督的角色，促进了资本市场的发展；另一方面，网络媒体对资本市场的信息环境提出挑战，各种谣言和非正式渠道信息影响了投资者信息环境的公平性，对资本市场产生了负面的影响。上市公司作为资本市场的重要参与主体，受到了网络媒体的极大关注。随着网络媒体对上市公司报道数量的增加，其对上市公司的投资行为产生了重要影响：一方面，网络媒体将企业投资行为等各方面的信息传播至资本市场和投资者，发挥信息传播作用；另一方面，网络媒体对企业投资行为进行持续的跟踪报道，发挥有效的监督作用。

非效率投资是指偏离企业价值最大化的投资行为，包括投资不足和投资过度两种类型。根据完美资本市场理论（Modigliani & Miller，1958），公司投资行为仅与投资机会相关，公司只会投资于净现值为正的项目，以实现企业价值最大化的目标，并不存在非效率投资。然而在现实世界中，由于信息不对称和代理问题的存在，公司投资决策往往存在偏差，导致出现投资不足或投资过度两类非效率投资行为。一方面，由于信息问题的存在，公司的投资决策会受制于融资约束（Myers & Majluf，1984），从而导致企业出现投资不足；另一方面，由于代理问题的存在，当企业拥有较多自由现金流时，管理层与股东之间的代理冲突会导致投资过度（Jensen，1986）。

媒体通过信息传播和舆论监督，缓解引发非效率投资的信息问题和代理问题，进而降低非效率投资水平，然而鲜有文献研究媒体对非效率投资的影响。随着网络媒体对传统媒体领域的蚕食，网络媒体比传统媒体对上市公司的影响更大，但已有文献过多关注报纸等传统媒体的作用，忽视对网络媒体的作用研究。网络媒体对企业非效率投资存在什么样的影响？如若存在，这种影响的微观机制如何？以及是否受到外部环境的调节作用？回答这些问题对于完善网络媒体和资本市场的关系非常重要。为此，本文以非效率投资为视角，考察网络媒体对非效率投资的影响。具体而言，本文将网络媒体发挥作用的微观机制区分为信息效应和监督效应，从理论上分析其对投资不足和投资过度两类非效率投资的影响；鉴于外部环境对网络媒体发挥作用的重要性，进一步考察了外部环境对网络媒体发挥作用的调节效应，以及外部环境对信息效应和监督效应的差异性调节效果。

本文可能的研究贡献为以下三点：第一，从媒体关注的视角证明了媒体对企业非效率投资的影响，提供了媒体在资本市场发挥作用的新证据，丰富了媒体作用和资本市场关系的相关文献。第二，现有研究媒体治理方面的文献，大多数选择传统报纸作为媒体来源。由于多数传统媒体（报纸、广播、电视）都建立网站以适应互联网发展的媒体融合态势，网络媒体具有同时包括传统媒体和新媒体的优势。本文选择网络媒体作为媒体来源，能够全面反映媒体关注的作用，扩展了媒体治理的研究领域。第三，现有文献对媒体监督作用给予充分兴趣，而对信息作用稍有忽视。本文将媒体发挥作用的微观机制区分为信息效应和监督效应，研究两种效应对非效率投资的影响，并探讨了外部环境对两种效应的差异性调节效应，提供了与现有文献不一样的经验证据，丰富和深化了对媒体治理微观机制和外部环境影响方面的研究。

二、文献回顾

（一）媒体治理的作用机制与外部环境

媒体治理效应的作用机制主要表现在两个方面。一方面，媒体关注具有监督作用。媒体报道能够对企业相关利益方的行为进行监督和约束，提高公司治理水平（Liu & McConnell，2013）。另一方面，媒体具有信息传播作用。媒体作为信息中介，通过对信息的收集、整理、传播，扩大信息传播范围，提高信息传播速度，降低信息需求者搜索成本，提高市场的信息水平（Peress，2014）。国内文献侧重媒体的监督作用（李培功、沈艺峰，2010；罗进辉，2012），对媒体信息作用关注较少，且主要集中于市场层面的信息效应（黄俊、郭照蕊，2014）。

媒体处于相应的社会环境之中，其作用的发挥受到外部环境的影响，报道并不总是客观公正的，也可能存在偏差。从全球范围看，大型媒体往往隶属于某些政治集团或政府（Djankov 等，2003），政府往往会通过和媒体维持良好关系影响媒体的新闻报道。媒体报道是存在偏差的（Besley & Prat，2006），新闻内容也会受到利益冲突的影响，在接受企业广告业务之后，媒体报道将使用较少的负面词汇，报道倾向出现系统偏差（Gurun & Butler，2012）。在制度转型阶段的中国，外部环境对媒体报道的影响同样存在，地方政府的管制和干预会削弱媒体的监督作用和治理作用（戴亦一等，2013）。

（二）非效率投资的影响因素

作为企业内部经营决策的投资行为，首先受到内部治理因素的影响。已有文献从内部治理视角对影响企业非效率投资的因素做了许多研究，研究范围包括管理层（Eisdorfer et al.，2013）、股东（Billett et al.，2011）、董事会（陈运森、谢德仁，2011）、多元化（刘媛媛等，2016）等多个方面。外部治理环境同样影响企业内部经营决策，而且往往和内部治理因素交互作用于企业的投资行为，具体如货币政策和产权性质（贺京同、范若滢，2015）、产业政策（黎文靖、李耀淘，2014）、政治联系（李伟军等，2015）等都对企业的非效率投资产生重要影响。虽然投资不足和投资过度均属于企业的非效率投资，但两者产生的主要原因却不尽相同，投资不足主要是信息问题导致的，而投资过度主要是代理问题导致的，因此也有文献单方面研究投资不足（王菁、程博，2014）或者投资过度（谭美村、李明辉，2016）。

在媒体治理的研究领域，早期研究较多关注传统报纸媒体治理效应，且焦点集中于监督效应。在企业非效率投资的研究领域，早期研究对内外部治理、信息披露以及它们之间交互作用对非效率投资影响给予了较多关注，但对媒体治理关注较少。媒体治理发挥作用的微观机制是信息传播和舆论监督，这在一定程度上能够缓解导致非效率投资的信息问题和代理问题，进而对企业的非效率投资产生影响。在互联网发展背景下，中国传媒业的格局早已发生重大变革，报纸、广播日渐式微，电视亦江河日下，网络媒体成为媒体业的中流砥柱。因此，从媒体作用的微观机制出发，探讨网络媒体对企业非效率投资的影响是十分必要的。

三、理论分析与研究假说

（一）网络媒体关注对非效率投资的影响分析

根据媒体所具备的信息传播和舆论监督两大职能，可以将网络媒体发挥作用的微观机制区分为两种效应：信息效应和监督效应。由于传统媒体在破获资本市场一系列证券发行欺诈案件中发挥了关键作用，所以其被学者和社会公众更多赋予监督者的角色。然而，媒体的首要职能是信息传播，其次才是舆论监督。网络媒体融合了互联网技术的优势，颠覆了传统媒体（报纸、广播、电视）的信息传播方式，具有传播快、范围广、影响大等特点，使其传播信息的职能凸显。网络媒体彻底改变了资本市场的信息环境。例如，在信息披露方面，中国证监会早已确定上交所和深交所的网站为信息披露渠道，在创业板方面又确定 5 家网站为信息披露渠道。网络媒体的信息效应和监督效应在促进资本市场的发展与繁荣中发挥着重要作用。

根据非效率投资的内在机理和外在表现，可以将其划分为两种类型：投资不足和投资过度。投资不足是指企业放弃净现值为正的投资机会的行为，主要原因在于信息不对称导致的融资约束。投资过度是指企业投资于净现值为负的投资机会的行为，主要原因在于代理问题导致的管理层和股东利益冲突。投资不足和投资过度均违背了净现值判断准则，偏离了企业价值最大化目标。

网络媒体发挥作用的微观机制与非效率投资的产生原因具有内在

一致性，所以网络媒体对企业非效率投资存在重要影响。在整体层面，网络媒体通过信息效应和监督效应发挥作用，缓解信息问题和代理问题，降低企业的非效率投资水平。在微观层面，将网络媒体发挥作用的信息效应与监督效应和两类非效率投资进一步分析可以发现：网络媒体关注的信息效应主要作用于投资不足，监督效应主要作用于投资过度。

网络媒体关注的信息效应可以降低信息不对称和信息风险，缓解企业的融资约束问题，进而缓解由此导致的非效率投资行为——投资不足。具体而言，网络媒体关注的信息效应至少存在三条路径缓解企业的投资不足：一是降低信息不对称。网络媒体传播信息具有速度快、影响力大等特点。网络媒体将企业投资的相关信息高效、迅速地传播至投资者，有效降低管理层和投资者之间、不同投资者之间信息分布的不均匀状况，减少信息不对称程度，从而降低企业的融资约束，缓解投资不足。二是降低信息不确定性和信息风险。网络媒体信息传播通常具有广泛转载、持续关注、公众参与的特点。网络媒体通过对信息的广泛涉猎和持续关注，信息得到不断的修正和确认，最终达到去伪存真的目的，从而降低信息的不确定性。投资者面临的信息风险以及投资回报的风险溢价随之降低，从而降低企业的融资成本和融资约束，缓解投资不足。三是提高管理层投资机会识别能力。非理性决策理论认为企业的投资不足并不都是融资约束导致的，管理层决策能力低下也会导致企业在资源充足的情况下无法抓住良好的投资机会而出现投资不足。网络媒体通过对宏观经济政策、产业结构调整、市场发展状况等与企业投资决策有关的信息进行深度报道，提高市场和行业的信息水平，为管理层决策提供信息支持。这在整体上能够提高管理层的决策能力，帮助其发现并抓住良好的投资机会，缓解由此导致的投资不足。

网络媒体的监督效应能够对事前、事中和事后监督与评价企业的管理层产生作用，抑制管理层机会主义行为和道德风险行为，降低企业的委托代理问题，并抑制由此引发的非效率投资行为——投资过度。具体而言，网络媒体关注的监督效应至少存在四条路径抑制企业的投资过度：一是网络媒体关注下的立法改革，网络媒体关注的提高能够促进政府对相关法律法规政策的完善与改革，在法律上对管理层严重的机会主义行为形成威慑，由此抑制管理层的投资过度行为。二是网络媒体关注能够引起行政机关介入，对企业违反公司治理准则和损害中小投资者利益的行为进行惩罚。具体到投资行为上，对管理层盲目扩大投资导致的项目失败或投资者受损的情况进行处罚，能够抑制企业的投资过度。三是网络媒体关注影响管理层声誉，既能影响管理层在现有股东以及未来雇主中的形象，又能影响管理层在社会公众中的信誉。在网络媒体关注的监督压力下，管理层为了维持既有职位以及在未来职场获取更高薪酬，需要维护其声誉形象，必然要减少损害股东和投资者的自利行为，降低投资方向上的过度支出。四是网络媒体关注可以帮助管理层发现自身的投资过度行为。管理层过度自信理论认为，投资过度并不总是管理层主观为之，亦有可能是由于过度自信导致的。网络媒体关注的监督效应可以帮助提醒管理者发现和中断已有的投资过度项目，降低企业投资过度。

根据上面的分析，可以发现网络媒体关注影响企业非效率投资的微观机制，据此提出本文的假说1。

假说1：网络媒体关注的增加可以降低企业的非效率投资水平。其中，网络媒体关注的信息效应可以缓解投资不足，网络媒体关注的监督效应可以抑制投资过度。

（二）外部环境对网络媒体关注作用的影响分析

媒体通常被视为独立于立法、司法和行政三权制度的“第四权”，在信息传播和公共监督领域独立地发挥作用。然而，媒体依然处于一定的制度环境中，媒体的治理作用会受到外部环境的影响，产生媒体报道偏差。媒体报道环境的自由度、媒体产权性质、媒体租金等因素均会影响媒体的治理作用（Besley et al.，2006）。

在中国，网络媒体与传统的报纸、广播和电视媒体在产权性质、新闻自由度、市场竞争、传播特点等方面存在诸多不同。其一，在产权归属方面，传统的报纸、广播和电视绝大多数属于政府所有，而网络媒体是在互联网背景下产生的，其中有许多著名民营网络媒体，如新浪、搜狐等门户新闻网站。其二，在新闻自由度方面，网络媒体比传统媒体拥有更高的自由度。其三，在市场竞争方面，由于互联网虚拟空间的地域性特征不明显，所以网络媒体的市场竞争更加自由激烈，不存在明显的地域竞争差异。其四，在传播特点方面，网络媒体传播更加迅速及时，公众参与度更广。由于网络媒体的独特性，外部环境对网络媒体关注作用的影响与传统媒体有所差异：网络媒体关注的信息效应受外部环境的影响较小，而监督效应受外部环境的影响较大。

网络媒体关注的信息效应受外部环境的影响较小。首先，网络媒体传播信息方面具有“去宣传化”色彩，信息传播更加多元化。网络媒体产权性质的民营化特征使其无须肩负传播主流意识形态等方面的信息的责任，更多承担独立的社会传播的角色。其次，网络媒体传播信息方面的市场特征明显，信息传播更加自由化。中国互联网发展刚刚二十余年，网络媒体所受到的新闻管制相比传统媒体要小，市场化特征明显。在互联网虚拟背景下，网络媒体的范围超越了地域的限制，竞争异常激烈。网络媒体为保证其受众群体的稳定与扩大，致力于快速、准确、广泛的信息传播。最后，网络媒体传播信息方面不仅具有迅速、快捷的特征，而且具有信息容量大、方式多的特点。网络媒体将市场和公司信息更加迅捷地传递至投资者，突破了传统媒体地域和传播方式的限制，受外部环境的影响较小，能够更好保障投资者公平获取信息。总之，在“有网络、即传播”的技术背景下，网络媒体通过多元化和自由化的报道，传播信息的功能突破了地域的限制，信息效应受外部环境的影响较小。

网络媒体关注的监督效应受外部环境的影响较大。在外部环境较“低”的地区，往往伴随着较差的产权保护水平、较低的行政效率以及较多的腐败问题。政府具备对市场经济和媒体进行干预的客观条件和强烈动机，可能会对媒体的监督效应产生影响。一是媒体施压和媒体寻租。在外部环境“低”的地区，政府和企业关系错综复杂，企业往往通过政府向网络媒体施加压力。在这些地区，企业通过广告支出、公关费用等方式向媒体进行寻租行为的现象更加普遍。这些均会影响网络媒体的“有偿沉默”和“报道倾向”，扭曲其监督作用。二是简单粗暴式网络管制。在外部环境较“低”的地区，政府可能通过网络管制部门对与其具有关联企业的负面消息进行直接删帖，或者对发帖人施压，影响网络媒体的公众参与积极性，降低网络媒体的监督效应。三是行政介入失灵。虽然网络媒体基于监督目的对企业进行了负面报道，但由于政府干预的存在，负面报道所引发相关行政机关介入的概率大大降低。即使存在行政介入，往往也会出现“雷声大、雨点小”的保护性执法行为。网络媒体负面监督性报道对公司产生的压力减少，从而削弱了网络媒体的监督效应。

在网络媒体关注对企业非效率投资的影响上，监督效应主要作用于投资过度，信息效应主要作用于投资不足。外部环境对网络媒体的信息效应和监督效应的影响存在差异。网络媒体关注的信息效应受外部环境的影响较弱，外部环境“低”与“高”的地区，网络媒体均能基本同等正常地发挥信息作用，降低信息不对称和信息风险，缓解融资约束以及投资不足。网络媒体关注监督效应受外部环境的影响较强。在外部环境“高”的地区，网络媒体能够较好地行使监督作用，有效抑制代理问题导致的投资过度。在外部环境“低”的地区，网络媒体无法良好地发挥监督作用，抑制代理问题导致的投资过度的效应被削弱。根据上文分析，提出本文的假说 2。

假说2：网络媒体关注降低非效率投资的作用受外部环境的影响。其中，网络媒体关注缓解投资不足的信息效应受外部环境的影响较小，网络媒体关注抑制投资过度的监督效应受外部环境的影响较大。

四、研究方法

（一）样本和数据

本文所使用的网络媒体数据来自百度新闻搜索引擎，外部环境数据来自《中国市场化指数：各地区市场化相对进程2011年报告》（樊纲等，2011），上市公司实际控制人数据来自色诺芬（CCER）数据库，其他财务和治理数据来自国泰安（CSMAR）数据库。本文选择2007年至2013年中国沪深两市A股非金融类上市公司非平行面板数据为研究样本，初始样本包括14121家公司。在样本选择过程中剔除被特别处理（ST、PT）公司以及变量缺失公司，最终得到9589个公司的年度观测值。此外，为控制异常值对实证研究的影响，将文中所有连续性变量均在1%和99%分位数进行了缩尾（winsorize）处理。本文所有数据处理和统计分析均在Stata12.1下完成。

（二）变量说明

1. 被解释变量

本文被解释变量为非效率投资。Richardson模型具有直接测算特定企业特定年度非效率投资的优势，因此在文献中得到广泛使用。本文亦使用Richardson模型估算非效率投资（Richardson，2006），具体如下：

$$\begin{aligned} InvNew_t = {} & \beta_0 + \beta_1 Growth_{t-1} + \beta_2 Leverage_{t-1} + \beta_3 Cash_{t-1} + \beta_4 Age_{t-1} \\ & + \beta_5 Size_{t-1} + \beta_6 StockReturns_{t-1} + \beta_7 InvNew_{t-1} + \sum_j Industry \\ & + \sum_k Year + \varepsilon \end{aligned} \tag{1}$$

其中，*InvNew* 为新增投资额。广义的新增投资包括资产支出、并购、研发和广告支出。并购、研发和广告支出具有非持续性，数据可得性较差，将其包括在内导致大量样本损失。故本文将新增投资额局限为资产支出，具体地，*InvNew* =（购建固定资产、无形资产和其他长期资产支付的现金－处置固定资产、无形资产和其他长期资产收回的现金净额）/期初总资产。

Growth 为投资机会，以主营业务收入增长率衡量；*Leverage* 为公司资产负债率；*Cash* 为现金持有量，以现金及现金等价物期末余额除以期初总资产衡量；*Age* 为公司年龄，以公司上市年限的自然对数表示；*Size* 为公司规模，以期末总资产的自然对数表示；*StockReturns* 为公司股票年度回报率，以考虑现金红利再投资的年度个股回报率表示；*Industry* 和 *Year* 为行业和年度虚拟变量。公司当期新增投资主要由上期运营状况决定，所以 *Growth*、*Leverage*、*Cash*、*Age*、*Size*、*StockReturns* 均为滞后一期变量。为避免样本选择导致的偏误，本文在估计模型（1）时未使用最终样本，而是采用仅剔除模型（1）中所用变量缺失值后的样本。模型估计残差的绝对值表示非效率投资，此指标越大代表非效率投资越严重，记为 *InvEff*。对于非效率投资类型的划分，当模型（1）的残差为负时，代表投资不足，残差为正时，代表投资过度。

2. 解释变量

（1）网络媒体关注。媒体关注尚无统一的度量方法，依媒体来源不同有两类度量方法：一是使用传统报纸媒体衡量媒体关注水平；二是使用网络媒体衡量媒体关注水平。网络媒体已经发展成为媒体力量的中流砥柱，单纯使用传统报纸媒体无法全面衡量媒体对上市公司的关注程度。为应对网络媒体的冲击与挑战，多数传统媒体（包括报纸、广播、电视）都已经建立网站，兼具传统媒体和网络媒体的双重角色。所以，以网络媒体作为来源不仅能够涵盖新兴网络媒体，还包括了传统媒体，能够全面反映媒体对企业非效率投资的影响。

根据研究目的，本文以网络媒体来源确定媒体的关注水平，具体使用全球最大的中文搜索引擎——百度新闻搜索引擎。根据百度新闻产品帮助页面介绍，百度新闻主要有三类来源：一是正式出版的报刊、广播、电视台网络版；二是政府及组织机构的官方网站；三是拥有高质量的原创资讯内容，在其目标领域内具有一定的用户认知度和一定规模的忠实阅读群的门户、地方信息港、行业资讯网站。同时百度新闻明确指出其在收录中排除了博客、论坛、软件下载等非新闻资讯类网站、企业网站、个人网站以及没有固定用户群和影响力的网站。百度新闻源涵盖范围广泛，既包括了传统的报纸杂志、广播、电视网络版内容，也包括了具有一定影响力的门户、地方信息港、行业资讯网站，能够较好地反映企业所受到的媒体关注度。同时，百度新闻源还排除了企业网站，从而避免将企业自身宣传性内容纳入媒体关注度的误差。

具体的做法：根据百度新闻搜索引擎的高级搜索界面，按公历自然年度对新闻标题中含有公司名称的新闻进行精确检索。为保证搜索的准确性，分别以公司简称和全称进行搜索，将搜索引擎获取的新闻报道次数求和作为媒体关注的衡量，并将其加 1 再取自然对数，记为 *Media*。为克服内生性困扰，在回归分析中采用滞后一期的网络媒体关注数据。

（2）外部环境。本文认为外部环境会影响网络媒体关注对非效率投资的作用。外部环境以上市公司法定注册地为依据，借鉴樊纲等（2011）中国各地区市场程度衡量。樊纲等（2011）各地区市场化程度综合考虑了政府与市场关系，非国有经济发展，产品和要素市场发育程度，市场中介组织的发育程度以及法律制度环境，能够较好地概括反映网络媒体所处的外部环境的差异。市场化程度指标最新数据公布至 2009 年，本文参照孙铮等（2005）的处理，以 2009 年数据代替 2010—2013 年市场化程度。考虑市场化进程是一个渐进过程，这一误差不会对估计结果产生根本性影响。为考察市场化程度高低对网络媒体与非效率投资的影响，本文以地区为单位，以市场化程度的中位数为依据，将高于中位数地区定义为1，代表外部环境“高”，低于中位数地区定义为0，代表外部环境“低”，记为*MEnvir*。

3. 控制变量

根据已有研究，本文控制了影响企业非效率投资的重要因素，主要包括公司方面的公司规模、资产负债率，董事会方面的董事会规模、独立性和领导结构，股权方面的股权性质和结构，以及行业和年度效应。其中，公司规模使用总资产的自然对数，记为*Size*；资产负债率为总负债除以总资产的比率，记为*Lev*；董事会规模为董事会成员数量，记为*DirNum*；董事会独立性为董事会成员中独立董事所占比例，记为*OutRat*；董事会领导结构为董事长、总经理是否兼任，兼任取值为1，否则为0，记为*Dual*；股权性质为虚拟变量，当最终控制人为国有企业时取值为1，否则取值为0，记为*Nature*；股权结构采用第一大股东持股比例，记为*Top*；行业虚拟变量以中国证监会2001年颁布的《上市公司行业分类指引》为依据，制造业取两位行业代码，其他行业取一位行业代码，除去金融行业外共计21个行业，设置20个虚拟变量（哑变量），简以*Industry*表示；为控制宏观经济政策及经济波动的影响，本文控制了年度效应，对样本区间七个年度设置6个虚拟变量（哑变量），简以*Year*表示（见表1）。

表1　变量简要说明

变量类型	变量名称	变量符号	变量简要说明
被解释变量	非效率投资	*InvEff*	Richardson 投资模型残差的绝对值
解释变量	网络媒体关注	*Media*	滞后一期百度新闻搜索引擎获取指数加1再取自然对数
	外部环境	*MEnvir*	1：外部环境“高”；0：外部环境“低”

续表

变量类型	变量名称	变量符号	变量简要说明
控制变量	公司规模	*Size*	公司总资产的自然对数
	资产负债率	*Lev*	总负债除以总资产
	董事会规模	*DirNum*	董事会成员的数量
	董事会独立性	*OutRat*	独立董事占全部董事的比例
	董事会领导结构	*Dual*	董事长、总经理是否兼任，兼任取值为1，否则为0
	股权性质	*Nature*	1：国有企业；0：非国有企业
	股权结构	*Top*	第一大股东持股比例
	行业虚拟变量	*Industry*	行业代码制造业取两位，其他行业取一位，20个哑变量
	年度效应	*Year*	2007年至2013年度效应，6个哑变量

（三）模型构建

对于假说1的检验，本文构建回归模型（2）：

$$InvEff = \alpha_0 + \alpha_1 Media + \alpha_2 Size + \alpha_3 Lev + \alpha_4 DirNum + \alpha_5 OutRat + \alpha_6 Dual + \alpha_7 Nature + \alpha_8 Top + \sum_j Industry + \sum_k Year + \varepsilon \tag{2}$$

模型（2）中各变量的详细含义见表1。根据假说1，网络媒体关注的提高能够降低上市公司的非效率投资水平，因此本文预测网络媒体关注 *Media* 的系数 α_1 显著为负；根据假说1，网络媒体关注的信息效应缓解投资不足，监督效应抑制投资过度，将样本划分为投资不足组和投资过度组进行回归，本文预测网络媒体关注 *Media* 的系数在投资不足组和投资过度组均应显著为负。

对于假说2的检验，在上述模型的基础之上加入外部环境以及外部环境和网络媒体关注的交乘项，其他变量含义同模型（2），构建模型（3）：

$$InvEff = \alpha_0 + \alpha_1 Media + \gamma_1 MEnvir + \gamma_2 MEnvir \times Media + \alpha_2 Size + \alpha_3 Lev + \alpha_4 DirNum + \alpha_5 OutRat + \alpha_6 Dual + \alpha_7 Nature + \alpha_8 Top + \sum_j Industry + \sum_k Year + \varepsilon \quad (3)$$

根据假说2，网络媒体关注对非效率投资的影响在外部环境“低”的地区会被削弱，本文预测外部环境与网络媒体关注交乘项 $MEnvir \times Media$ 的系数 γ_2 显著为负；根据假说2，网络媒体关注缓解投资不足的信息效应受外部环境的影响较小，抑制投资过度的监督效应受外部环境的影响较大，将样本划分为投资不足组和投资过度组分别进行回归，本文预测外部环境与网络媒体关注交乘项 $MEnvir \times Media$ 系数在投资不足组不显著，在投资过度组显著为负。

五、实证结果分析

（一）描述性统计

表2提供了研究样本描述性统计量。非效率投资的均值为0.0288，最大值为0.1498，最小值为0.0004，说明样本公司的非效率投资存在较大差异。后文将重点研究非效率投资出现差异的原因。此外，非效率投资的中位数为0.0202，小于均值0.0288，两者存在一定程度的差异，呈现一定程度的左偏现象，说明部分样本公司的非效率投资较低，接近于0。对于非效率投资接近于0的公司，Richardson模型估计偏误可能导致残差正负号出现相反状况，进而使其投资不足或投资过度类别的区分出现错误。为此，本文在稳健性检验中将Richardson模型估计的残差三等分，剔除中间组进行测试。网络媒体关注的均值为5.5903，最大值为12.4987，最小值接近于0，说明不同上市公司受到的网络媒体关注存在较大差异。后文将重点研究网络媒体关注的差异对非效率投资水平的差异存在何种影响，是否存在因果联系。

表 2 变量描述性统计

变量	变量说明	均值	中位数	标准差	最小值	最大值	样本数
InvEff	非效率投资	0.0288	0.0202	0.0286	0.0004	0.1498	9589
Media	网络媒体关注	5.5903	6.1377	3.0041	0.0000	12.4987	9589
MEnvir	外部环境	0.7700	1.0000	0.4208	0.0000	1.0000	9589
Size	公司规模	21.9520	21.7862	1.2229	19.5903	25.7062	9589
Lev	资产负债率	0.4392	0.5005	0.1996	0.0646	0.8911	9589
DirNum	董事会规模	9.1179	9.0000	1.8458	3.0000	18.0000	9589
OutRat	董事会独立性	0.3569	0.3333	0.0535	0.0909	0.7143	9589
Dual	董事会领导结构	0.1706	0.0000	0.3762	0.0000	1.0000	9589
Nature	股权性质	0.4249	0.0000	0.4943	0.0000	1.0000	9589
Top	股权结构	36.7438	35.3800	15.3350	9.0900	75.8400	9589

（二）主要变量之间相关分析

因变量与自变量之间的相关分析显示①：首先，非效率投资与关键解释变量网络媒体关注的相关系数为 -0.0493，在 1% 的水平上显著，说明网络媒体关注高的公司非效率投资低，初步验证了本文的假说与结论；其次，非效率投资与外部环境的相关系数为 -0.0272，在 5% 的显著性水平上显著，表明外部环境高地区上市公司的非效率投资较低。自变量之间的相关系数均在 0.4 以下，其余控制变量之间的相关系数大都在 0.2 以下，说明控制变量之间也不存在严重的共线性困扰。总而言之，上述单变量分析中各主要变量之间的关系与预期基本一致，后文将利用回归模型进行多变量关系检验。

（三）网络媒体关注对非效率投资的回归分析

为检验假说 1，本文对模型（2）进行了多元回归分析，具体结果如表 3 左半部分结果 1、2、3 所示。其中，结果 1 为非效率投资全样本

① 由于篇幅限制，相关系数分析的结果未在正文列示。

的回归结果，结果 2 为投资不足样本的回归结果，结果 3 为投资过度样本的回归结果。

在全样本的结果 1 中，网络媒体关注对非效率投资的回归系数显著为负，表明网络媒体关注的提高能够从整体上降低上市公司的非效率投资。在投资不足样本的结果 2 中，网络媒体关注的回归系数显著为负，表明网络媒体关注能够通过信息效应缓解上市公司的投资不足。在投资过度样本的结果 3 中，网络媒体关注的回归系数亦显著为负，表明网络媒体关注能够通过监督效应抑制上市公司的投资过度。上述结果验证了假说 1，支持了本文的结论。

表 3　回归结果分析

变量	模型（2）：主效应回归			模型（3）：调节效应回归		
	1 全样本	2 投资不足	3 投资过度	4 全样本	5 投资不足	6 投资过度
Media	-0.0004*** (0.0001)	-0.0002** (0.0001)	-0.0005** (0.0002)	-0.0006** (0.0003)	-0.0004** (0.0002)	-0.0004*** (0.0001)
Size	-0.0009** (0.0004)	-0.0013*** (0.0003)	-0.0003 (0.0006)	-0.0008** (0.0003)	-0.0013*** (0.0003)	-0.0002 (0.0006)
Lev	-0.0090*** (0.0020)	-0.0122*** (0.0020)	-0.0051 (0.0043)	-0.0091*** (0.0020)	-0.0121*** (0.0020)	-0.0058 (0.0042)
DirNum	-0.0001 (0.0003)	-0.0001 (0.0004)	-0.0003 (0.0003)	-0.0001 (0.0003)	-0.0001 (0.0004)	-0.0004 (0.0004)
OutRat	-0.0025 (0.0066)	-0.0015 (0.0068)	-0.0066 (0.0129)	-0.0029 (0.0066)	-0.0010 (0.0067)	-0.0083 (0.0132)
Dual	0.0017* (0.0010)	0.0008 (0.0010)	0.0029 (0.0019)	0.0018* (0.0010)	0.0007 (0.0009)	0.0031 (0.0019)
Nature	0.0024*** (0.0007)	0.0021*** (0.0007)	0.0029* (0.0015)	0.0026*** (0.0008)	0.0021*** (0.0007)	0.0034** (0.0015)
Top	-0.0000 (0.0000)	0.0000 (0.0000)	-0.0001 (0.0001)	-0.0000 (0.0000)	0.0000 (0.0000)	-0.0000 (0.0000)
MEnvir				-0.0005 (0.0015)	-0.0022 (0.0013)	-0.0055 (0.0034)

续表

变量	模型（2）：主效应回归			模型（3）：调节效应回归		
	1 全样本	2 投资不足	3 投资过度	4 全样本	5 投资不足	6 投资过度
MEnvir × *Media*				−0.0002 *** (0.0001)	−0.0000 (0.0000)	−0.0002 ** (0.0001)
Industry&Year	YES	YES	YES	YES	YES	YES
Observations	9589	5690	3899	9589	5690	3899
Adj. R^2	0.0562	0.0737	0.0652	0.0568	0.0742	0.0679
F Value	19.04 ***	13.28 ***	9.39 ***	18.13 ***	12.77 ***	9.35 ***
Mean VIF	2.60	2.72	2.48	2.92	3.00	2.81

注：括号内为稳健性标准误。＊＊＊、＊＊和＊分别代表在1%，5%和10%的显著性水平上显著。模型控制了年份、行业效应，囿于篇幅，予以省略。常数项予以省略。根据VIF膨胀因子系数，不存在共线性问题。

（四）网络媒体关注、外部环境对非效率投资的回归分析

为检验假说2，本文对模型（3）进行了多元回归分析，具体结果如表3右半部分结果4、5、6所示。模型（3）在模型（2）的基础上加入了外部环境以及外部环境与网络媒体关注的交乘项，以检验外部环境对网络媒体发挥作用的调节效应。其中，结果4为非效率投资全样本的回归结果，结果5为投资不足样本的回归结果，结果6为投资过度样本的回归结果。

在结果4、5、6中，网络媒体关注的系数依然显著为负，进一步证明了本文的假说1。在全样本的结果4中，外部环境和网络媒体关注交乘项的系数显著为负，表明外部环境确实影响了网络媒体关注的治理作用，较“低”的外部环境削弱了网络媒体关注降低非效率投资的效应，在外部环境“高”的地区，网络媒体关注降低非效率投资的效果更大。在投资不足样本的结果5中，外部环境和网络媒体关注交乘项的系数虽然为负，却并不显著，且在保留四位小数时仍无法得到有效观测。这表明无论在统计意义还是在经济意义上，网络媒体关注通过信息效应缓解投资不足的作用在外部环境“高”和“低”的地区并不存在显著差异，

外部环境对网络媒体信息效应发挥作用的调节效应并不明显。在投资过度样本的结果6中，外部环境和网络媒体关注交乘项的系数显著为负，表明网络媒体关注通过监督效应抑制投资过度的效应受到外部环境的影响。较“低”的外部环境削弱了网络媒体的监督效应，在外部环境“高”的地区，网络媒体监督效应抑制投资过度的效果更大。

上述结果支持假说2，网络媒体降低非效率投资的作用受到外部环境的影响，其中信息效应缓解投资不足的作用受到的影响较小，监督效应抑制投资过度的作用受到的影响较大。

六、稳健性检验

（一）更换非效率投资模型

非效率投资作为被解释变量，衡量的准确性影响研究结论的可靠性。本文分别采用不同的模型估计非效率投资水平，对文中的相关模型重新估计，以检验研究结论的可靠性。

（1）更换 Richardson 模型中衡量投资机会的变量为 *TobinQ*。随着中国资本市场的逐步完善，亦有文献认为 *TobinQ* 可以作为衡量投资机会的变量。为克服上市公司销售增长率波动较大的影响，将 Richardson 模型中衡量投资机会的变量更改为 *TobinQ*，并据以计算非效率投资水平，以此为因变量重新估计上文的模型，估计结果见表4。稳健性检验的结果基本保持不变，进一步验证了本文的假说与结论。

表4　稳健性检验——投资机会更换为 *TobinQ*

变量	模型（2）：主效应回归			模型（3）：调节效应回归		
	(1) 全样本	(2) 投资不足	(3) 投资过度	(4) 全样本	(5) 投资不足	(6) 投资过度
Media	-0.0004***	-0.0003**	-0.0005**	-0.0006**	-0.0004**	-0.0004*
	(0.0001)	(0.0001)	(0.0003)	(0.0002)	(0.0002)	(0.0002)

续表

变量	模型（2）：主效应回归			模型（3）：调节效应回归		
	（1） 全样本	（2） 投资不足	（3） 投资过度	（4） 全样本	（5） 投资不足	（6） 投资过度
MEnvir				-0.0006 (0.0017)	-0.0025 * (0.0014)	-0.0060 * (0.0034)
MEnvir × *Media*				-0.0002 *** (0.0001)	-0.0002 (0.0005)	-0.0003 ** (0.0001)
$Control_{it}$	省略	省略	省略	省略	省略	省略
Industry&Year	YES	YES	YES	YES	YES	YES
Observations	9589	5696	3893	9589	5696	3893
Adj. R^2	0.0565	0.0737	0.0655	0.0571	0.0744	0.0685
F Value	19.36 ***	13.49 ***	9.36 ***	18.43 ***	13.05 ***	9.37 ***
Mean VIF	2.60	2.71	2.48	2.92	3.02	2.82

注：括号内为稳健性标准误。***、**和*分别代表在1%，5%和10%的显著性水平上显著。模型控制了年份、行业效应，囿于篇幅，予以省略。常数项予以省略。根据VIF膨胀因子系数，不存在共线性问题。

（2）剔除 Richardson 模型中间样本①。Richardson 模型假设所有企业都存在非效率投资，并以模型残差项的绝对值代表非效率投资水平，其中残差为负表示投资不足，残差为正表示投资过度。模型估计难以避免的偏误可能导致非效率投资并不严重的公司残差项出现偏差，使得在零值附近波动公司的残差正、负号以及非效率投资类型的划分出现错误，影响后续的回归结果。为避免偏差问题，本文将 Richardson 模型计算的残差项三等分，进而剔除容易产生偏差的中间组（零值附近波动样本）。将剩余样本残差取绝对值代表非效率投资水平，对上文的模型重新进行回归，结果基本不变，支持了本文的假说与结论。

（3）采用 Biddle 模型。基于完美市场假设下公司投资只取决于投资机会的理论，Biddle 等（2009）建立模型（4）来估计非效率投资，

① 由于篇幅限制，稳健性检验的结果未在正文列示。后文其他稳健性检验亦如此。

其中，*InvNew* 表示新增投资额，*Growth* 表示投资机会，具体使用公司上期营业收入增长率衡量。对模型（4）分年度分行业回归，残差的绝对值表示非效率投资水平。最后，将此模型估计的非效率投资指标作为被解释变量对上文设定模型重新回归，结果基本保持不变，支持了本文的假说与结论。

$$InvNew_t = \beta_0 + \beta_1 Growth_{t-1} + \sum_j Industry + \sum_k Year + \varepsilon \qquad (4)$$

（二）外部环境指标

外部环境作为重要的解释变量，衡量的准确性影响结论的可靠性。本文外部环境数据来自樊纲等（2011）市场化指数，缺失 2010—2013 年的数据，需用一定的方法进行估算。估算的准确性可能会影响结论的可靠性，本文采用不同的估算方法进行稳健性测试。

（1）直接剔除数据缺失年份。对于市场化程度指标缺失年份，本文采用 2009 年的外部环境指标直接替代，可能存在一定的偏差。无论在稳健性检验中采用何种指标替代方法，始终不是外部环境的真实度量，仍有存在偏差的可能。为此，本文直接剔除指标缺失年份样本，对上文的模型重新估计，估计结果基本保持不变，支持了本文的假说与结论。

（2）采用平均增长率法。对市场化程度指标缺失数据直接删除的方法虽然排除了偏误的困扰，但无法反映最近几年资本市场的经验证据，损失了大量样本。因此，本文采用平均增长率法估算 2010—2013 年的市场化指数，并以此作为外部环境的衡量指标，对上文设定的模型重新估计和检验，回归结果基本保持不变，支持了本文的假说与结论。

（三）其他稳健性检验

一般而言，规模大的公司往往有更高的网络媒体关注程度，以及更低的非效率投资水平。公司规模对网络媒体关注以及非效率投资同时具有相关关系，这种内生性问题会使得网络媒体关注和非效率投资之间出现“伪回归”问题。为克服公司规模可能导致的内生性问题，本文采用两种方式进行稳健性检验。

（1）根据网络媒体关注指数进行公司规模调整。即将网络媒体关注数量除以公司规模，构建调整后的网络媒体关注指数，重新进行回归分析。回归结果基本保持不变。

（2）依据公司规模的中位数，将样本公司区分为大公司组和小公司组。对每组样本重新进行回归分析。由于每组内公司规模的差异性减少，可以在一定程度控制公司规模导致的内生性问题。回归结果也基本保持不变。这说明在控制公司规模同时影响的内生性问题后，网络媒体关注依然能够降低非效率投资水平，支持了本文的假说与结论。

七、研究结论与建议

网络媒体关注、外部环境及其交互作用对非效率投资的影响是经济管理学科关注的基本问题。本文以 2007—2013 年中国 A 股非金融类上市公司为样本，考察网络媒体关注对非效率投资影响的微观机制，以及外部环境对网络媒体关注降低非效率投资的调节效应。研究结果表明，网络媒体关注的提高能够降低企业的非效率投资水平，既能通过信息效应缓解投资不足，亦能通过监督效应抑制投资过度，从整体上提高企业的投资效率；外部环境能够影响网络媒体关注对非效率投资的作用，但在微观机制上有所差异；网络媒体关注通过信息效应缓解投资不足的效果，在不同外部环境中并未表现出显著差异；网络媒体关注通过监督效应抑制投资过度的效果，在不同外部环境中表现出显著差异，在外部环境“高”的地区，网络媒体关注通过监督效应抑制投资过度的效果更高。

本文的研究结论对于媒体发展、政府监管、投资决策以及企业管理方面都具有一定的启示作用。在媒体发展方面，应当充分重视网络媒体对社会乃至资本市场发展的重要影响力。虽然媒体肩负监督舆情的神圣职责，但其基本使命依然是传播信息，应充分发挥网络媒体在信息传播方面新型技术的特点，深化资本市场信息传播的网络化水平。在政府监管方面，面对网络媒体迅速发展的潮流，政府既不能采用简单粗暴的行政干预方式，也不能放任不管，应当通过完善立法，建立良好的制度环境，减少直接干预，创建完善的网络媒体环境，保证网络媒体的信息和监督效应都能良好地发挥作用。在投资决策层面，投资者选择备受网络媒体关注的公司进行投资可以有效降低信息风险，网络媒体监督舆论在外部环境“高”的地区具有一定公信力，在外部环境“低”的地区仍有一定局限性。在企业管理层面，充分利用网络媒体这一新兴的媒体工具，既利用其治理监督方面的作用，又利用其在信息传播方面的作用，可以缓解企业的代理问题和信息问题，降低非效率投资水平，提高企业价值。

参考文献

[1]陈运森,谢德仁. 网络位置、独立董事治理与投资效率[J]. 管理世界,2011(7):113－127.

[2]戴亦一,潘越,陈芬. 媒体监督、政府质量与审计师变更[J]. 会计研究,2013(10):89－95.

[3]樊纲,王小鲁,朱恒鹏. 中国市场化指数:各地区市场化相对进程2011报告[M]. 北京: 经济科学出版社, 2011.

[4]贺京同,范若滢. 宽松货币政策、产权性质与企业非效率投资[J]. 中国经济问题,2015(5):95－108.

[5]黄俊,郭照蕊. 新闻媒体报道与资本市场定价效率——基于股价同步性的分析[J]. 管理世界,2014,(5):121－130.

[6]黎文靖,李耀淘．产业政策激励了公司投资吗[J]．中国工业经济,2014(5):122－134.

[7]李培功,沈艺峰．媒体的公司治理作用:中国的经验证据[J]．经济研究,2010(4):14－27.

[8]李伟军,李智,王敬勇．政治联系、资本结构与房地产企业过度投资[J]．中国经济问题,2015(2):61－73.

[9]刘媛媛,韩艳锦,张琪．多元化结构、金字塔层级与投资效率——来自国有企业集团的证据[J]．中国经济问题,2016(5):99－109.

[10]罗进辉．媒体报道的公司治理作用——双重代理成本视角[J]．金融研究, 2012(10):153－166.

[11]孙铮,刘凤委,李增泉．市场化程度、政府干预与企业债务期限结构——来自我国上市公司的经验证据[J]．经济研究,2005(5):52－63.

[12]谭美村,李明辉．会计师事务所组织形式与上市公司过度投资[J]．中国经济问题,2016,(1):82－95.

[13]田依林．主流网络媒体瞬时传播网络空间结构及其属性研究[J]．新闻与传播研究,2013(10):56－69.

[14]王菁,程博外部盈利压力会导致企业投资不足吗?——基于中国制造业上市公司的数据分析[J]．会计研究,2014(3):33－40.

[15]BESLEY T,PRAT A. Handcuffs for the grabbing hand? Media capture and government accountability [J]. The American Economic Review, 2006, 96 (3): 720－736.

[16]BIDDLE G C, HILARY G,VERDI R S. How does financial reporting quality relate to investment efficiency? [J]. Journal of Accounting and Economics,2009, 48(2): 112－131.

[17]BILLETT M T,GARFINKEL J A,JIANG Y. The influence of governance on investment: Evidence from a hazard model[J]. Journal of Financial Economics,2011, 102(3): 643－670.

[18]DJANKOV S,MCLIESH C,NENOVA T,et al. Who owns the media? [J]. Journal of Law and Economics,2003,46(2): 341－382.

[19] EISDORFER A, GIACCOTTO C, WHITE R. Capital structure, executive compensation, and investment efficiency[J]. Journal of Banking & Finance, 2013, 37(2): 549 – 562.

[20] GURUN U G, BUTLER A W. Don't believe the hype: Local media slant, local advertising, and firm value [J]. The Journal of Finance, 2012, 67 (2): 561 – 598.

[21] JENSEN M C. Agency costs of free cash flow, corporate finance, and takeovers[J]. The American Economic Review, 1986, 76(2): 323 – 329.

[22] LIU B, MCCONNELL J J. The role of the media in corporate governance: Do the media influence managers'capital allocation decisions? [J]. Journal of Financial Economics, 2013, 110(1): 1 – 17.

[23] MODIGLIANI F, MILLER M H. The cost of capital, corporation finance and the theory of investment[J]. The American economic review, 1958, 48(3): 261 – 297.

[24] MYERS S C, MAJLUF N S. Corporate financing and investment decisions when firms have information that investors do not have[J]. Journal of financial economics, 1984, 13(2): 187 – 221.

[25] PERESS J. The media and the diffusion of information in financial markets: Evidence from newspaper strikes [J]. The Journal of Finance, 2014, 69 (5): 2007 – 2043.

[26] RICHARDSON S. Over – investment of free cash flow[J]. Review of accounting studies, 2006, 11(2 – 3): 159 – 189.

中国影子银行系统性风险溢出效应测度及其规制研究[①]

张兴旺　陈希敏

摘　要：本文通过构建中国影子银行体系系统性风险溢出效应测度模型，将信托公司、保险公司、证券公司、投资公司、民间借贷和商业银行体系纳入其中进行测算。研究结果表明，系统性风险溢出效应最大的是投资公司，其次是信托公司、保险公司、证券公司，最后是民间金融。股份制银行与投资公司的系统性风险溢出效应大致相当，国有商业银行的系统性风险溢出效应最小。基于上述研究结果，本文提出从宏观审慎监管、微观审慎监管以及法律监管角度建立中国影子银行体系的风险监管框架，以维持中国金融体系稳定和金融安全。

关键词：影子银行；系统性风险；溢出效应监管与规制

作者简介：张兴旺（1977—　），西北大学经济管理学院博士，西安财经大学统计学院副教授，主要研究方向为经济统计、影子银行风险与监管研究。陈希敏（1957—　），西北大学经济管理学院教授、博士、博士研究生导师，主要研究方向为金融理论与实践。

---

① 基金项目：全国统计科学研究计划项目（2016LY40）；陕西省社会科学基金项目（2016D021）；陕西省教育厅科学研究项目计划（15JK1283）。

一、引言

中国影子银行体系会不会出现系统性金融风险？交通银行首席经济学家连平指出，中国影子银行风险主要在民间融资，民间融资利率很高，甚至发展成高利贷，致使借款人无法偿还。2013 年 9 月 13 日，IMF 副总裁朱民在夏季达沃斯论坛上表示，中国拥有很好的资本与经济基础，影子银行体系并不存在很大风险。同年，中国银监会主席尚福林在接受新华社专访时指出，中国银行业虽然有风险隐患，但是风险状况总体控制较好，影子银行体系风险可控。中国银监会首席顾问沈联涛认为，中国影子银行体系风险完全可控，个别有问题，但是系统没有问题（陈青松，2014）。

2017 年 7 月在北京召开的第五次全国金融工作会议上，习近平强调指出金融是国家重要的核心竞争力，金融安全是国家安全的重要组成部分，要守住不发生系统性金融风险的底线。因此，如何对中国影子银行体系系统性风险溢出效应进行评价，然后通过借鉴金融危机发生之后，主要国际组织和发达国家金融监管当局对影子银行体系监管改革的成功经验，从宏观审慎监管、微观审慎监管以及法律监管角度构建起中国影子银行体系的风险监管框架，以防范和化解中国影子银行机构可能引发的区域性甚至系统性金融风险，维护金融体系稳定和金融安全，最终促进实体经济发展，正是本文研究的内容。这也是我国政府和金融监管当局目前迫切需要直面和解决的一个现实问题。

二、文献梳理

在国外，Gennaioli 等（2013）研究指出，自影子银行诞生之日起，就与金融体系风险息息相关。Adrian 和 Ashcraft（2012）研究认为影子银行体系带来的金融一体化加大了信贷创造的顺周期性和波动性风险，加快了金融系统内波动的传播速度。Claessens 和 Ratnovski（2014）研究认为，同传统银行业务一样，影子银行也涉及风险转移。风险转移的目的是把一些投资者不愿承担的“不良”风险资产剥离出来，影子银行则利用一套与传统银行业务不同的机制来转移风险，其目的是在金融系统中分散不良风险。为了能够顺畅地在金融系统中分散风险，影子银行往往需要借助于信用评级。

在国内，何国华等（2014）基于影子银行产品结构演进视角，采用 VaR－EGARCH－M 模型对影子银行风险衍生进行分析和测度。研究结果表明，我国影子银行呈现风险不对称性，虽整体风险可控，但暴露的风险和内在风险不一致，这是因为信托、银行理财产品收益存在隐性担保。李建军和薛莹（2014）基于会计账户传导的风险传染机制，借助于投入产出分析方法和马尔科夫链过程假设，选取商业银行、信托公司、证券公司、基金公司和保险公司等交易商作为影子银行部门典型代表，构建影子银行系统性风险测度模型，结果显示信托公司是我国影子银行体系系统性风险的主要来源，商业银行机构是我国影子银行体系系统性风险的主要承担者，并且系统性风险整体呈现出上升趋势，并建议从影子银行业务风险隔离机制、资本与杠杆率监管、信息透明度、宏观审慎框架和风险应急机制等方面加强风险监管。课题组（2016）利用相同研究方法对庆阳市进行案例研究，结果显示在 2010—2014 年，担保公司是影子银行系统性风险的主要承担者，其次是银行的影子业务，最后是小贷公司。总体来看，不同影子银行机构系统性风险具有较大差异，且承担与制造系统性风险并不具有对称性，系统性风险在时间上的差异由外部环境变化和影子银行本身演变结果所致。由于银行与银行之间、银行与其他金融中介机构之间、正规金融体系与影子银行体系之间的业务往来存在着不可分割的关联，个体、公司和银行之间更是形成了一个信贷网络，个别影子银行机构的危机就像“多米诺”骨牌使得所有处于业务链条上的金融机构深受其害，系统性风险的广泛性和普遍性更加显著（Schroder & Schuler，2003）。系统性风险难发现，易扩散，危害大，对监管机构来说具有非常大的挑战。因此，需要做到及时防范，加强预警与监管，不断探索更加行之有效的系统性风险监管办法（冯超，2016）。

范小云等（2011）对美国次贷危机期间及其发生前后，基于 SES 模型对我国金融机构边际风险贡献程度进行了测算。高国华和潘英丽（2012）通过运用矩阵模型，同时基于资产负债表关联，对银行间市场双边传染风险进行研究。张辉（2016）基于金融压力指数法，对我国银行业系统性风险进行实证研究。王琳（2016）采用 GARCH 模型及其扩展对中国上市银行系统性风险非对称性及其监管进行定量研究。冯建秀和张国祚（2016）从时空两个维度对中国影子银行体系系统性风险建立模型，进行定量研究，并且指出在时间维度系统性风险与顺周期性有关。空间维度主要考察在给定时间点上影子银行机构之间的风险关联性和传染性，研究结果表明商业银行机构、信托公司与证券公司是主要的系统性风险源，商业银行部门是系统性风险的主要承担者，这与李建军和薛莹（2014）的研究结果基本一致。

通过文献梳理可以发现，现有研究多从理论上对我国影子银行体系存在的潜在风险进行定性分析，并给出监管对策与建议，但是从定量角度、通过建立计量模型对我国影子银行体系系统性风险进行实证分析的文献相对较少。本文通过搜集相对较长时期的时间序列数据，运用 GARCH 模型和 CoVaR 模型来对系统性风险溢出效应进行检验实证，基于分析结果，提出监管对策与建议，以防范和化解我国影子银行体系系统性风险溢出，从而维持金融体系稳健运行，维护金融安全。

三、中国影子银行系统性风险测度

（一）风险度量指标

1. VaR（Value at Risk）方法

VaR 是某项金融资产或组合在一定的持有期及显著性水平下，可能发生的最大损失。VaR 方法是从风险管理实践中产生出来的一种新型风险管理方法，一出现就给风险管理领域带来革命性变革，并迅速成为广受欢迎的风险管理工具。目前研究 VaR 的主流方法主要有历史模拟法、Monte Carlo 模拟法和分析方法三种。1995 年，以巴塞尔银行监管委员会为代表的国际金融监管机构纷纷建议用 VaR 方法进行风险管理，该方法作为金融风险管理的奠基石，其应用功能已经从风险度量拓展到弥补潜在损失所需的经济资本、银行资本充足率等方面。

金融时间序列通常表现为鞅差序列，但是对日收益率序列图进行统计观察后表明，收益率波动的幅度随时间变化而变化，这一现象在金融领域中可以被广泛观察到，称为波动集聚（Volatility Clustering）现象。它反映的是资产价格变化（或正或负）的一种趋势，即大的变化后面跟着大的变化，小的变化后面跟着小的变化。日收益率序列波动随时间的变化性和厚尾性，是金融收益率序列两个典型的特征。

本文主要采用 CoVaR 模型作为影子银行机构对系统性风险贡献程度的衡量指标，以此来衡量单体影子银行机构的系统性风险溢出效应贡献大小，*CoVaR* 表示某一机构处于困境下 CoVaR 与该机构处于“正常状态”下的差，该值可以用来表示某个特殊机构对于全部系统性风险的边际贡献程度。

类似地，定义 $\Delta CoVaR_q^{j|i}$ 为机构 i 在条件 $C(X^i)$ 下机构 j 的 VaR 值，如式（1）所示：

$$Pr[X^i \leqslant CoVaR_q^{j|C(X^i)} | C(X^i)] = q \tag{1}$$

则机构 i 对于机构 j 的风险贡献度，如式（2）所示：

$$\Delta CoVaR_q^{j|i} = CoVaR_q^{j|X^i=VaR^i} - CoVaR_q^{j|X^i=Median^i} \tag{2}$$

若此处令 $j=system$，则 $\Delta CoVaR_q^{j|i}$ 可表示为 $\Delta CoVaR_q^i$，表示的是某机构对于整体系统性风险的贡献程度。

ΔCoVaR 方法具有以下好处：其一，$\Delta CoVaR$ 关注了各机构对于整体系统性风险的贡献程度，而传统风险度量方法只关注于各个机构的风险。两个具有相同 VaR 的机构，并不能说明它们对系统风险具有相同的重要程度，其$\Delta CoVaR$ 值也不一定相同。其二，ΔCoVaR 方法可以更为一般地研究在整个金融网络中各机构之间的风险溢出效应。

2. GARCH－CoVaR 模型

Engle（1982）和 Bollerslev（1987）建立了广义自回归条件异方差模型（GARCH），该模型可以拟合随时间变化的波动，同时也能够捕捉到金融时间序列更多的细节特征。GARCH 模型对条件方差的拟合不仅考虑过去的冲击，而且考虑它本身的过去值，对条件均值的预测也同时包含了新的信息和以前的信息。GARCH 模型由条件均值方程和条件方程组成，GARCH（1，1）模型是 GARCH（p，q）模型中的特例，能够消除异方差现象，且具有较好拟合性，因此本文选择 GARCH（1，1）模型进行拟合。

GARCH（1，1）模型的条件均值方程可以表示为：

$$R_t^i = \alpha_0 + \alpha_1 R_{t-1}^i + A(L)R_{t-1}^i + B(L)\mu_t \tag{3}$$

$$\mu_t = \sigma_{it}\varepsilon_t$$

GARCH（1，1）模型的条件方差方程可以表示为：

$$\sigma_{it}^2 = \beta_0 + \beta_1\mu_{t-1}^2 + \beta_2\sigma_{it-1}^2 \tag{4}$$

在分位数 q 下，VaR_q^i 定义为：

$$Pr(X^i \leqslant VaR_q^i) = q \tag{5}$$

这里 X^i 是表示机构 i 的变量，一般 VaR_q^i 为负数。EViews 中 VaR 的计算公式为 $VaR_{it} = \hat{R}_{it} - Q(q)\hat{\sigma}_{it}$，其中，$\hat{R}_{it}$ 为所选 GARCH 模型的一步

向前预测均值，$\hat{\sigma}_{it}$ 为所选 GARCH 模型的向前一步预测的条件方差，$Q(q)$ 是显著性水平 q 下分位数，t 分位数以及通过 GARCH 模型拟合所得到的条件均值方程与条件方差方程是计算在险价值 VaR 时所不可或缺的重要因素，t 分位数的计算需要显著性水平和自由度。在这里 R_i 表示日收益率序列，残差项为 μ_t，随机扰动项为 ε_t，随机扰动项的分布服从 student－t 分布，条件均值方程中残差项的波动性由方差方程来反映。

CoVaR 与 VaR 差异之处在于在均值方程上出现了一些变动，CoVaR 模型均值方程如式（6）所示：

$$R_t^i = \alpha_0 + \alpha_1 VaR_{q,jt} + A(L)R_t^j + B(L)\mu_t \tag{6}$$

$$\mu_t = \sigma_{it}\varepsilon_t$$

CoVaR 模型的方差方程仍为：

$$\sigma_{it}^2 = \beta_0 + \beta_1\mu_{t-1}^2 + \beta_2\sigma_{it-1}^2 \tag{7}$$

采用 GARCH 模型进行拟合，可以得到 $CoVaR$ 值，具体计算公式为：

$$CoVaR_t^{i,j} = \hat{R}_{it} - Q(q)\hat{\sigma}_{it} \tag{8}$$

Adrian 和 Brunnermeier 于 2009 年首次基于风险溢出角度提出了 CoVaR的概念以及定义，$CoVaR_t^{ij}$ 表示条件风险价值与风险价值 VaR 之差，也表示在显著性水平为 q 的情况下，金融机构 i 在金融机构 j 处于某风险水平时的风险价值水平。而机构 j 的风险事件对机构 j 的风险溢出价值 $\Delta CoVaR_t^{ij}$ 为 $CoVaR_t^{ij}$ 和 VaR_t^i 的数值之差，风险溢出表达式如下所示：

$$\Delta CoVaR_t^{i,j} = CoVaR_t^{i,j} - VaR_t^i \tag{9}$$

风险溢出比重：

$$\Delta CoVaR_t^{i,j} = (\Delta CoVaR_t^{i,j}/VaR_t^i) \tag{10}$$

其中，$\Delta CoVaR_q^{i,j}$ 反映了机构 j 对机构 i 的风险溢出大小，还可以计算风险溢出度，它反映了风险溢出的强度，无量纲影响。

（二）数据选取与处理

为了得到研究所需影子银行体系样本，本文选取已上市影子银行机构股票日收盘价，作为研究对象进行实证分析，具体样本分布见表1。

表1　不同机构样本分布统计

行业类别	样本数据
证券公司	中信证券、海通证券、国投安信、国元证券、国金证券宝硕股份、太平洋、国海证券、东北证券、锦龙股份
保险公司	中国人寿、中国太保、中国平安
信托公司	陕国投A、安信信托
投资公司	爱建集团和鲁信创投
民间金融	香溢融通、渤海金控
国有商业银行	中国银行、建设银行、工商银行
股份制银行	民生银行、中信银行、平安银行、华夏银行、浦发银行、兴业银行、交通银行、招商银行、光大银行
城市商业银行	北京银行、宁波银行、南京银行

证券公司的选取标准为，按照2017年5月18日总市值由大到小选取前10位证券公司，同时考虑上市公司的时间早晚。保险公司选取中国人寿、中国太保、中国平安作为保险行业机构代表。选取目前国内仅有的两家上市公司，即陕国投A和安信信托作为信托公司类代表。选取香溢融通和渤海金控作为民间金融类影子银行代表，由于前者具有比较雄厚的资金实力，同时经营担保、租赁、典当等融资业务且持有相应的金融牌照；后者在国内租赁行业属于龙头老大，其业务门类较多，涉及路桥与轨道交通等公共设施融资和经营租赁业务。选取爱建集团和鲁信创投作为投资公司类影子银行机构的代表，它们的主要业务包括担保等投融资业务。

样本时间跨度为2007年1月16日至2016年6月16日，囊括金融危机发生前期、中期以及后期。样本也包括2008年以来，中国政府实施货币政策转向，对国民经济进行“逆风向”调控，推进利率市场化改革，实施资产证券化策略，银信理财产品与互联网金融平台出现风险、民间金融崛起等具有重大影响的金融事件。原始统计数据来源于每一家上市金融机构，在市场交易日的收盘价共计 2246 个，数据均来源于国泰安数据库。其中行业收益率数据为该行业内所有相关金融机构日收益率序列的算术平均数，用 *BR* 表示金融业系统日收益率序列，*DR* 代表上证指数日收益率序列，在此作为状态变量，*RBX* 代表保险公司日收益率序列，*RCS* 代表城市商业银行日收益率序列，*RGF* 代表股份制商业银行日收益率序列，*RGY* 代表国有银行日收益率序列，*RMJ* 代表民间金融日收益率序列，*RTZ* 代表投资公司日收益率序列，*RXT* 代表信托公司日收益率序列，*RZQ* 代表证券公司日收益率序列，*RYHPJ* 代表银行业平均日收益率序列，个别缺失数据由统计估算得到。

（三）实证结果分析

首先，对各行业日收益率序列进行描述性统计分析。从表 2 可以发现，通过对影子银行日收益率序列平均数、峰度系数、偏度系数和 Jarque - Bera 统计量计算，得出各上市影子银行机构日收益率序列描述性统计分析指标，偏度系数 Skewness 均不为 0，证券公司日收益率序列偏度系数最大为 17.2737，投资公司日收益率序列偏度系数最小为 0.05，各行业日收益率序列不满足正态分布对称性。峰度系数 $k>3$ 表示处于尖峰状态，各行业日收益率序列峰度系数均大于 3，说明各行业日收益率序列具有尖峰后尾特征。Jarque - Bera 检验统计量相伴概率都接近于 0，拒绝收益率序列呈现正态分布的假设。根据上述日收益率序列统计数据的描述性统计结果，选取 GARCH（p，q）模型中的 GRACH（1，1）模型进行分析与处理，该模型由条件均值方程和条件方差方程构成。

金融业系统、上证综合指数、保险公司、股份制银行、国有银行、民间金融、信托公司、投资公司日收益率序列波动聚集现象具有高度一致性。证券公司、保险公司、城市商业银行以及银行业平均日收益率序列在2007—2008年具有明显波动聚集特征，收益率序列图显示左侧波动性较大，右侧波动性较小，因此该日收益率序列具有波动聚集现象，对于金融时间序列来说，广义自回归条件异方差模型能够很好地解决由于波动率聚集导致的异方差问题（见图1）。从表2各个日收益率序列的描述性统计结果发现，各个收益率序列并不服从标准正态分布，并且从它们的时间序列趋势变化图上可以明显看出，其波动具有一定集聚特征，因此推断它们可能存在ARCH效应，经过检验得知残差序列确实存在ARCH效应，可以采用GRACH（1，1）模型进行拟合，以消除条件异方差即ARCH效应的影响。

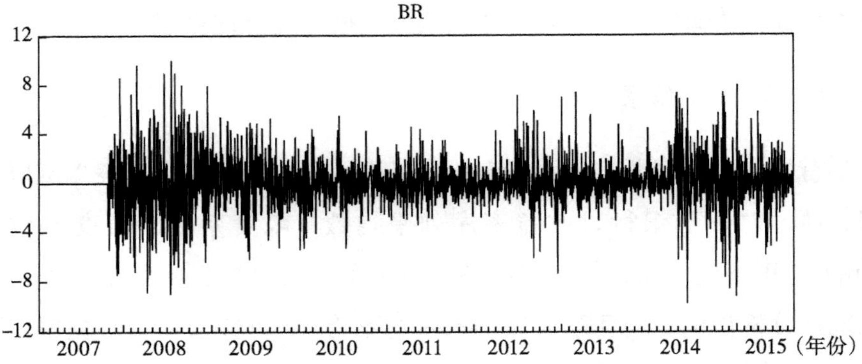

图1　BR日收益率序列图

从图1BR日收益率序列图明显看出，收益率序列存在波动集聚现象，左侧与右侧波动程度较大，中部波动程度较小，可能存在ARCH效应，具体表现在2007—2008年以及2014—2015年，各日收益率序列具有明显波动聚集特征，篇幅所限，其余收益率折线图省略。

由于各个日收益率序列具有ARCH效应，因此采用GARCH模型对具有尖峰后尾的金融时间序列进行拟合效果较好，倘若仍然采用假设残差项服从标准分布的GARCH模型进行拟合，将会使估计模型精确度降低，为了弥补这一缺陷，本文假设GARCH模型残差序列服从student－t

分布，来提高参数估计结果的精确性。

表 2　各个日收益率序列的描述性统计结果

变量	均值	中位数	最大值	最小值	标准差	偏度	峰度	Jarque - Bera 统计量
BR	0. 0017	0. 0017	10. 0205	-9. 8183	2. 0585	0. 0719	6. 5798	1201. 2070
DR	0. 0206	0. 0982	9. 4549	-8. 8407	1. 8427	-0. 4607	6. 3301	1117. 2440
RBX	0. 0004	-0. 0001	0. 1831	-0. 1000	0. 0186	0. 4751	9. 8900	4527. 0470
RCS	0. 0013	0. 0008	0. 7093	-0. 0859	0. 0228	13. 9588	422. 5264	16543832. 0000
RGF	0. 0007	0. 0002	0. 1121	-0. 0601	0. 0109	0. 6510	10. 5591	5505. 9970
RGY	0. 0002	-0. 0003	0. 1129	-0. 0577	0. 0120	0. 7973	10. 6999	5786. 4000
RMJ	0. 0013	0. 0021	0. 0984	-0. 1003	0. 0251	-0. 1629	3. 9870	101. 1040
RTZ	0. 0015	0. 0007	0. 0955	-0. 1000	0. 0258	0. 0500	3. 9931	93. 2284
RXT	0. 0015	0. 0006	0. 1001	-0. 1002	0. 0256	0. 0542	4. 0089	96. 3645
RZQ	0. 0016	0. 0006	0. 6015	-0. 0458	0. 0206	17. 2737	442. 9779	18227607. 0000
RYHPJ	0. 0010	0. 0006	0. 3643	-0. 0518	0. 0131	9. 8772	268. 6586	6641114. 0000

基于上述假设，首先对各个日收益率序列进行平稳性单位根检验，采用 ADF 检验方法，结果如表 3 所示。从表 3 可以看到，各个上市金融机构的日收益率序列检验统计量取值均小于 1%、5% 和 10% 显著性水平下的临界值，据此可以得出各个收益率序列具有平稳性的结论，可以继续建立 GARCH 模型计算各收益率序列的在险价值 *VAR* 和条件在险价值 *CoVaR*。

表 3　各个日收益率序列平稳性检验结果

收益率序列	检验统计量	1% level	5% level	10% level	结论
BR	-47. 3052	-3. 4331	-2. 8626	-2. 5674	平稳
DR	-46. 4964	-3. 4331	-2. 8626	-2. 5674	平稳
RBX	-40. 9704	-3. 4331	-2. 8626	-2. 5674	平稳
RCS	-20. 0356	-3. 4331	-2. 8626	-2. 5674	平稳
RGF	-18. 3771	-3. 4331	-2. 8626	-2. 5674	平稳
RGY	-10. 6545	-3. 4331	-2. 8626	-2. 5674	平稳
RMJ	-41. 9552	-3. 4331	-2. 8626	-2. 5674	平稳

续表

收益率序列	检验统计量	1% level	5% level	10% level	结论
RTZ	-43.1115	-3.4331	-2.8626	-2.5674	平稳
RXT	-42.8084	-3.4331	-2.8626	-2.5674	平稳
RZQ	-29.438	-3.4331	-2.8626	-2.5674	平稳
RYHPY	-17.839	-3.4331	-2.8626	-2.5674	平稳

从表4各个日收益率序列 *VaR* 数值可以看出，在95%置信水平下，影子银行机构 *VaR* 值都大于银行业 *VaR* 值，说明在中国金融体系中，影子银行机构具有较大的潜在风险，这主要是由于影子银行机构游离于中国金融监管体系之外，使用较高杠杆率进行金融衍生品交易，缺乏存款保险制度保护机制和央行最后贷款人救助机制。银行业与影子银行体系相比，潜在风险较小，主要源于中国对银行体系施行较为严格的金融监管制度，要满足资本充足率、核心资本充足率、拨备覆盖率等一系列财务指标监管要求。在影子银行体系中 *VaR* 值大小排列顺序依次为信托公司、投资公司、民间金融、保险公司与证券公司。信托公司 *VaR* 值最大为 -0.0439，证券公司 *VaR* 值最小为 -0.0240。信托公司潜在风险损失最大，这与我国影子银行风险客观情况一致，信托公司通过与正规银行体系进行合作，发行信托贷款、委托贷款、合作发行理财产品等形式存在于影子银行体系之中，并且以正规银行体系资产负债表表外资产与负债形式而存在。近年来，我国频繁发生的多家银行理财产品违约事件、到期无法兑付事件和资金链断裂事件，足以说明信托公司在我国风险较大，值得关注。与之相比，在银行业体系中，*VaR* 值排列顺序依次为城市商业银行 -0.0326、国有商业银行 -0.0203 和股份制商业银行 -0.0182，城市商业银行在成立伊始往往是区域性银行而非全国性银行，在资产规模、负债规模、机构布局以及人员配备等方面与国有商业银行相比，存在着些许不足，但为了追求较高利润，它们往往具有强烈的扩张动机，甘愿冒险经营。国有商业银行由于成立时间较长，业务经营也已经步入正轨，因此潜在风险损失较小。股份制商业银行在银行业

体系中潜在风险损失最小，它们成立时间介于国有商业银行与城市商业银行之间，对金融体系潜在风险损失较小。通过将正规银行体系与影子银行体系潜在风险损失相比较，由于影子银行体系自身具有脆弱性以及内在高杠杆交易等特征，在金融市场上很容易受到不利因素冲击，经由影子银行机构所引发的金融风险可能会演变成系统性风险，甚至威胁整体金融体系稳定，使实体经济发展受到损害。

表 4　各个日收益率序列 *VaR* 值

行业名称	预测均值	预测方差	*VaR* 均值	*VaR* 估计模型
证券公司	0.0005	0.0003	-0.0240	GARCH (1, 1)
保险公司	0.0001	0.0003	-0.0330	GARCH (1, 1)
信托公司	0.0010	0.0007	-0.0439	GARCH (1, 1)
民间金融	0.0012	0.0006	-0.0390	GARCH (1, 1)
投资公司	0.0009	0.0007	-0.0437	GARCH (1, 1)
国有商业银行	0.0000	0.0002	-0.0203	GARCH (1, 1)
股份制商业银行	0.0003	0.0004	-0.0182	GARCH (1, 1)
城市商业银行	0.0009	0.0006	-0.0326	GARCH (1, 1)

从表 5 各个日收益率序列的 *CoVaR* 值和 Δ*CoVaR* 值可以发现，影子银行机构对于系统性风险具有明显的风险溢出效应，溢出效应有正有负。Δ*CoVaR* 表示某金融机构处于困境时的 *CoVaR* 与正常状态下 *VaR* 的差值，该差值描述了某金融机构对于系统性风险的边际贡献。在影子银行机构中，投资公司对中国影子银行体系系统性风险的溢出效应最大达到 8.0580，其次是信托公司和保险公司分别为 2.7610 和 2.6033，最后是证券公司和民间借贷，分别为 -1.6473 和 -0.3629。

表 5　各个日收益率序列的 *CoVaR* 值以及 Δ*CoVaR* 值

行业名称	*CoVaR*	Δ*CoVaR*	*CoVaR* 估计模型	Δ*CoVaR*
证券公司	-9.7490	-1.6473	GARCH (1, 1)	0.1825
保险公司	-6.2845	2.6033	GARCH (1, 1)	-0.2570
信托公司	-5.3407	2.7610	GARCH (1, 1)	-0.3071
民间借贷	-8.4645	-0.3629	GARCH (1, 1)	0.0557

续表

行业名称	*CoVaR*	Δ*CoVaR*	*CoVaR* 估计模型	Δ*CoVaR*
投资公司	-7.2403	8.0580	GARCH（1，1）	-0.0883
国有商业银行	-7.8151	0.2866	GARCH（1，1）	-0.0295
股份制商业银行	-0.0241	8.0776	GARCH（1，1）	-3.2729
城市商业银行	-1.08×10^{15}	-1.08×10^{15}	GARCH（1，1）	1.72×10^{14}

就平均水平来说，各影子银行机构在险价值 *VaR* 与其风险溢出价值 Δ*CoVaR* 之间具有一定数量差异。但是当考虑到它们的系统性风险溢出程度时，根据对风险溢出强度 Δ*CoVaR* 大小的排序结果发现，从绝对数值来看，信托公司对系统性风险溢出强度最高，为 -0.3071，其次是保险公司对系统性风险溢出强度为 -0.2570，证券公司对系统性风险溢出强度为 -0.1825，民间借贷对系统性风险溢出强度为0.0557，投资公司对系统性风险溢出强度为 -0.0883。作为对比和参照，国有商业银行对系统性风险溢出强度为 -0.0295，股份制商业银行对系统性风险溢出强度为 -3.2729，城市商业银行对系统性风险溢出强度为 1.72×10^{14}，研究结论与李建军和薛莹（2014）、李丛文和闫世军（2015）计量结果基本一致。

信托公司对系统性风险溢出效应最大，究其原因，其一是商业银行和信托公司合作开发的银行理财产品迅速发展，但是信托公司资本规模增速明显滞后于其资产规模增速，并且银行合作理财产品发行在很大程度上依赖于商业银行，所以信托公司的风险溢出效应相对较大。近年来全国各地相继出现的兑付违约危机事件已经充分暴露了信托机构风险。其二是因为项目投资周期较长，信托投资收益面对未来不可知因素具有更多不确定性，比如实体经济出现的周期性波动对于信托公司风险溢出效应影响很大，也是其风险溢出产生变化的重要原因。

四、结论及建议

通过对中国影子银行体系的系统性风险溢出效应进行定量统计测度，建立广义自回归条件异方差 GARCH 模型对相关参数进行回归估计，然后基于此建立 CoVaR 模型对影子银行机构系统性风险溢出效应进行定量统计测度。以银行业、证券公司、保险公司、投资公司、民间金融为研究对象，研究结果显示系统性风险溢出效应最大的是信托公司，其次是保险公司，证券公司、投资公司、最后是民间金融，研究结果具有一定可信度，与其他学者的研究结果达到了相互印证。因此，在现阶段其政策启示是：要强化对影子银行体系的系统性风险监管，尤其是要对信托公司和商业银行共同发行的银行理财产品的风险溢出进行密切关注，严防发生系统性金融风险，确保我国金融安全。

CoVaR 方法是在传统 VAR 风险测量方法的基础上，更加关注各个金融机构之间的风险溢出效应。金融体系中影子银行机构与正规银行之间的相互交叉网络传染方式使得金融风险在金融体系中的传染和溢出更加快速和便捷，因此，传统的微观审慎监管方式已经无法满足当今系统性风险的金融监管需求，而宏观审慎监管则着重于对系统性风险进行监管，并且将各个金融机构之间的风险传染纳入金融监管范围，更加具有科学性。对于这些系统性风险有重大贡献的影子银行机构，应给予更多的宏观审慎监管，避免由于这些影子银行机构在发生金融风险和危机时，风险通过网络进行传染与扩散，从而造成系统性风险损失。

无论是美国的《多德—弗兰克法案》，还是 FSB 建立的影子银行体系监管框架，都要求保持对影子银行体系监管基本稳定，加强对系统性风险的防范，加强对监管套利活动及其风险的金融监管，以促进影子银行机构良性规范发展。虽然，中国影子银行体系的发展与国外相比，在政策法律与金融生态环境方面有所差异，中国影子银行体系发展还处于初级发展阶段，金融创新程度与杠杆率较低，金融市场化发展程度不及国外，但是也存在着影子银行机构风险以及可能引发的系统性金融风险等问题。因此对中国影子银行体系进行监管，可以从宏观审慎监管、微观审慎监管与法律监管角度进行设计，同时在影子银行体系内部实现动态平衡监管，在影子银行体系与规范金融体系之间实现动态平衡监管，在影子银行体系发展与金融稳定和金融安全之间实现动态平衡监管，也就是要贯彻“三重动态平衡”的监管目标。

五、研究展望

影子银行能够跨越国界在国际金融市场上进行金融衍生品交易，因此由影子银行机构进行跨国交易所引发的金融风险如何在不同国家间进行传播，以及影子银行在国家间的风险溢出效应，尤其是发达国家对发展中国家的影子银行风险溢出效应，非常值得重视和研究。另外，在不同制度背景下，通过考虑加入其他控制变量来研究影子银行的监管差异以及对经济发展影响的差异方面，非金融企业的影子银行化问题等仍然是未来值得研究的一个主题。

参考文献

[1] 陈青松．影子银行[M]．北京：电子工业出版社，2014.

[2] GENNAIOLIN，SHLEIFE R A，VISHNY R W. A model of shadow banking [J]. Journal of Finance，2013，68（4）：1331－1363.

[3] ADRIAN T，ASHCRAFT A. Shadow banking regulation[J]. Annual Review of Financial Economics，2012，2（4）：99－140.

[4] CALMES C，THEORET R. The rise of shadow banking and the hidden benefit of diversification[J]. Aestimatio the IEB International Journal of Finance，2011

(5)：88－125.

[5] 何国华,叶敏文,李涛．中国影子银行的演进发展与风险评价[J]. 投资研究,2014,33(12):4－14.

[6] 李建军,薛莹．中国影子银行部门系统性风险的形成、影响与应对[J]. 数量经济技术经济研究,2014(8):117－130.

[7] 课题组．影子银行风险传染机理及测度研究[J]. 西部金融,2016(7)：63－68, 76.

[8]SCHRODER M, SCHULER M. The systemic isk potential in european banking mannheim[J]. Center for European Economic Research, 2003:7－8.

[9] 冯超．宏观审慎管理视角下我国银行系统性风险监管研究[D]. 长沙：湖南大学,2016.

[10] 范小云,王道平,方意．我国金融机构的系统性风险贡献测度与监管——基于边际风险贡献与杠杆率的研究[J]. 南开经济研究,2011(4):3－20.

[11] 高国华,潘英丽．基于资产负债表关联的银行系统性风险研究[J]. 管理工程学报,2012(4):162－168.

[12] 张辉．基于金融压力指数法的我国银行业系统性风险实证研究[D]. 长沙:湘潭大学,2016.

[13] 王琳．中国上市银行系统性风险非对称性及其监管研究[D]. 太原：山西财经大学,2016.

[14] 冯建秀,张国祚．时空双重维度的中国影子银行系统性风险模型建构与测算[J]. 新疆社会科学,2016(3):16－22,163.

[15] 维特夫,米特尼克,法伯兹,等．金融计量学[M]. 大连:东北财经大学出版社,2012:238－240.

[16] 李丛文,闫世军．我国影子银行对商业银行的风险溢出效应——基于GARCH－时变 Copula－CoVaR 模型的分析[J]. 国际金融研究,2015(10)：64－74.

信用评级、惩罚成本与小微企业融资

肖　莎

摘　要：本文针对小微企业融资问题，通过构建演化博弈模型，引入信用评级和惩罚成本进行分析，提出金融机构基于信用评级和惩罚成本来设计贷款机制，可以提高经济活动中遵守道德准则的小微企业比重，从源头控制信用贷款风险。同时，本文利用 P2P 网贷平台 Funding Circle 进行案例分析，结果表明 FC 公司的贷款机制降低了高风险企业申请贷款的比例，促使项目成功的企业正常履行还本付息义务，并且放贷资金的回收率稳定在一个较高水平。本文的研究结论为破解小微企业融资问题提供了思路。

关键词：信用评级；惩罚成本；小微企业融资；P2P 网贷平台

作者简介：肖莎（1987—　），西北大学金融学博士，西安市雁塔区发展改革委干部，主要研究方向为金融投资。

一、引言

当前我国小微企业“融资难、融资贵”的问题仍然十分突出，2016 年 9 月末，小微企业贷款余额为 19.92 万亿元，仅占企业贷款余额的

31.4%。而据金融时报报道，小微企业从银行融资的贷款利率为10%～15%，加上其他担保机构等中介服务的各种费用，实际融资成本高达20%。如何更加有效地服务于小微企业融资，成为当前实体经济破冰的关键因素。

相关研究已经证实，在中国，关系与声誉在一定程度上可以发挥法律保护和金融中介的作用，而小微企业不仅对信誉资本更为注重，而且对违约信用成本更为敏感。长期性和交易对象集中的关系网络可以增强借贷者之间的信任，促使那些较易获取外部融资的企业，通过商业信用将银行信贷资金转移给自己熟知的企业和客户，帮助这些企业获取资金，这也相当于银行信用的延伸。在信用贷款中，中介机构的信用评级对企业借贷行为有重要影响，信用评级高的企业，获得贷款较容易，贷款利率较低，并且贷款期限较长。同时，信用贷款可以提升社会整体信用水平。近年来兴起的 P2P 网络借贷就是借助网络平台对借款人进行信用评估的无抵押贷款，平台会披露借款人的信用记录和各类信息，供投资人进行风险评估。在甄别企业项目风险类型方面，Stiglitz 和 Weiss、Whette、Bester、Schmidt－Mohr 和王霄分别建立模型，引入利率、抵押品、贷款额、资产规模等内生变量，但均存在一定程度的局限性：为了适应金融定价机制的不完善和金融市场的不稳定，在信贷机制中过多强调抵押品的担保作用。而实际上，抵押品并非贷款申请的必备条件，而且大部分小微企业都没有足够的抵押品申请贷款。

本文在这些理论研究的基础上，根据亚当·斯密、阿玛蒂亚·森将道德伦理与经济行为相结合的相关理论，赋予小微企业具有遵循道德准则进行决策的可能性，并且在经济活动中这种道德准则是具有稳定性的，即大部分小微企业仍然会坚持诚信还贷，而那些采取欺诈行为的企业，将会承担一定的惩罚成本。

对此，本文通过构建演化博弈模型，引入信用评级和惩罚成本进行分析，提出金融机构通过信用评级和惩罚成本设计贷款机制，可以提高经济活动中遵守道德准则的小微企业比重，从源头控制信用贷款的风险。同时，本文以一家 P2P 网贷平台——Funding Circle（以下简称“FC”）作为案例进行分析，考察本文结论的实践性。FC 公司定位于为小微企业提供信用贷款，具有严格的信用评级机制和违约惩罚措施，放贷资金的回收率稳定在一个较高水平，公司目前的成功运营得到了英国政府和全球知名金融机构的鼎力支持。本文构建的演化博弈模型更加贴近小微企业缺乏抵押品的现状，并为在信用体系健全的经济中探索小微企业融资问题提供了思路。

二、小微企业信用贷款演化博弈模型

本文在小微企业遵循道德准则的前提下，将信用评级和惩罚成本两个因素引入金融机构的贷款机制设计中，通过海萨尼转换，对金融机构与小微企业进行演化博弈分析。模型中，对小微企业违约行为制定的惩罚成本主要包括资产清算成本、风险成本和信用成本。

（一）模型假定

（1）我们假设市场中有 n 个小微企业，风险均为中性，即 $U''=0$。每个企业所投资的项目固定投资额为 B_i，并且投资额在技术上不可分。每个企业的初始资金为 W_i，但 $0<W_i<B_i$，且均未达到金融机构抵押贷款的要求，所有企业均采用信用贷款方式。企业的项目信息和收入函数均为私有信息，第 i 个企业投资项目成功的概率为 P_i，收入为 X_i，项目失败的概率为 $(1-P_i)$，收入为 0。假设企业项目成功等价于金融机构成功收回贷款本息，$0<P_i<1$，$X_i>B_i$，P_i 服从（P_1，P_2）的均匀分布，即 $P_i X_i = X$。

若企业项目投资失败，无法偿还贷款本息，则需承担惩罚成本：对企业进行资产清算，清算资产全部归金融机构所有，作为企业贷款违约的资产清算成本 D_i，企业损失的信用成本为 E_i。假设当企业理性的财产为零时，其效用损失负无穷大。

（2）金融机构假设。假设竞争性市场中，金融机构的风险为中性，给每个小微企业的贷款额为（$B_i - W_i$），贷款固定利率为 R_b，存款固定利率为 R_f（R_b和 R_f均指含本金的总回报）。C（P_i，E_i）为金融机构对企业进行信用评级的审查成本，取决于企业项目成功的概率 P_i和企业信用成本 E_i。P_i、E_i越大，信用审查成本 C（P_i，E_i）越小，企业的信用评级 CB 越高。

（3）借贷行为。假设金融机构通过信用审查成本 C（P_i，E_i）对小微企业制定信用评级 CB 和惩罚成本来筛选项目，信贷合同为 $V=(B-W, R_b, C, D, \eta)$，η 为企业获得贷款率，如果企业贷款投资项目成功，企业支付（$B_i - W_i$）R_b给金融机构，如果项目投资失败，金融机构损失 $[(B_i - W_i)R_f + C(P_i,E_i) - D_i]$。

在贷款合同 $V=(B-W, R_b, C, D, \eta)$ 下，企业项目投资的预期收益为：

$$M_i(V) = \eta\{P_i[X_i + W_i - (B_i - W_i)R_b] + (1 - P_i)(W_i - D_i) - W_i\} \tag{1}$$

金融机构的预期收益为：

$$\begin{aligned} N_i(V,R_f) = \eta\{&P_i[(B_i - W_i)R_b - C(P_i,E_i)] \\ &+ (1 - P_i)[D_i - C(P_i,E_i)] - (B_i - W_i)R_f\} \end{aligned} \tag{2}$$

在信息不对称情况下，高风险项目的企业更愿意支付更高的贷款利率进行投资，因为（$B_i - W_i$）$R_b > W_i$；在竞争性市场中，金融机构的目标是最大化利润，不亏损的必要条件是：（$B_i - W_i$）$R_b < D_i$。企业破产清算资产不一定能够弥补贷款损失，因此，金融机构会选择低风险项目企业，即：$N_{(i+1)}(V) \geqslant 0$，从而 $N_i(V) > 0$，当 $\eta \neq 0$，$B_i R_b \neq 0$。

Riley 研究指出，如果借款企业的偏好整体上取决于企业风险类型，那么金融机构就可以用不同的贷款合同对企业进行筛选，因此，对于每一个企业，金融机构所提供的都是一组激励相容的合同 V_i，即

$M_i(V_i) \geqslant M_i(V_j)$，$i$，$j \in (1, n)$。

（4）瞒报行为。企业贷款投资项目成功，可能会通过各种方式转移利润，造成项目失败的假象，并将资产清算成本和信用成本降到最低，以此逃避还款义务。Williamson 在模型中提出，这种道德风险主要是基于项目收益的事后信息不对称。对此，金融机构可以对投资失败企业进行核查并制定惩罚成本，来减少这种瞒报行为。设定企业的瞒报概率为 γ_i，金融机构对投资失败企业进行核查的概率为 δ_i，核查成本为 $\theta_i(B_i - W_i)$，且核查是具有效率的，即核查可以完全判断是否存在瞒报行为。如果企业存在瞒报行为，则需承担惩罚成本：向金融机构偿付瞒报的风险成本 ζ_i，$\zeta_i \leqslant (X_i + W_i)$，企业将永远无法获得金融机构贷款，损失的信用成本为 φ_i，$\varphi_i \sim \infty$。

（二）博弈分析

在本文的假定条件下，金融机构与小微企业预期收益的博弈矩阵和博弈树分析如表 1、图 1 所示，表 1 第一列为金融机构预期收益，第二列为小微企业预期收益。

表 1　金融机构与小微企业预期收益的博弈矩阵

项目状态	瞒报概率	核查概率	
		δ_i	$1-\delta_i$
P_i	γ_i	$P_i\gamma_i\delta_i\zeta_i - P_i\gamma_i\delta_i\theta_i(B_i - W_i) - C(P_i, E_i) - (B_i - W_i)R_f$，$P_iX_i - P_i\gamma_i\delta_i(\zeta_i + \varphi_i) - W_i$	$P_i\gamma_i(1-\delta_i)D_i - C(P_i, E_i) - (B_i - W_i)R_f$，$P_iX_i - P_i\gamma_i(1-\delta_i)(D_i + E_i) - W_i$
	$1-\gamma_i$	$P_i(1-\gamma_i)(B_i - W_i)R_b - C(P_i, E_i) - (B_i - W_i)R_f$，$P_i(1-\gamma_i)X_i - P_i(B_i - W_i)R_b - W_i$	
$1-P_i$	—	$(1-P_i)D_i - C(P_i, E_i) - (B_i - W_i)R_f - \delta_i\theta_i(B_i - W_i)$，$(1-P_i)(W_i - D_i - E_i)$	$(1-P_i)D_i - C(P_i, E_i) - (B_i - W_i)R_f$，$(1-P_i)(W_i - D_i - E_i)$

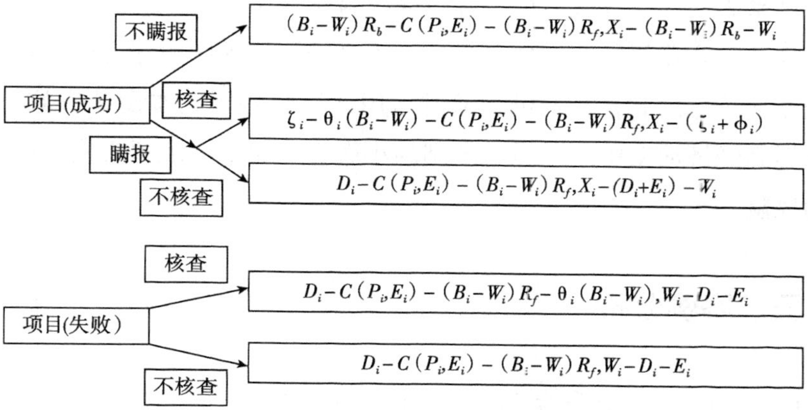

图 1　金融机构与小微企业预期收益的博弈树

根据博弈分析结果，遵守道德准则的小微企业预期收益为：

$$Q_i(V) = P_i[X_i - (B_i - W_i)R_b] - W_i + (1 - P_i)(W_i - D_i - E_i) \tag{3}$$

采取瞒报行为的小微企业预期收益为：

$$U_i(V) = P_i[X_i - \delta_i(\xi_i + \varphi_i) - (1 - \delta_i)(D_i + E_i)] - W_i + (1 - P_i)(W_i - D_i - E_i) \tag{4}$$

整个小微企业群体的平均收益为：

$$W_i(V) = \gamma_i Q_i(V) + (1 + \gamma_i)U_i(V) \tag{5}$$

根据演化博弈分析方法，遵守道德准则的小微企业占比的复制者动态方程为：

$$\partial \tilde{Q}/\partial t = \gamma_i(1 - \gamma_i)[Q_i(V) - U_i(V)] \tag{6}$$

将式（3）和式（4）分别代入式（6），得：

$$\partial \tilde{Q}/\partial t = \gamma_i(1 - \gamma_i)P_i[\delta_i(\xi_i + \varphi_i) + (1 - \delta_i)(D_i + E_i) - (B_i - W_i)R_b] \tag{7}$$

根据式（7）可知，当金融机构制定的资产清算成本或风险成本、信用成本大于企业正常还本付息成本时，可以确保 $\partial \tilde{Q}/\partial t \geqslant 0$ 。

结果表明：惩罚成本可以降低高风险企业申请贷款的比例，并促使项目成功的企业履行还本付息义务，提升经济活动中遵守道德准则的小微企业比重。因此，金融机构通过信用评级和惩罚成本设计贷款机制，可以提高经济活动中遵守道德准则的小微企业比重，从源头控制信用贷款的风险。

三、案例分析

（一）P2P 网贷平台 Funding Circle 特征描述

本文通过演化博弈模型提出：金融机构通过信用评级和惩罚成本设计贷款机制，可以提高经济活动中遵守道德准则的小微企业比重，从源头控制信用贷款的风险。为了验证这个结论在现实经济中的应用性，本文选取了一家运营模式与本文模型相近的公司进行考证。

FC 公司是英国一家为小微企业提供贷款的 P2P 网贷平台，成立于 2010 年 8 月，主要通过融资平台 API 系统对贷款企业进行信用审核。FC 公司对贷款企业的信用审查成本主要包括三个方面：第一，利用边界模型对企业进行初选；第二，利用信用模型对初选后的企业进行信用风险评定；第三，通过专业人员评估筛选出进入融资平台的企业，并为这些企业制定信用评级，分别为 A⁺、A、B、C、D 和 E（A⁺风险最小，2015 年以前仅有前五个信用评级），其中，企业的信用评分来自外部评级机构。公司对每个信用评级设定投标利率、估计坏账率和预计税前收益（见表 2），并根据实际坏账率进行不断修正，为投资者提供收益风险参考指标。如果有贷款公司出现整改、停止交易或破产清算等情况，将取消信用评级，以警示投资者，并且该类公司尚未获得分配的贷款申请将被终止。同时，FC 公司成立了专门的收贷小组和信托公司通过拍卖贷款公司董事个人资产、公司全部资产和贷款购买的特定资产，为投资者追偿违约贷款。企业根据自身信用评级及所能承受的惩罚成本，设定最低投标利率进行贷款拍卖。投资者根据信用评级与预期收益设定利率竞标，API 系统自动进行撮合成交，将投资者的资金分散出借给该利率下的众多企业或投资者自己选择的若干企业。截至 2016 年 12 月 27 日，FC 公司已经为小微企业提供贷款 18.21 亿英镑，贷款企业有 19740 个，投资者有 55894 个，投资者年平均收益为 7.1%（扣除费用和坏账后的税前平均收益），平均坏账率为 1.8%。

表 2　不同信用评级贷款的最低投标利率、估计坏账率和预计税前收益

信用评级	最低投标利率（%）	估计坏账率（%）	费用和坏账后的预计税前收益（%）
A^+	6.0	0.6	4.4
A	8.0	1.5	5.5
B	9.0	2.3	5.7
C	10.2	3.3	5.9
D	12.2	5.0	6.2
E	18.2	8.0	9.2

（二）贷款坏账率分析

本文采取 FC 公司的坏账率计算方式，每 6 个月为一组，2012—2014 年共有六组贷款。图 2 为 2012 年上半年和 2013 年上半年两组贷款的实际坏账率情况。截至 2016 年 1 月 7 日，六组贷款随着持有月数的增加，估计的坏账率和实际坏账率情况如下。

2012 年两组数据的实际坏账率围绕估计坏账率上下波动，2013 年和 2014 年的四组数据实际坏账率均低于估计坏账率，六组数据的坏账率均控制在一个较低水平内，这说明 FC 公司通过对小微企业的信用审查制定信用评级和通过拍卖资产追偿违约贷款的机制，降低了高风险企业申请贷款的比例，促使项目成功的企业正常履行还本付息义务，有效地从源头控制了信用贷款的风险，并且使放贷资金的回收率稳定在一个较高水平。

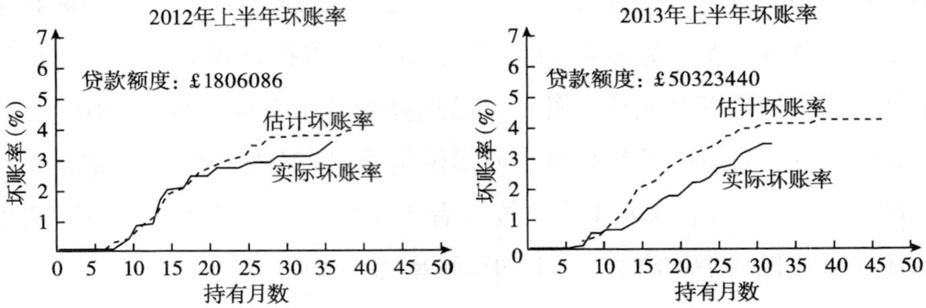

图2　两组贷款的估计坏账率和实际坏账率情况

（三）投资收益率分析

FC公司融资平台的自动出价工具可以为投资者形成覆盖各个行业的多元化投资组合，放贷资金达到2000英镑以上就可以分散给100家企业。本文以2016年1月1日以前参与投资1年以上、处于规定的多元化投资组合的时间达到参与投资时间75%以上的投资者为样本，分析这些投资者将资金分散投资在100家企业、50家企业和10家企业的年平均收益率情况。

结果表明：当投资者将资金分散出借给10家企业时，投资收益为负的投资者比重低于0.2%，当资金分散出借给100家企业时，基本没有亏损。这进一步说明，FC公司的放贷机制提高了经济活动中遵守道德准则的小微企业比重，可以从源头控制信用贷款风险。

四、结论与建议

针对当前小微企业的融资困难问题，本文在国内外理论研究基础上，赋予小微企业具有遵循道德准则进行决策的可能性，通过构建演化博弈模型，引入信用评级和惩罚成本进行分析，提出金融机构通过信用评级和惩罚成本设计贷款机制，可以提高经济活动中遵守道德准则的小微企业比重，从源头控制信用贷款的风险。进一步地，本文利用 FC 公司作为案例进行分析，考证模型结论在实践中的应用性，结果表明 FC 公司通过对小微企业的信用审查，制定信用评级和通过拍卖资产追偿违约贷款的机制，降低了高风险企业申请贷款的比例，促使项目成功的企业正常履行还本付息义务，从源头有效地控制了信用贷款的风险，并且放贷资金的回收率稳定在一个较高水平。

本文的主要贡献在于：将小微企业长期积累的信用资本转化为企业非常重视的一种资产形式，突破了企业固有资产的限制，拓宽了企业融资渠道。根据小微企业成长过程中积累的声誉资本，评估企业的信用价值，同时通过企业违约惩罚成本降低道德风险。将信用评级、惩罚成本内生化，补充了金融机构信贷机制的决策变量，为我国传统金融机构探索小微企业信用贷款提供了理论支撑。

根据 FC 公司成功经验的启示，本文提出以下三点建议。

第一，鼓励发展我国第三方评级机构。我们应当出台政策鼓励发展独立的第三方评级机构，引进行业优秀的人才，打造一批专业性强、具有技术优势和市场竞争力的评级机构。相关监管部门应当制定法律制度，维护信用评级行业的公信力，提高信用评级机构在金融界的影响力。鼓励各商业银行等金融机构通过第三方评级机构对小微企业进行信用评级，逐渐形成评级报告作为金融机构贷款审批的重要依据，真正发挥评级机构的作用。

第二，借助大数据手段动态完善信用评级指标体系。利用大数据，能够实现将非结构化数据转变为结构化数据，可以更方便地挖掘有价值的数据，建立符合小微企业实际的评级指标体系。同时，大数据可以随时抓取各类信息，能够实现小微企业信用评级指标体系的动态调整。这样的数据具有连续性，也方便金融机构及时掌握企业经营情况，形成信贷预警机制。

第三，监管部门应制定法律防控制度。各监管部门之间应加大合作力度、共享信息交流，建立事前预防与事后惩治机制，不断创新符合市场需求的法律防控制度：金融机构在对小微企业进行信用审查时，可以通过法律手段，签署合约，取得在还款期内对贷款购买的固定资产、企业全部固定资产或借款者个人资产变动的知悉权，以及项目失败时的优先处置权；对于真实失败的项目，可以采取破产清算、资产拍卖的方式补偿金融机构贷款损失；对于采取瞒报策略的企业，一经核实，收回企业全部项目收益及固定资产，且借款人终身不能获得任何贷款；所有贷款失败项目的信息，均公布在特定媒体上。

参考文献

[1] ALLEN F, QIAN J, QIAN M. Law, finance and economic growth in china [J]. Journal of Financial Economics, 2005, 77(1): 157－116.

[2] 赵岳, 谭之博. 电子商务、银行信贷与中小企业融资[J]. 经济研究, 2012(7): 99－112.

[3] 张捷. 中小企业的关系型借贷与银行组织结构[J]. 经济研究, 2002(6): 32－37.

[4] 饶品贵, 姜国华. 货币政策对银行信贷与商业信用互动关系影响研究[J]. 经济研究, 2013(1): 68－82.

[5] 王彦超. 金融抑制与商业信用二次配置功能[J]. 经济研究, 2014(6): 86－99.

[6] 石晓军, 张顺明. 商业信用、融资约束及效率影响[J]. 经济研究, 2010(1): 102－114.

[7] 徐晓萍, 张顺晨, 敬静. 关系型借贷与社会信用体系的构建——基于小微企业演化博弈的视角[J]. 财经研究, 2014(12): 39－50.

[8] 廖理, 李梦然, 王正位. 中国互联网金融的地域歧视研究[J]. 数量经济技术经济研究, 2014(5): 54－70.

[9] STIGLITZ J E,WEISS A. Credit rationing in markets with imperfect information[J]. American Economic Review,1981,71(3):393 –410.

[10] WHETTE H C. Collateral in credit rationing in markets with imperfect information[J]. American Economic Review,1983,73(3):442 –445.

[11] BESTER H. The role of collateral in credit markets with imperfect information[J]. European Economic Review, 1987, 31(4):887 –899.

[12] SCHIMDT MOUR U. Rationing versus collateralization in competitive and monopolistic credit markets with asymmetric information [J]. European Economic Review,1997,41(7):1321 –1342.

[13] 王霄. 银行信贷配给与中小企业贷款——一个内生化抵押品和企业规模的理论模型[J]. 经济研究,2003(7):68 –92.

[14] RILEY J G. Informational equilibrium[J]. Econometrica, 1979, 47(47): 331 –359.

[15] WILLIAMSON S D. Costly monitoring,financial intermediation and equilibrium credit rationing[J]. Journal of Monetary Economics, 1986,18(2):159 –179.

外语学习能够带来经济发展吗
——来自中国高考英语改革的经验研究

刚翠翠

摘　要：准确甄别外语学习政策调整影响经济增长的逻辑机理，不仅关系我国语言政策与高等教育改革的方向，而且关系我国经济发展制度基础的改革与转型。本文选取1978—2014年中国省域面板数据，利用双重差分法（DID）对我国外语学习制度改革影响经济增长的路径进行检验和分析。研究结果显示：高考英语改革能够有效通过FDI、国际贸易和技术创新对中国经济增长产生积极影响，一系列稳健性检验同样证明，英语标准化测试改革对地区经济增长产生了积极的正向影响。因此，在促进我国经济平稳发展的过程中，外语学习政策调整，应该以提高市场主体外语应用能力为核心，发挥其在经济交往和技术创新过程中的重要作用，从而有效释放语言红利，对中国经济发展作出贡献。

关键词：英语考试改革；国际贸易；技术创新；双重差分法；经济增长

作者简介：刚翠翠（1987—　），西北大学博士，现为西安理工大学讲师，主要研究方向为经济增长与文化演变。

一、引言

语言是促进一国内部以及国与国之间经济主体相互交流与沟通的关键工具，而语言学习能力的强弱则是体现一国经济“软实力”的重要特征。自二战以来，亚洲国家纷纷对本国语言发展做了详细规划，尤其是将英语学习作为基本的国策之一，寄希望于通过语言学习的变革带来经济的快速发展。一个典型例子是战后经济迅速崛起的印度，通过将英语作为官方语言，使得约 1/10 的人口能够熟练使用英语，消除了与西方发达国家之间交流与合作的语言障碍，为印度人才培养、科技创新等领域的发展提供最直接的有利元素，有效促进了印度经济的腾飞。与此同时，尚在改革开放初期的中国，也试图通过培养高等教育人才的外语能力来提高人力资本，以适应经济发展和科技进步的需要。于是在中国最重要的选拔人才方式——高考中启动了英语标准化测试（NMET）改革，从而带动了“外语热”浪潮的出现，而且英语教育的广泛化、低龄化、基础化特征也日趋明显。

显而易见，高考英语测试改革对于提高高等教育人才英语水平具有显著的促进作用，然而，外语学习政策的改革对我国经济发展究竟有着什么样的作用？其内在的逻辑机理又是什么？遗憾的是，现有文献不仅没有对上述问题给出系统的回答，甚至呈现出相左的研究结论。从积极层面来看，国家外语学习政策改革是促进我国经济快速发展的有利因素，如学者左秀兰（2006）、郝成淼（2014）等认为，外语学习政策的调整恰恰是形成国际经济交往的驱动因素，有利于深化国家之间经贸等多领域的交流与合作；同样，围绕语言学习政策调整而兴起的语言产业对 GDP 的增长贡献接近 1%（苏剑，2014），不仅如此，从人力资本视角来看，外语学习对于城市中劳动者的收入回报率达到了 70%，对于提高劳动者收入水平有显著的促进作用（刘泉，2014）。

相反，从消极方面来看，外语学习政策的偏向加剧了社会的不平等，对经济发展有抑制作用。比如刘世生（2004）较早指出，外语改革致使汉语学习随着教育阶段的提升而显著下降，造成了高等教育中“重外语轻母语”的现象，加剧了西方文化对本国文化的威胁与文化间冲突，不利于经济社会的稳定与繁荣。从国际范围比较来看，在掌握外语就能够带来额外收益的条件下，广泛地使用外语不但会导致语种之间的不平衡，还会造成语言人权、社会不平等一系列问题，不利于经济社会的和谐发展（Tsuda，2008）。

从上述分析来看，现有文献更多是从语言政策的结果来判断外语学习政策变革对经济发展的影响的，但对于语言学习变革影响经济发展的内在逻辑却鲜有研究，尤其是改革开放以来对于英语学习政策调整与我国经济增长关系问题的研究，学界给予了较少的关注。当然已有学者如Dustmann（1994）、Edward（1995）、Bleakley 和 Chin（2004）、Gonzalez（2005）、张卫国（2011）、刘泉（2014）、赵颖（2016）等从语言竞争力和人力资本角度探讨了外语学习对居民收入的积极作用。他们通过微观调研问卷，进一步证明了在多语并存的国家，拥有双语能力的个人要比那些不掌握双语的个人在劳动市场的竞争力更强，获得的收入也更高，尤其是拥有英语能力与劳动者收入的关系更甚，在考虑了内生性问题等情形下，这些结论依然成立。然而这些研究并没有进一步深化外语学习与宏观经济发展的作用机理，在一定程度上使我国语言政策的调整始终缺乏一个明确的方向。虽然张卫国和孙涛（2016）以托福成绩为测度国民英语能力的指标，从宏观角度考察了其对国际贸易的影响，但是仅考虑托福成绩作为国民英语能力的代表，很可能会高估劳动者的实际英语能力，从而产生有偏估计。另外，在当前国际政治经济一体化以及全球经济增长趋缓的背景下，深入探讨语言学习政策与经济增长的逻辑，对于我国外语学习政策改革方向的设定，以及创新型经济发展战略的实现均具有重要的意义。

基于此，本文试图以我国高考英语改革为例，分析外语学习政策改革对我国经济增长的影响机理，为新常态背景下寻求我国外语学习战略规划的最优决策以及语言红利的释放提供选择的路径与方向。与现有文献相比，本文的主要贡献在于：第一，梳理了外语学习政策影响经济增长的逻辑机理，即外语学习政策改革能够通过提高市场主体外语能力，从国际贸易、FDI 以及技术创新三个路径促进经济增长；第二，利用双重差分（DID）分析方法，不仅评估了外语政策改革的增长效应，同时对我国外语学习整体改革影响经济增长的路径进行检验和分析，证明了英语标准化测试改革对地区经济增长的重要意义。

本文的结构安排如下：第二部分是典型事实描述与理论机理分析，阐述我国外语学习政策调整的历史进程，以及外语学习政策改革影响经济发展的逻辑机理；第三部分阐释计量模型构建过程，以及变量说明、数据来源与处理；第四部分为实证结果分析，利用双重差分方法对外语学习政策改革影响经济增长进行检验；第五部分为稳健性检验，利用安慰剂检验、反事实检验以及工具变量对外语学习政策改革与经济增长的逻辑关系进行检验，深化外语测试改革与经济增长逻辑的分析；第六部分为高考英语测试改革影响经济增长的机制分析；第七部分为本文的主要结论与政策启示。

二、典型事实描述与理论机理分析

（一）从高考英语测试改革看外语学习政策的历史沿革

英语学习是我国基础教育的重要环节，英语测试门类繁多，主要包括两方面。第一，由我国教育部考试中心组织的用于中学生升学的会考英语、高考英语；为大学生提高英语水平的四、六级英语和专业四级、八级英语。第二，由英语类国家考试中心准备的供出国人员水平测试的 TOEFL 和 ILETS 等英语测试。它们都为我国英语学习提供了丰富的测试内容，督促学生们进行英语学习。然而，在这些英语测试当中，受验人数最多①、测试水平适中②的要数高考英语测试。与其他外语测试不同的是，高考英语测试不仅是对学生高信度的普通英语水平的测试，还承担着选拔人才的重要责任，因而相比于其他外语测试，高考英语测试的改革更能够促使普通劳动者参与外语学习，这为其外语能力水平的提高提供了政策约束。随着国家发展目标的转型，我国外语学习政策也在发生着深刻的变化，其中高考英语测试改革作为新中国成立以来最大的外语学习战略部署，可谓是我国外语学习政策调整的“风向标”，不仅引领着其他语言考核体系的变化，也对国家发展所需人才储备的建设发挥着积极作用。纵观我国高考英语测试改革演变历程，主要分为以下三个阶段。

第一，外语学习测试恢复阶段（1978—1984 年）。为了适应改革开放发展战略的要求，1978 年作为高考重新恢复的开局之年，教育部将外语考试的语种定为英语、俄语、法语、德语、日语、西班牙语、阿拉伯语，但是外语考试成绩不计入总分；1979 年，为了进一步提高高等教育人才的外语能力与外语水平，教育部规定如若报考重点院校，外语成绩按 10% 计入总分（国务院批转《教育部关于 1978 年高等学校和中等专业学校招生工作的意见》），同时也大范围在中小学推广外语教育；1980—1982 年为外语考试推行的过渡阶段，外语高考成绩计入总分的比例逐步从 30% 提高至 70%；从 1983 年开始，报考所有院校外语成绩都按 100% 计入总成绩。从考试规模来看，自从把外语成绩计入高考成绩之后，英语考试的人数规模迅速超过了其他语种的外语考试，而且人数也呈现出较快的增长趋势，因此针对英语高考考试的改革也逐渐被提

① 根据中国教育网和 ETS 考试中心的数据，1985 年全国高考人数约为 176 万人，至 2014 年上升至 851.6 万人。而托福考试至 2014 年中国考生约为 50 万人，全球考生约为 2500 万人。雅思考试至 2016 年全球考生约为 150 万人。

② 以词汇量为考试难度标准之一，中考英语词汇量要求为 1500 ~ 1600 个，高考为 3000 ~ 3500 个，四级英语为 4000 ~ 4500 个，IELTS/IBT 为 8000 ~ 15000 个。

上日程。设计合理的测试模式，为我国经济发展战略实施提供充足的人才，就成为后来外语学习测试政策调整的焦点。

第二，外语学习测试标准化阶段（1985—1998 年）。在这一时期由于经济开放也处在探索阶段，保证高等教育人才能够满足沿海地区开放经济发展的需要，成为外语学习政策调整的重要目标。于是从 1985 年开始，首先以广东省为试点单位，从考试题型、词汇大纲到考试说明都做出了全面调整，从此拉开了英语测试标准化改革的序幕。其后在 1986 年又选取山东、广西、辽宁参加英语标准化测试试点，1989 年教育部正式要求英语标准化考试在全国范围内实施。在这一阶段，不仅考试题型从简单的词汇和作文形式扩展到选择、完形填空、阅读等多种形式，而且在词汇大纲和英语教材上都做了大幅度调整，与语言测试恢复阶段相比，标准化政策的实施更加强调了阅读、写作等能力的提高，外语学习的应用性得到进一步增强。通过标准化考试，为全社会公民外语学习提供了方向，保证了英语测试选拔人才的公平性与科学性，使高等教育培养的外语人才能够有效满足对外经济发展的需要。

第三，外语学习测试的完善阶段（1999 年至今）。伴随着改革开放的深入以及市场经济体系的确立，尤其是在全球经济一体化趋势背景下，对外语人才的培养要求不再仅局限于读写能力与应试能力的培养，而是向着培养“听、说、读、写”外语能力全面发展的人才阶段发展。基于此，1999 年教育部出台新的高考英语改革方案，正式提出在英语标准化测试之外加入听力试验，以充分筛选出优秀的外语能力人才。此次改革试验教育部仍以广东省为试验对象，同年高考中英语听力考试成绩以 20% 计入英语总成绩，次年教育部下发了《关于在普通高等学校招生全国统一考试外语科中增加听力考查的通知》，上海和浙江省开始在高考英语中加入听力理解题型；至 2001 年全国卷以及自主命题单位纷纷加入听力考试，并计入总成绩，英语成绩也从原先的 100 分提高至 150 分，除了试题形式更加多样化之外，考试内容涉及了西方国家文化、经济、科技等方面，考试难度也在逐年加大。此后，新的外语教学与考核体系基本成形，各命题单位在标准化英语测试基础上对其进一步深化完善，最终保障外语人才的选拔能够满足我国加入 WTO（世界贸易组织）以及“引进来、走出去”战略的需要。

从整个高考英语测试改革的历程来看，英语测试的标准化程度和内容深度均在不断提高，“听、说、读、写”的测试难度不断加大。当然，追寻高考英语测试改革的历史足迹，可以发现重大外语学习政策的调整均与我国经济发展的历史阶段存在密切的联系，尤其是在开放经济背景下，国民经济的发展迫切需要合适的语言为其服务，而外语学习政策的调整也恰恰有效加快了我国经济全球化和一体化的进程。

（二）外语测试改革影响经济增长的理论机理分析

在开放经济条件背景下，人的外语水平的提高能够对经济增长产生积极影响。具体来看，外语测试改革影响经济增长的机理可以归纳为以下三个方面。

第一，通过外语学习政策改革，提高主体外语能力，促进贸易规模扩张。不同国家主体间便利的外语交流是国际贸易合作的前提，而国别之间语言差异是制约贸易发展的首要障碍。由于贸易国之间语言的差异，导致贸易双方的税收成本提高了 7%，近乎与关税壁垒或者信息成本相等（Anderson & Van Wincoop，2003），而且随着语言差异程度的扩大，贸易成本呈现出递增趋势（Guiso et al.，2009）。中国在对外开放初期，由于语言差异造成了较大的贸易壁垒，严重影响到我国贸易规模的扩大（李景峰、刘英，2004；宁继鸣，2008）。为了降低语言差异对国际贸易的影响，我国教育部门主动推进英语学习政策改革，积极提高居民的外语能力水平。通过外语学习政策的实施，我国经济主体外语水平有了明显提升，在控制其他因素的情况下，外语成绩的提高显著促进了我国贸易规模的扩展（苏剑，2013；张卫国和孙涛，2016）。不仅如此，从国际比较来看，英语能力的提高也是促进双边贸易量快速增长的重要因素（Kua 和 Zussman，2010）。所以，外语学习与测试相关政策的调整，激励了大量高素质人才积极提高其外语水平，为我国贸易规模的扩展创造了有利条件。

第二，通过外语学习政策改革，提高主体外语能力，吸引 FDI（外商直接投资）流入。伴随着改革开放的逐步深入，越来越多的发达国家受中国优惠政策吸引来华投资建厂，然而语言的差异成为影响 FDI 引入的重要因素。由于与跨国公司母国语言存在较大差异，无形之中增加了母国公司 FDI 引入的学习成本和培训成本，而且随着投资规模的扩大，伴随着语言不通而引发的母公司与子公司间出现委托—代理、激励不相容等复杂问题，增加了跨国公司治理成本，最终制约了 FDI 绩效的提高（Dow & Karunaratna，2006；殷华方、鲁明泓，2011）。为应对该方面的不足，在外语学习政策的影响下，我国市场主体的外语水平有了全面提升，这为引入西方发达国家的 FDI 创造了良好的环境，不仅有效降低投资过程中信息不对称存在的可能性，也提高了跨国公司对本国的文化认同，为我国 FDI 的增长创造了条件（顾国达、张正荣，2007）。因此可以看出，外语学习政策的调整，提高了全民外语水平，优化了 FDI 引入的市场环境，最终为我国开放经济的发展注入了新的增长动力。

第三，通过外语学习政策改革，提高主体外语能力，促进技术创新与扩散。在全球化背景下，高水平技术专利与研究论文几乎全部倾向于用英语发表和用英语搜索，而本国英语能力的高低将直接影响到对先进科技的吸收与应用转换。以西方国家为例，在不考虑地理等外部因素条件下，英语学习的普及促使西班牙技术吸收能力提高了 15%（Keller，2002）。相反在巴拉圭，由于缺少有效的英语学习和沟通，致使语言障碍成为抑制信息与通信技术（ICT）扩散的重要因素，严重阻碍了 ICT 技术在该国的扩散进程（Matteo & Sebastián，2012）。国内学者宾建成、徐清军（2007）通过比较英语国家和非英语国家的经济增长绩效之后发现，英语的广泛使用对信息技术的吸收和应用起到了非常重要的促进作用，进而拉大了英语国家和非英语国家经济增长的差距。创新主体存在这样一种趋向，即偏好于吸收并使用与自己语言相似国家的技术（Kerr，2008），我国在改革开放阶段，特别需要通过引进西方发达国家的技术拉动我国经济快速增长，这就要求必须进行外语学习政策改革，主动提高经济主体外语水平，通过强化技术吸收能力，实现经济增长方式从要素驱动向创新驱动转变。

基于上述分析，可以归纳出外语学习政策的改革和调整，主要通过国际贸易、FDI 以及技术创新三个路径对经济增长产生积极影响。然而是否历次外语学习政策改革均通过三条路径对我国经济发展产生积极作用，还需要进行进一步检验和分析。

三、计量模型设定与变量说明

（一）模型设定

在上节理论分析的基础上，我们利用中国省域数据就英语标准化测试改革对中国经济增长的影响进行经验刻画。根据中国高考改革的实践历程，英语标准化测试改革从 1985 年首先在广东试点，1986 年开始在山东、广西、辽宁三省推广，1989 年推广至全国。基于此，我们引入虚拟变量 D_{1it} ，表示外语学习政策的变化。作为中国改革开放以来最大的语言教育战略，高考英语标准化测试改革不仅是英语学习的“风向标”，而且为我们提供了一个“准自然实验”，因此我们利用双重差分（DID）的估计思想来进一步评估高考英语标准化测试改革事件对于中国经济增长的净效应。由于考虑了英语标准化测试改革的滞后效应，在双重差分模型中加入高考英语标准化测试改革事件的滞后变量，评估其对经济增长的动态作用。为了分离其他因素对地区经济增长的影响，获得高考英语标准化测试改革实验组经济增长的“净影响”，双重差分计量模型设定为：

$$Y_{it} = \alpha_0 + \alpha_1 D_{1it} \times T_{1it} + \sum_{j=1}^{M} \beta_j X_{1it} + \mu_t + \lambda_i + \varepsilon_{it} \tag{1}$$

式（1）是利用双向固定效应模型构成英语标准化测试改革事件（D_1）对经济增长影响的双重差分模型的估计式，其中 Y_{it} 为省域人均实际 GDP，T_{1it} 代表分组变量，$T_{1it}=1$ 是英语标准化测试改革事件的处理组，而 $T_{1it}=0$ 则是控制组；D_{1it} 代表英语标准化测试改革事件的时间虚拟变量，$D_{1it}=1$ 是英语标准化测试改革后的年份，而 $D_{1it}=0$ 则是英语标准化测试改革前的年份；$D_{1it}\times T_{1it}$ 即为双重差分变量，当其系数显著为正，则说明英语标准化测试改革事件对于经济增长的影响是正向的，反之当其系数显著为负，则说明英语标准化测试改革事件对于经济增长的影响为负。X_{1it} 是一组控制变量，主要包括贸易交流、技术创新、FDI、人力资本、物质资本以及城市化率对于经济增长的影响。μ_t 表示个体效应，λ_i 表示时间效应。

（二）变量说明与数据来源

本文使用中国 1978—2014 年的省域数据评估英语标准化测试改革对于中国经济增长的影响。我们除去了西藏、中国香港、中国澳门以及中国台湾地区，由于重庆市在 1997 年前归属于四川省，为了将四川省和重庆市区分开来，1997 年之前四川省的数据剔除了重庆市。分省数据主要来源于《中国统计年鉴》《新中国 60 年统计资料汇编》以及各省的统计年鉴和统计公报，其中，被解释变量为人均实际产出 Y_{it}，我们以 1978 年价格水平为基期，利用分省 GDP 指数和名义 GDP 先计算出分省 GDP 平减指数，再对各省名义人均 GDP 进行折算。

控制变量。①贸易水平：使用人均实际贸易额 *Trade* 这一指标作为贸易水平的变量，利用各地区的进出口贸易总额除以劳动力人数代替，由于报告值为美元，我们先用当年汇率折算成人民币，再利用 GDP 平减指数进行折算；②外商直接投资水平：使用人均实际外商直接投资 FDI 这一指标，利用各地区报告的外商直接投资除以劳动力人数代替，并利用 GDP 平减指数进行折算；③技术创新水平：使用人均研发支出 *Tech* 这一指标作为技术创新水平的变量，我们使用各地区财政支出中的科技支出除以劳动力人数代替，并用 GDP 平减指数进行折算；④人均物质资本 K_{it}：我们依然按照永续盘存法的思想对物质资本进行估计，先利用公式 $K_{it}=I_{it}+(1-\delta)K_{it-1}$ 对总资本存量进行估计，其中 δ 表示固定资产折旧率，取 $\delta=0.05$，各省基期固定资本存量 $K_{i,1978}$ 计算公式为 $K_{I,1978}=I_{i,1978}/(g_i+\delta)$，式中 g_i 表示各省固定资产投资实际年均增长率，同时利用各省固定资产价格指数将历年投资额 I_{it} 转化为以 1978 年为基期的实际值，最后用资本存量除以同期劳动力人数 L；⑤人均人力资本 H_{it}：通过各地区高校在校学生人数占总人口的比重用来衡量地区人力资本水平；⑥城市化率（$Urban_{it}$）：用各省历年城市人口与各省总人口之比表示。各变量统计描述见表 1。

表 1　各变量统计描述

变量	观测数	平均	标准差	最小值	最大值
人均产出 Y（元）	1110	4756.581	7747.859	175	75254.89
D_1（高考英语改革事件）	1110	0.714414	0.451896	0	1
人均研发支出 $Tech$（元）	1110	17.13403	69.73914	0.0745	835.7142
外商直接投资水平 FDI（元）	1110	174.0153	420.2857	0.1376	3982.437
人均实际贸易额 $Trade$（元）	1110	2770.406	9389.104	0.3554	91285.29
人均政府财政支出（元）	1110	807.0645	1492.691	1.2251	15687.17
人均物质资本 K_{it}（元）	1110	9794.846	15363.05	18.0776	107001.2
人均人力资本 H_{it}（%）	1110	0.00706	0.007549	0.0004	0.035786
劳动力人数 L（万人）	1110	439.5331	260.0915	40.51	1973.28
城市化率 $Urban_{it}$（%）	1110	0.368708	0.174678	0.076044	0.896066

四、实证结果分析

（一）平行趋势假定的验证

为了利用 DID 方法估计英语标准化测试改革事件对经济增长的影响，必须使处理组和控制组满足共同趋势的假设，即这些省市在未进行高考英语标准化测试改革之前其经济增长的变动趋势一致。这是准自然实验对于样本"无关变异量"尽可能最小的要求。关于样本选择在事件（D_1）中参与1985—1986年英语标准化测试改革的仅有广东、山东、广西、辽宁四个省区，将其作为处理组，其余未在此时间内参与考试改革的省份作为对照组，由于中国改革开放事件对经济增长的巨大影响，我们将样本时间范围定为1978—2014年。我们同时考察了在英语标准化测试改革前后控制组与对照组人均GDP均值的时间趋势图（见图1），发现在英语标准化考试改革之前，基本满足共同趋势假定。为了控制其他因素对于人均GDP的影响，我们同时绘制了考虑其他控制因素下GDP的时间趋势图（见图2），其中散点表示人均GDP的时间趋势，虚线则表示省级层面下标准误差95%的置信区间。可以看出，在1988年之前，人均GDP的时间趋势并不显著，然而在英语标准化测试改革实施3年后，其对经济增长的正影响出现了。因此，在满足样本平行趋势的假定下，我们不但考虑了当年改革对经济增长的影响，而且考虑了英语标准化测试改革政策的滞后效应。

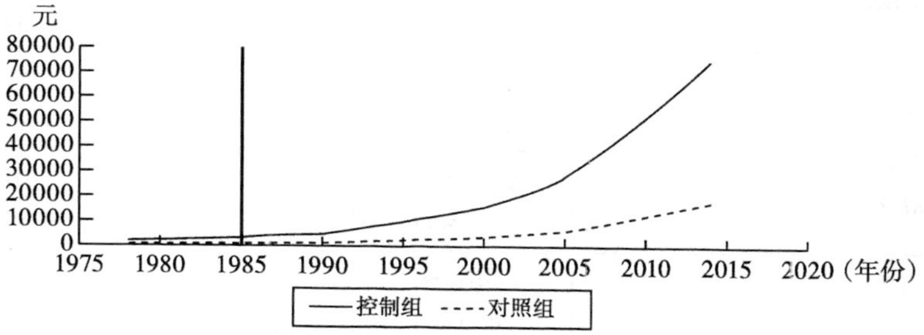

图1　两次英语标准化测试改革下的样本人均GDP均值的趋势

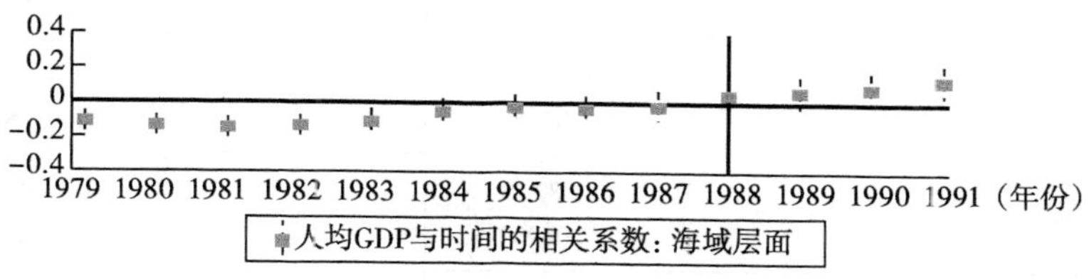

图2　两次英语标准化测试改革下的样本省级GDP的时间趋势

（二）基准模型回归结果

表2报告了高考英语标准化测试改革事件对于经济增长影响的DID估计结果。表中列1和列2估计了英语标准化测试改革事件（D_1）对于经济增长的影响，伴随着控制变量的引入，其经济增长的作用显著为正，表明英语标准化测试改革能够带来经济增长；然而，从平行趋势的验证情况来看，英语标准化测试改革发生作用具有滞后效应，因此我们将自变量滞后3期重新估计高考英语标准化测试改革对于经济增长的影响，结果见列3和列4，伴随着控制变量的引入，其经济增长的作用显著为正，表明英语标准化测试改革能够带来经济增长。

表2 高考英语标准化测试改革事件对于经济增长影响的DID估计结果

被解释变量	Y			
解释变量	1	2	3	4
$D_1 \times Treated_1$	1.9996*** (0.2439)	0.1254*** (0.0363)	—	—
$D_{(3)} \times Treated_1$	—	—	0.1585*** (0.0254)	0.0947*** (0.0186)
ln*tech*	—	0.0185* (0.0107)	—	0.1128*** (0.0096)
ln*FDI*	—	0.0253*** (0.0046)	—	0.0041 (0.0029)
ln*Trade*	—	0.1042*** (0.0060)	—	0.0169*** (0.0048)
H	—	11.7030*** (1.7267)	—	5.0398*** (1.2801)
ln*k*	—	0.40429*** (0.0166)	—	0.2339*** (0.0135)
Urban	—	0.6082*** (0.0690)	—	0.1460** (0.0634)
个体效应	是	是	是	是

续表

被解释变量	Y			
解释变量	1	2	3	4
时间效应	是	是	是	是
Cons	7.4685*** (0.0444)	4.1140*** (0.0733)	8.0062*** (0.0214)	6.2923*** (0.1313)
Obs	1110	1110	1020	1020
R^2	0.0193	0.9830	0.7652	0.9362

注：括号中报告值为标准误，*、**、***代表显著性水平为10%、5%、1%。

众所周知，外语能力提升总有一个漫长的过程，因此高考英语标准化测试改革对于主体英语能力的提高可能并不是一个立竿见影的效果，需要参加高考的学生在大学毕业后成为真正的人力资本进入经济增长模型，从而使得高考英语标准化测试改革事件对于经济增长具有动态效应。因此，考虑英语改革的动态效应，我们将自变量滞后4~10期，并利用双向固定效应模型重新估计高考英语标准化测试改革对于经济增长的影响，估计结果见表3。在样本区间内英语标准化测试改革事件对经济增长起到了显著的正向影响；考虑了高考英语改革促进英语能力提升的滞后作用，随着控制变量的加入，英语标准化测试改革对经济增长仍然起到显著的正向作用，然而其作用在滞后五期时达到最高，随后逐渐减弱，这种动态衰减效应可能的原因在于英语标准化测试改革仍处于完善阶段，在随后的历史进程中我们能够看到，高考英语测试通过不断进行改革完善，总分也由100分逐渐增加至150分，正是这种不断的改革完善适应了经济增长的需要并推动地区经济进一步发展。

为了厘清高考英语标准化测试改革事件对于经济增长的影响机制，我们检验了其对贸易水平、技术创新以及FDI的影响，检验结果见表4。表4中列1~4估计了高考英语标准化测试的三个经济增长影响渠道，高考英语标准化测试改革对于贸易水平、FDI和技术创新的影响显著为正，表明高考英语标准化测试改革能够通过市场主体英语能力的提高促进贸易、技术创新和FDI的增加；列5~8估计了滞后四期的英语标准化测试改革事件对于经济增长的影响机制。单独来看，高考英语标准化测试具有较强的动态效应，表现为滞后期的估计系数均显著高于当期系数，表明高考英语标准化测试改革后培养的人力资本能够通过国际贸易、FDI和技术创新对经济增长带来正向影响。

表3　高考英语标准化测试改革事件对于经济增长影响的动态DID估计结果

被解释变量	Y						
解释变量	1	2	3	4	5	6	7
$D_{1(4)} \times Treated_1$	0.0993*** (0.0181)						
$D_{1(5)} \times Treated_1$		0.1055*** (0.0176)					
$D_{1(6)} \times Treated_1$			0.1052*** (0.0171)				
$D_{1(7)} \times Treated_1$				0.1007*** (0.0166)			
$D_{1(8)} \times Treated_1$					0.0895*** (0.0163)		
$D_{1(9)} \times Treated_1$						0.0744*** (0.0159)	
$D_{1(10)} \times Treated_1$							0.0644*** (0.0156)
个体效应	是	是	是	是	是	是	是
时间效应	是	是	是	是	是	是	是
控制变量	是	是	是	是	是	是	是
Cons	4.9728*** (0.2642)	6.3047*** (0.1319)	4.9663*** (0.0846)	6.4436*** (0.1322)	5.0897*** (0.0900)	5.1522*** (0.0940)	6.7170*** (0.1390)
Obs	990	960	930	900	870	840	810
R^2	0.9235	0.9306	0.9251	0.9195	0.9142	0.9105	0.9004

注：括号中报告值为标准误，*、**、***代表显著性水平为10%、5%、1%。

表 4　高考英语标准化测试改革的影响机制检验

被解释变量	Y							
解释变量	1	2	3	4	5	6	7	8
$\ln tech \times D_1$	0. 0410 *** (0. 0072)			0. 0312 *** (0. 0087)				
$\ln FDI \times D_1$		0. 0065 *** (0. 0037)		0. 0048 (0. 0048)				
$\ln Trade \times D_1$			0. 0114 *** (0. 0037)	0. 0118 ** (0. 0051)				
$\ln tech \times D_{(4)}$					0. 0472 *** (0. 0064)			0. 0263 *** (0. 0080)
$\ln FDI \times D_{(4)}$						0. 0176 *** (0. 0036)		0. 0122 ** (0. 0054)
$\ln Trade \times D_{(4)}$							0. 0175 *** (0. 0031)	0. 0105 ** (0. 0049)
个体效应	是	是	是	是	是	是	是	是
时间效应	是	是	是	是	是	是	是	是
控制变量	是	是	是	是	是	是	是	是
Cons	4. 7268 *** (0. 0554)	5. 0184 *** (0. 0565)	5. 0126 *** (0. 0562)	4. 7162 *** (0. 0570)	5. 9944 *** (0. 1432)	6. 3143 *** (0. 1331)	6. 1968 *** (0. 1319)	6. 0906 *** (0. 1484)
Obs	1110	1110	1110	1110	990	990	990	990
R^2	0. 9425	0. 9420	0. 9399	0. 9928	0. 9372	0. 9319	9308	0. 9935

注：括号中报告值为标准误，*、**、*** 代表显著性水平为 10%、5%、1%。

五、稳健性检验

（一）安慰剂检验

虽然我们对基本的模型进行了检验，但仍存在一些问题。一是这些试点的地区高考英语测试改革对经济增长的影响，很有可能是反映了人力资本对经济增长的影响，因为能够成为英语测试改革试点的地区本身具有较高的人力资本。因此，为了甄别到底是因为人力资本的原因导致经济发展在对照组与处理组之间产生差异，还是本文考虑的英语学习政策改革产生的结果，我们假设所有地区的人力资本水平相同（均为各省人力资本水平均值H_1水平），从而构建本文第一个安慰剂检验。从表5左侧的检验结果来看，将各省区人力资本水平归为一致的情况下，其对经济增长的作用并不显著，表明高考英语标准化测试改革对于经济增长有着特殊的影响，而这些影响并不由各地区人力资本水平差异引起。

另外一个问题是，除了高考英语标准化测试改革外其他的因素也有可能产生对地区经济增长的影响，从而造成政策效应的估计结果不够准确。为了排除这类因素我们将构建反事实作为第二种安慰剂检验，将高考英语标准化测试改革政策提前至2年和3年对其进行双重差分检验。估计结果见表5右侧，从构建的反事实情况来看，将政策时间统一提前2年或3年（D_2和D_3），高考英语标准化测试改革对经济增长不产生显著影响，表明在这一阶段除了该改革事件，没有其他政策因素或随机因素对经济增长造成冲击。

表 5 高考英语标准化测试改革事件对于经济增长影响的安慰剂检验估计结果

被解释变量	Y					
解释变量	安慰剂 1：人力资本			安慰剂 2：反事实估计		
	1	2	3	4	5	6
$D_1 \times H$	7.082 *** (1.4471)		0.0027 (1.0938)			
$D_1 \times H_1$		-60.7830 *** (17.5232)		-13.1511 (12.5023)		
$D_2 \times Treat$					0.0818 (0.0575)	
$D_3 \times Treat$						0.0808 (0.0601)
ln*tech*			0.1308 *** (0.0096)	0.1316 *** (0.0096)	0.0782 *** (0.0111)	0.0780 *** (0.0109)
ln*FDI*			0.0066 ** (0.0030)	0.0060 ** (0.0030)	0.0574 ** (0.0043)	0.0573 ** (0.0045)
ln*Trade*			0.0178 *** (0.0043)	0.0170 *** (0.0043)	0.0753 *** (0.0095)	0.0702 *** (0.0089)
ln*k*			0.2271 *** (0.0133)	0.2289 *** (0.0133)	0.3894 *** (0.0181)	0.3801 *** (0.0154)
Urban			0.1657 ** (0.0671)	0.1829 *** (0.0670)	0.3408 *** (0.0804)	0.3928 *** (0.0760)
H					21.2679 *** (1.7869)	22.4829 *** (1.7062)
Cons	5.9245 *** (0.0233)	5.9245 *** (0.0232)	5.0332 *** (0.0558)	5.0244 *** (0.0559)	3.8548 *** (0.0559)	3.9395 *** (0.0902)
个体效应	是	是	是	是	是	是
时间效应	是	是	是	是	是	是
Obs	1110	1110	1110	1110	1110	1110
R^2	0.7912	0.7907	0.9401	0.9127	0.9749	0.9758

注：括号中报告值为标准误，*、**、***代表显著性水平为 10%、5%、1%。

（二）内生性检验

双重差分的估计模型假定，所有政策冲击均为外生冲击，意味着高考英语考试改革的试点政策发生前后不与当地经济发展互为因果关系。然而在我们的样本中，最有可能受到质疑的是，国家会考虑到所在省份的教育条件和经济水平因素来设立英语测试改革的试点地区，这意味着那些教育资源更为充沛、经济发展水平更高的地区，更容易被优先选择设立为英语考试改革的试点区域。因而，可能存在反向的因果关系和遗漏变量问题。考虑到高考英语考试改革与经济增长的内生性问题，本文通过构建英语标准化考试改革的工具变量，采用二阶段最小二乘法对估计结果进行稳健性检验。从英语考试改革的试点规律来看，那些生源数量较多而本地高校较少的省份，由于其竞争压力更大，学生的成绩往往更高，在同等条件下其应试难度要高于其他地区，也因此更容易倾向于成为高考英语标准化测试改革的重要试点区域。因此，我们构建了地区内高校数量与当年高中在读人数这一变量作为工具变量进行 2SLS 回归。很明显，这一变量与是否成为试点地区有很强的相关性，然而与当地经济增长无关。这个影响关系可以简单地表示为：

高校数量 (a) (b)

------------------ ——→ 考试难度平均水平 ——→ 英语考试试点概率

本地生源数量

其中关系（a）可以从图 3 的拟合曲线中看出，从图 3 给出的以各省高考理科一本分数线与当地考试总分的比例为替代指标的高考平均成绩与我们构建的 *IV* 的拟合曲线，我们可以发现一个地区的生源数量占高校比例与地区的高考成绩呈现明显的正相关关系，当一个地区生源数量巨大而本省内部可吸纳的高校数量较小时，就会形成学生间的竞争效应，从而影响了整个地区学生的学习成绩。关系（b）由图 4 可得，图 4为近十年内各省平均成绩与总成绩之比，可以发现，成绩高的地区往往是英语考试改革的试点区域。因此，利用地区内高校数量与当年高中在读人数构建英语标准化测试改革的 *IV*，我们对上述双重差分结果进行稳健性检验，计量结果如表 6 所示，在一阶段回归中，*IV* 与英语标准化测试改革试点显著相关，且弱工具变量 *F* 检验显著拒绝了该工具变量为弱工具变量的假设检验。经过工具变量的重新估计可以发现，英语标准化测试改革对于经济增长的影响系数，以及英语标准化测试改革通过技术创新、贸易水平与 FDI 渠道对经济增长的影响系数较之前的回归系数变化不大，进一步表明本文的结果是稳健的。

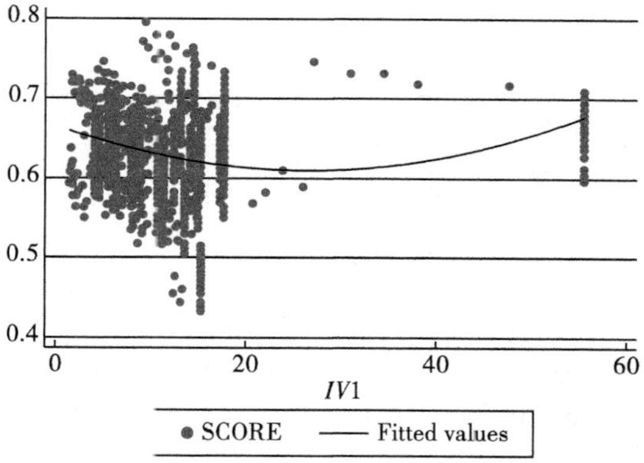

图 3　高考平均成绩与 *IV* 的拟合曲线

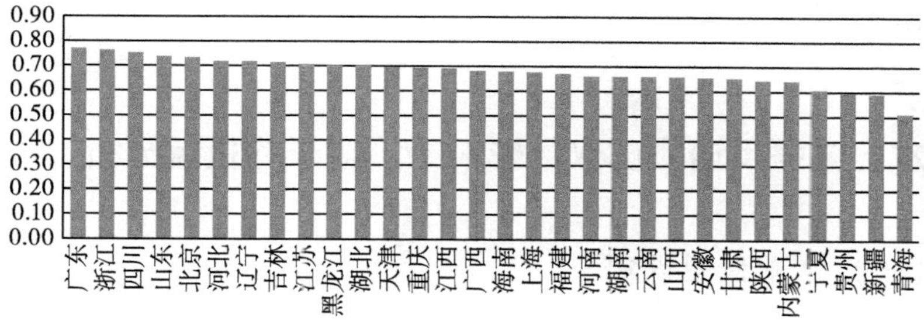

图 4　近十年内各省平均成绩与总成绩之比

表 6 高考英语标准化测试改革对经济增长的影响：2SLS 估计

被解释变量	Y			
解释变量	1	2	3	4
$D_1 \times Treated_1$	0. 0632 *** (0. 0028)			
$\ln tech \times Treated_1$		0. 0783 * (0. 0453)		
$\ln FDI \times Treated_1$			0. 0704 *** (0. 0268)	
$\ln Trade \times Treated_1$				0. 0344 *** (0. 0685)
个体效应	是	是	是	是
时间效应	是	是	是	是
控制变量	是	是	是	是
Obs	1110	1110	1110	144
R^2	0. 9728	0. 9776	0. 9788	0. 9567
一阶段回归				
IV	0. 0058 *** (0. 0019)	0. 0513 *** (0. 0077)	0. 0845 *** (0. 0157)	0. 0331 * (0. 0168)
Cragg – Donald Wald *F* statistic	8. 99	44. 88	29. 12	13. 89

注：括号中报告值为标准误，*、* *、* * *代表显著性水平为 10%、5%、1%。

六、高考英语测试改革影响经济增长的机制分析

（一）计量模型设定

前文述及，由于英语考试改革提高英语能力主要通过外资、国际贸易和技术创新对经济增长产生影响，因而我们同时引入虚拟变量与上述三个主要解释变量的交互项，从而构成本部分计量模型，再次对上述计量结果进行稳健性检验，并探讨两次英语考试改革政策效果可能存在的

不一致，具体形式：

$$Y_{it} = \alpha_0 + \alpha_1 D_{1it} + \beta_1 D_{1it} \times \ln FDI_{it} + \beta_2 D_{1it} \times \ln Trade_{it} + \beta_3 D_{1it} \times \ln tech_{it} + \gamma_1 Z_{it} + \varepsilon_{1it} \tag{2}$$

其中，Y_{it} 为人均产出，D_{1it} 为英语标准化改革事件的虚拟变量，用于刻画各地区是否进行英语标准化考试，$D_{1it}=1$ 表示该地区在该年份进行了英语标准化考试，反之 $D_{1it}=0$ 则表示没有进行标准化考试；由于本文更关心外语学习政策是否通过外商直接投资、国际贸易和技术创新影响经济增长，因此我们引入 D_{1it} 和 D_{2it} 与取对数值的人均FDI、人均贸易额以及人均研发支出的交互项 $D_{1it}\times\ln FDI_{it}$、$D_{1it}\times\ln Trade_{it}$、$D_{1it}\times\ln tech_{it}$ 来刻画两次高考英语测试改革影响经济增长的机理。Z_{it} 为一组控制变量，主要包括人均物质资本 K_{it}、人均人力资本 H_{it} 和城市化率（$Urban_{it}$）。我们使用中国 1978—2014 年的省域数据评估外语学习政策转型对于中国经济增长的影响。

（二）高考英语测试改革的事件估计结果

利用面板数据的回归方法对式（2）进行回归，估计结果见表 7。模型 1～3 估计英语标准化测试改革事件（D_1）对中国经济增长的影响。可以看到，高考英语标准化考试改革通过国际贸易渠道影响经济增长的作用系数为正但并不显著，相反随着控制变量的加入，英语标准化测试改革能够通过技术创新和 FDI 对经济增长起到显著的正向作用，说明在改革开放初期，通过英语标准化测试改革，市场主体的英语能力逐渐提高，一定程度上优化了我国引进技术和 FDI 的市场环境和语言环境，从而使技术溢出发生作用带来显著的经济增长。然而由于我国尚在改革初期，贸易壁垒的存在以及贸易政策的滞后致使贸易成本问题凸显，掩盖了语言便利对于经贸交流的促进作用。

上述检验主要是从静态角度分析了英语测试改革对经济增长的影响，同样考虑外语学习政策对经济增长可能存在滞后效应，我们对式

（2）的解释变量做了相应滞后，并重新进行估计以期考察英语测试改革对经济增长的影响。估计结果如表7所示，在样本区间内英语标准化测试改革事件对经济增长起到了显著的正向作用；在控制其他因素之后，英语标准化测试改革依然能够通过国际贸易、技术创新和FDI渠道对经济增长起到显著的正向作用，且这种动态影响相当显著，这不仅与上文估计结果一致，而且进一步反映出外语学习政策调整对中国经济发展具有的长期意义。

表7 高考英语标准化测试改革事件对于经济增长影响的估计结果

解释变量	Y					
	1	2	3	4	5	6
D_1	1.8500*** (0.0496)	0.7272*** (0.1020)	0.2107*** (0.0510)	—	—	—
$D_1\times\ln Trade$	—	0.0177 (0.0228)	0.0270 (0.0109)	—	—	—
$D_1\times\ln Tech$	—	0.4218*** (0.0155)	0.0832*** (0.0102)	—	—	—
$D_1\times\ln FDI$	—	0.1468*** (0.0139)	0.0692*** (0.0067)	—	—	—
$D_{1(4)}$	—	—	—	1.6996*** (0.0430)	0.7058*** (0.1097)	0.1241*** (0.0374)
$D_{1(4)}\times\ln Trade$	—	—	—	—	0.0059 (0.0250)	0.0146* (0.0080)
$D_{1(4)}\times\ln Tech$	—	—	27.8817*** (1.9571)	—	0.3681*** (0.0199)	0.0343*** (0.0072)
$D_{1(4)}\times\ln FDI$	—	—	0.3549*** (0.0097)	—	0.1623*** (0.0151)	0.0264*** (0.0050)
控制变量	否	否	是	否	否	是
cons	6.3576*** (0.0419)	6.3563*** (0.0201)	3.8931*** (0.0493)	6.7233*** (0.1095)	6.7210*** (0.0207)	3.0091*** (0.0584)
F	—	13.3500	20.6200	—	13.6100	33.3500
Wald	1391.8200	—	—	1559.9500	—	—

续表

解释变量	Y					
	1	2	3	4	5	6
R^2	0.5631	0.8995	0.9775	0.6190	0.8708	0.9874
Hausman	0.0100	36.6400***	31.4500***	0.0000	46.8800***	30.1700***
备注	RE	FE	FE	RE	FE	FE

注：括号中报告值为标准误，*、**、***代表显著性水平为10%、5%、1%。

七、结论与政策启示

本文在选取中国省域数据的基础上，利用DID分析方法考察了外语学习政策改革对中国经济增长的影响。在理论机理层面，外语学习政策改革可以通过贸易水平、FDI以及技术创新三方面路径对经济增长产生影响。然而实证研究显示，仅改革开放初期英语标准化测试政策的调整，显著地通过贸易、FDI以及技术创新三方面路径促进了经济增长。进一步分析发现，英语标准化考试改革适应了改革开放初期我国寻求对外经贸合作的需求，通过释放语言红利优化了市场与投资环境，为经济增长创造了条件。但随着改革开放的深入，原有语言红利的消退使英语听力考试的改革仅仅加大了学生应试的难度，而没有提高全民英语能力，致使外语人才的培养与经济全球化的要求相背离，减弱了英语考试改革对经济增长的积极影响。

基于上述结论，得到的政策启示主要包括以下几点：第一，外语学习政策调整的内容应该集中在加大英语能力的培养上。一方面，在测试内容和形式上进行调整和完善，突出训练英语的应用能力，全面考察市场主体"听、说、读、写"的能力；另一方面，在测试程序和环节上，突出外语培养的长期性，使外语人才的培养符合经济发展的需求，而非停留在应试层面，为开放型经济营造良好的语言文化环境。第二，加强外向经济部门在职人员外语能力的培养，通过大众外语教育提高在职人员的基本外语素质，降低外向型经济部门人员之间的交流成本与管理成本，提高我国外向型经济部门在国际市场的竞争优势，发挥其对经济增长的拉动作用。第三，在外语学习政策的改革中应当正确处理外语与母语的对接关系，避免因文化冲突对经济发展产生阻碍作用。一方面，应当加强汉语翻译系统建设，提高双语理解的精度和效度；另一方面，借助文化产业如丝绸之路、孔子学院等产业传播，鼓励汉语“走出去”，促进我国文化传播与经济发展。当然，考虑到贸易、投资等开放经济政策对语言红利的约束，还需要加强语言政策制定部门与对外经贸部门之间的沟通与协调，最终发挥外语学习政策对经济增长的促进作用。

参考文献

[1]宾建成,徐清军．主要英语国家经济与非英语国家经济的比较分析[J]．当代财经,2007(7):90 - 94.

[2]顾国达,张正荣．文化认同在外商直接投资信号博弈中的作用分析[J]．浙江社会科学,2007(1):16 - 21.

[3]郝成淼．给外语热降温？——从外语教育政策角度理性思考当前争议[J]．语言教育,2014(2):8 - 13.

[4]李景峰,刘英．国际贸易的新制度经济学分析[J]．国际经贸探索,2004(2):16 - 19.

[5]刘泉．外语能力与收入——来自中国城市劳动力市场的证据[J]．南开经济研究,2014(3):137 - 163.

[6]刘世生．语言通用与文化多元[J]．外语教学,2004(6):1 - 3.

[7]宁继鸣．从交易成本角度看语言国际推广对全球化经济合作的影响[J]．山东大学学报(哲学社会科学版),2008(3):141 - 148.

[8]潘镇．制度质量、制度距离与双边贸易[J]．中国工业经济,2006(7):45 - 53.

[9]苏剑,葛加国. 基于引力模型的语言距离对贸易流量影响的实证分析——来自中美两国的数据[J]. 经济管理研究,2013(4):61-65.

[10]苏剑. 语言产业对我国经济增长贡献率的定量估算[J]. 社会科学家,2014(4):57-60.

[11]殷华方,鲁明泓. 文化距离和国际直接投资流向:S型曲线假说[J]. 南方经济,2011(1):26-38.

[12]张卫国. 语言,及其起源与变迁:一种制度经济学的解释[J]. 制度经济学研究,2011(4):1-31.

[13]左秀兰. 面对英语渗透的语言规划[J]. 语言文字应用,2006(2):29-35.

[14]张卫国,孙涛. 语言的经济力量:国民英语能力对中国对外服务贸易的影响[J]. 国际贸易问题,2016(8):97-107.

[15]赵颖. 语言能力对劳动者收入贡献的测度分析[J]. 经济学动态,2016(1):32-43.

[16]ANDERSON J E, VAN WINCOOP E. Gravity with gravitas: A solution to the border puzzle[J]. The American Economic Review,2003,93:170-192.

[17]KACHRU B. Asian Englishes. Beyond the Canon[M]. Hong Kong: Hong Kong University Press.

[18]DOW D, KARUNARATNA A,2006. Developing a multidimensional instrument to measure psychic distance stimuli[J]. Journal of International Business Studies,2005,37(5):578-602.

[19]DUSTMANN C. Speaking fluency, writing fluency, and the earnings of migrants[M]. London: Center for EconomicPolicy Research,1994.

[20]EDWARD P L. Culture and language[J]. Journal of Political Economy,1999,107(6):S95-S126.

[21]GONZALEZ L. Nonparametric bounds on the returns to language skills[J]. Journal of Applied Econometrics,2005,20(6):771-795.

[22]GRADDOL D. The future of English? [M]. Beijing: Foreign Language Teaching and Research Press,1999.

[23] GUISO L, SAPIENZA P, ZINGALES L. Cultural biases in economic exchange? [J]. Quarterly Journal of Economics, 2009(124): 1095 – 1131.

[24] KELLER W. International technology diffusion[J]. Journal of Economic Literature, 2004(42): 752 – 782.

[25] KERR W R. Ethnic scientific communities and international technology diffusion[J]. Review of Economics and Statistics, 2008(90): 518 – 537.

[26] KUA H, ZUSSMAN A. Lingua franca: The role of English in international trade[J]. Journal of Economic Behavior & Organization, 2010(75): 250 – 260.

[27] MATTEO G, VERGARA S. ICT in developing countries: Are language barriers relevant? Evidence from Paraguay[J]. Information Economics and Policy, 2012(24): 161 – 171.

[28] PAUL D E. Paths to foreign markets: Does distance to market affect firm internationalisation? [J]. International Business Review, 2007, 16(5): 573 – 593.

[29] TSUDA Y. The hegemony of English and strategies for linguistic pluralism: proposing the ecology of language paradigm[A]//Asante M K, Miike Y, Yin J. The global intercultural communication reader[M]. New York: Routledge, 2008.

[30] WHITE R, TADESSE B. Cultural Distance and the US Immigrant[J]. The World Economy, 2008, 31(8): 1078 – 1096.

高铁建设是否促进了城镇化空间均衡发展①

刘金凤　赵　勇

摘　要：各级政府试图通过高铁建设促进人口和城镇化空间均衡发展，但是高铁建设的空间均衡效应能否实现则是有待验证的命题。本文使用2004—2015年中西部地区163个地级市的面板数据，采用双重差分法就高铁建设对中西部地区城市人口规模和城镇化水平的影响进行了评估。研究结果表明，在短期内，高铁建设降低了中西部地区开通高铁城市的人口规模，不利于该类城市城镇化水平的提高。进一步的动态检验发现，在高铁开通后的前三年，高铁建设对中西部地区人口规模和城镇化水平的影响并不明显，但在高铁开通后的第四年则显著降低了中西部地区开通高铁城市的人口规模，并对其城镇化水平产生了负面影响。本文隐含的政策含义是，应客观认识高铁建设对中西部地区城镇化的短期效应和长期效应之间的差异，从长期视角来看待高铁建设对城镇化空间均衡发展的影响。

关键词：高铁建设；人口规模；城镇化水平；双重差分法

作者简介：刘金凤（1991—　），中国社会科学院人口与劳动经济学研究所博士后，主要研究方向为城镇化与城乡发展，电子邮箱：liujinfeng@

---

① 文章发表于《城市问题》2018年第5期。基金项目：国家社会科学基金一般项目"新型城镇化空间均衡发展的形成机制、结构效应及实现路径研究"（批准号14BJL124）。

ucass. edu. cn，邮政编码：100006。赵勇（1980— ），国务院发展研究中心办公厅副处级秘书、副研究员、经济学博士，主要研究方向为城镇化与区域经济，电子邮箱：xdzhaoyong@126. com，邮政编码：100010。

一、引言

在中国城镇化率迈过50%的关口后，东部发达地区和特大城市的人口压力不断加大，大城市病、资源环境承载力等问题日益突出。在这种背景下，以强调空间均衡为导向的就近就地城镇化路径再次成为重要的理论主张和政策取向。各级政府试图通过高铁等现代交通体系的建设，促进人口和产业在空间上重新布局，进而实现城镇化空间均衡发展。2008年以来，京津城际铁路、京广高铁、郑西高铁等相继建成运营，初步形成“四纵四横”的高速铁路网络框架，未来将继续建设形成“八纵八横”的高速铁路网络，有效连接大中城市与中心城镇，引领新型城镇化发展。

在东部地区大城市病和资源环境承载力日益加剧的背景下，促进城镇化空间均衡发展的政策主张非常具有吸引力。但是，仍然有待回答的问题是：以空间均衡为导向的就近就地城镇化是否符合经济规律，是否具有可行性①？高铁建设是否真的能够促使人口向中西部地区集聚，其短期效应和长期效应有何差异？

从理论研究来看，高铁建设对地区发展和城镇化的影响存在不同的认识。部分文献研究发现，高铁建设有利于地区经济联系和经济增长。进一步的研究发现，高铁建设通过提高城市交通的可达性对核心区和外

① 从理论角度来看，就近就地城镇化与异地城镇化的争论，事实上是有关城镇化道路争论已久的大、中、小城市路径的变异，就近就地城镇化的核心主张仍然是以中小城市和城镇为核心的城镇化路径。

围区的就业、工资和经济增长的作用存在显著的空间异质性，会改变区域和城市空间结构、分布结构、层级结构，进而呈现出典型的“中心—外围”格局。从城镇化角度来看，高铁建设有利于开通高铁城市人口的增加，但是部分文献发现高铁建设对西部地区城镇化水平的提高并没有显著影响。

尽管已有文献就高铁建设对开通高铁城市经济增长、人口、就业的影响进行了广泛研究，但是仍然没有形成一致的认识，特别是高铁建设对作为“中心—外围”地理分布格局下外围地区人口规模和城镇化水平影响的研究仍然有待深化。同时，许多研究在使用双重差分法评估高铁建设的效应时，在变量选取、方法使用、稳健性检验方面仍然有许多改进的地方。因此，本文试图从新经济地理学“中心—外围”视角，使用2004—2015年中西部地区163个地级市的面板数据，并采用目前通用的双重差分法考察高铁建设对中西部地区城市人口规模和城镇化水平的影响。本文的边际贡献在于：一是从“中心—外围”视角考察高铁建设对作为外围地区的中西部地区城市人口规模和城镇化水平的影响，具有更为丰富的经济地理含义；二是将高铁建设视为一次准自然实验，采用双重差分法对其进行政策评估，并采取了一系列稳健性检验，较以往的研究更为科学合理。

二、文献综述

随着高铁在经济发展中的作用和影响越来越大，高铁建设对于地区经济发展和城镇化的影响一直是国内外学者的研究重点。大量文献就高速铁路对地区经济增长、就业、工资、土地租金、人口密度、经济空间布局等的影响进行了广泛研究。高铁建设对地区经济发展和城镇化的影响机制主要表现为时空压缩效应，但是对高铁建设对地区经济发展和城镇化影响的认识仍然存在较大争议。

一是高铁建设促进经济增长和城市联系。Ahlfeldt 和 Feddersen（2010）以德国科隆—法兰克福的高铁为例，从新经济地理学的视角研究了高铁建设对地区经济增长的影响。研究发现，高铁建设通过提高市场可达性显著推动了高铁沿线站点城市的经济增长。董艳梅和朱英明（2016）利用中国 285 个地级市面板数据，通过构建高铁建设对就业、工资和经济增长影响的理论模型，并运用 PSM－DID 方法研究发现，高铁建设显著影响了高铁城市的就业、工资和经济增长，其总效应显著为正，重塑了中国的经济空间布局。王雨飞和倪鹏飞（2016）使用空间计量方法研究发现，中国高铁建设通过促进地区之间的经济溢出实现增长效应，并会改变区域和城市空间结构、分布结构、层级结构，进而呈现出典型的“中心—外围”格局。Tang S 等（2011）估计了高铁建设对中国城镇化和区域经济发展的影响。研究发现，高铁建设促使城市群内部城市之间的联系更加紧密。

二是高铁建设对中心地区和外围地区的经济发展存在空间异质性效应。Puga（2008）认为高速铁路会引起经济资源向拥有网络化服务的大都市聚集，致使大城市受益、小城市受损，从而导致区域发展不平衡。Vickerman（1997）通过考察法国、德国、西班牙和意大利的高铁建设研究发现，高铁建设是以牺牲外围地区企业的利益为代价来实现核心地区企业的发展，外围地区的经济增长会受到限制。Gutiérrez 和 Urbano（1996）、Coto－Millán 等（2007）对欧盟高铁交通网络的研究发现，高铁建设将会缩短外围城市到中心城市的距离，加强两者之间的联系，但是核心城市是网络经济外部性的主要受益者，而外围城市则会面临进一步被边缘化的危险。Ortega 等（2012）以西班牙 Galician 高铁走廊为例，从国家、区域、走廊的层次考察了高铁建设的影响。研究发现，高铁建设通过提高城市的可达性对区域产生了极化效应，加剧了地区之间的差距。

三是高铁建设对城市人口规模和城镇化水平的影响。Knaap 和

Oosterhaven（2011）研究发现，交通基础设施（主要是铁路）不仅对GDP具有正向促进作用，同时会影响地区间就业人口的流动方向。覃成林等（2014）通过构建铁路提速和城市人口增长的因果关系模型来预测中国高铁建设对城市人口增长的影响。预测结果显示，高铁建设将会显著促进城市人口增长。李祥妹等（2014）以沪宁高铁为例，分析高铁建设对区域人口流动的影响。研究发现，高铁建成后有效地缩短了城市间的经济距离，加快了人口流动，促进了人口向南京、上海等地集聚。李红昌等（2016）分析了高速铁路对城市集聚经济的影响，研究表明高速铁路促使经济向西部地区集聚，有利于经济均等化发展。而张春明等（2017）以兰新高铁为例，采用面板数据模型进行分析，研究发现高铁建设并没有显著提高兰新高铁沿线地区的城镇化水平，其作用很弱。

尽管已有文献就高铁建设对开通高铁城市经济增长、人口、就业的影响进行了广泛研究，但是仍然没有形成一致的认识，特别是高铁建设对作为“中心—外围”地理分布格局下外围地区人口规模和城镇化水平影响的研究仍然有待深化。同时，许多研究在使用DID方法进行验证高铁建设的效应时，在变量选取、方法使用、稳健性检验方面仍然有许多需要改进的地方。从经济地理角度来看，我国东中西部地区呈现出典型的“中心—外围”特征，在这一经济地理特征背景下，考察高铁建设对作为外围地区的中西部地区的影响，可能具有更为丰富的经济地理含义和政策含义。因此，本文试图从新经济地理学“中心—外围”视角，使用2004—2015年中西部地区163个地级市的面板数据，并采用双重差分法来考察高铁建设对中西部地区城市人口规模和城镇化水平的影响。

三、数据来源、变量选取与估计模型设置

（一）数据来源

本文运用的2004—2015年中西部地区地级市面板数据来源于历年的《中国城市统计年鉴》《中国统计年鉴》。之所以选择2004年作为样本区间起点，主要考虑了2004年之前的中西部地区行政区划进行了大幅度调整，而之后的地级市数目基本稳定，便于得到连续可比的相关数据指标。

本文对原始样本进行了以下处理：首先，由于西藏自治区的数据指标缺失严重，本文剔除了该地区的全部样本。其次，为了进一步保证数据的连续性，本文以2004年的地级市为基准，删除了中西部地区后来年份增加的3个地级市（毕节市、铜仁市、海东市）和撤销的1个地级市（巢湖市）。经过上述处理，本文最终选取中西部地区163个地级市为基础样本，相关数据指标采用市辖区统计口径①。

（二）变量选取

1. 被解释变量选取

本文的被解释变量为城市人口规模（ln*pop*）和城镇化水平（ln*urban*），由于地级市城镇人口和城镇常住人口的数据无法获得，《中国城市统计年鉴》统计的非农人口数据又只延续到2009年，所以根据一般文献的做法，用市辖区总人口表示城市人口规模，用市辖区总人口占全市总人口的比重衡量城镇化水平。

2. 解释变量选取

核心解释变量为高铁建设虚拟变量（$t \times hsr$），为开通高铁时间虚

① 中西部地区包括山西、安徽、河南、湖北、湖南、江西、内蒙古、广西、四川、贵州、云南、陕西、甘肃、宁夏、青海、新疆、西藏17个省区；高铁主要连接大中城市和区域中心城市，其服务对象主要是城市的中高收入群体，所以本文的数据采用市辖区统计口径。

拟变量（t）与开通高铁城市虚拟变量（hsr）的交叉项，反映高铁建设对开通高铁城市人口规模和城镇化水平的影响。

3. 控制变量选取

为了控制其他因素的影响，本文选取了以下一系列控制变量：①经济发展水平（ln*pergdp*）。具有较高经济发展水平的地区往往具有更多的就业机会和较高的福利水平，吸引人口向该地区聚集，进而扩大城市人口规模和提高城镇化水平。由于统计年鉴没有相关地级市 GDP 指数，本文借鉴董艳梅和朱英明（2016）的做法，以 2004 年为基期，根据各省份的 GDP 指数计算各地级市的实际 GDP，然后除以市辖区总人口得到人均实际 GDP。此外，已有研究表明城市规模与经济增长之间存在非线性关系，所以本文在回归中加入了人均实际 GDP 的平方项。②城市公共服务水平（ln*gov*）。城市公共服务水平影响城市人口的流动，较高的公共服务水平吸引更多的人口向该地区集聚。本文具体采用公共财政支出的对数来表示城市公共服务水平。③外商直接投资水平（ln*fdi*）。外商直接投资水平决定了其对劳动力人口的需求和吸纳能力，进而影响城镇化的进程。本文根据历年年平均汇率将地级市实际利用外资数额换算为人民币价值。④固定资产投资水平（ln*far*）。固定资产投资的增加，会促进城市产业发展，提供更多的就业机会。⑤人力资本水平（ln*edu*）。人力资本集聚产生的外部性和学习效应有助于提高城市劳动生产率，进而吸引更多的劳动力流入，提高城镇化水平。本文具体采用普通高等学校在校人数的对数来度量人力资本水平。⑥土地面积（ln*area*）。城市的土地面积决定其所能容纳的人口数量，影响城市人口规模和城镇化水平。⑦工业化（ln*industry*）。发展经济学表明，工业化是促进劳动力城乡迁移和城镇化的重要因素。⑧产业结构（ln*structure*）。发展经济学认为，产业结构由第一产业向第二、第三产业转变，会促进劳动力向城市流动，特别是第三产业发展能够吸纳较多的就业人口，进而影响城镇化进程。

各变量的具体计算方法和描述性统计见表 1 和表 2。

表 1　主要变量及其计算方法

变量	变量含义	计算方法
ln*pop*	城市人口规模	对市辖区总人口取对数
ln*urban*	城镇化水平	对市辖区总人占全市总人口的百分比取对数
ln*pergdp*	经济发展水平	对市辖区人均实际 GDP 取对数
ln*gov*	城市公共服务水平	对市辖区公共财政支出取对数
ln*fdi*	外商直接投资水平	对市辖区实际利用外商直接投资额取对数
ln*far*	固定资产投资水平	对市辖区固定资产投资额取对数
ln*edu*	人力资本水平	对市辖区普通高等学校在校人数取对数
ln*area*	土地面积	对市辖区土地面积取对数
ln*industry*	工业化	对市辖区第二产业产值占 GDP 的百分比取对数
ln*structure*	产业结构	对市辖区第三产业产值占 GDP 的百分比取对数

表 2　主要变量的描述性统计

变量	样本观测个数	均值	标准差	最小值	最大值
ln*pop*	1764	4.4081	0.6684	2.6638	6.7295
ln*urban*	1764	3.1792	0.6345	1.3415	4.6081
ln*pergdp*	1764	10.0000	0.7557	7.5182	12.6174
ln*pergdpsq*	1764	100.5639	15.1234	56.5229	159.1993
ln*gov*	1764	12.6363	1.1228	9.5712	16.1952
ln*fdi*	1686	10.0494	2.0065	1.8235	15.6228
ln*far*	1764	14.1793	1.1973	5.7104	17.8499
ln*edu*	1694	10.0480	1.3165	5.4424	13.7814
ln*area*	1764	7.3022	0.8972	4.3820	9.1704
ln*industry*	1763	3.8653	0.2849	2.6624	4.5105
ln*structure*	1763	3.6837	0.2959	2.1494	4.3651

注：采用 Stata14 软件估计。

（三）估计模型设置

双重差分法已被国内外学者广泛运用于交通基础设施建设的效应评估中。该方法将交通基础设施建设视为一次准自然实验，将开通该类型交通基础设施的城市视为处理组，其他城市视为控制组，通过计算处理组政策实施前后变化与控制组政策实施前后变化的结果之差得到政策净效应。

从中西部地区地级市开通高铁的时间节点来看，2012 年是开通高铁的高峰，因此，本文将 2012 年作为开通高铁的时间节点。在本文选取的中西部地区 163 个地级市样本中，有 27 个地级市在 2012 年前开通高铁。根据文献的普遍做法，本文将这 27 个开通高铁的城市作为处理组，其余 136 个地级市作为控制组。在上述假定下，本文使用中西部地区 2004—2015 年 163 个地级市的面板数据，采用双重差分法评估高铁建设对中西部地区开通高铁城市人口规模和城镇化水平影响的净效应。基本模型设置如下：

$$Y_{it} = \alpha + \beta_1 t_{it} + \beta_2 hsr_{it} + \beta_3 t_{it} \times hsr_{it} + \eta X_{it} + \mu_i + \lambda_t + \varepsilon_{it}$$

其中，下标 i 表示第 i 个地级市，下标 t 表示第 t 年；Y_{it} 表示城市人口规模和城镇化水平；t_{it} 表示开通高铁时间虚拟变量，将开通高铁的当年及以后（2012—2015 年）赋值为 1，未开通高铁时间（2004—2011 年）赋值为 0；hsr_{it} 表示开通高铁城市的虚拟变量，将 2012 年当年及之前开通高铁的城市赋值为 1，将 2012 年之前未开通高铁的城市赋值为 0（为保证控制组选择的合理性，本文删除了 2012—2015 年逐渐开通高铁的城市样本）；$t_{it} \times hsr_{it}$ 表示高铁建设虚拟变量，为开通高铁时间虚拟变量（t_{it}）和开通高铁城市虚拟变量（hsr_{it}）的交叉项，其系数 β_3 是本文主要考察的高铁建设对城市人口规模和城镇化水平影响的净效应（开通高铁城市的人口规模和城镇化水平在开通高铁前后的差异为 $\beta_2 + \beta_3$，未开通高铁城市的人口规模和城镇化水平在开通高铁前后的差异为 β_2，则高铁建设对城市人口规模和城镇化水平的净效应为处理组和控制组之间的双重差分，即 β_3）；X_{it} 为其他影响城市人口规模和城镇化水平的一系列控制变量，包括经济发展水平、城市公共服务水平、外商直接投资水平、固定资产投资水平、人力资本水平、土地面积、工业化、产业结构；μ_i 表示城市的个体固定效应；λ_t 表示时间固定效应；ε_{it} 表示残差项。

四、实证结果及分析

（一）基本回归

本文试图考察高铁建设对中西部地区城市人口规模和城镇化水平的影响。为了检验控制组处理的合理性，本文依次对基础样本数据、剔除后期开通高铁的城市样本数据采用双重差分法进行估计，回归结果见表3和表4。

表3　基本回归结果

项目	ln*pop*		ln*urban*	
	(1)	(2)	(3)	(4)
t × *hsr*	0.0040 (0.2810)	−0.0170 ** (−2.0761)	−0.0016 (−0.1223)	−0.0171 * (−1.9429)
ln*pergdp*		−0.6877 *** (−9.1430)		−0.5057 *** (−6.2683)
ln*pergdpsq*		0.0134 *** (3.7309)		0.0041 (1.0682)
ln*gov*		0.1523 *** (28.2072)		0.1235 *** (21.3252)
ln*fdi*		0.0050 *** (3.0431)		0.0035 ** (1.9977)
ln*far*		0.0517 *** (11.9155)		0.0451 *** (9.6944)
ln*edu*		0.0334 *** (6.0519)		0.0284 *** (4.7904)
ln*area*		0.1791 *** (20.4165)		0.1484 *** (15.7650)
ln*industry*		−0.0201 (−0.9307)		−0.0092 (−0.3961)

续表

项目	ln*pop*		ln*urban*	
	(1)	(2)	(3)	(4)
ln*structure*		0.0025 (0.1397)		-0.0132 (-0.6905)
_cons	4.3682 *** (1.4×10^3)	5.6728 *** (15.3208)	3.2093 *** (1.10×10^3)	4.3008 *** (10.8294)
时间效应	控制	控制	控制	控制
地区效应	控制	控制	控制	控制
N	1956	1811	1956	1811
R^2	0.1357	0.7362	0.0386	0.6321
F	56.1300	326.5500	14.3800	201.0500

注：采用 Stata14 软件估计；* * *、* * 和 * 分别表示 1%、5% 和 10% 的显著性水平；括号中数值为 t 值。

其中，表 3 和表 4 中的列（1）、列（3）是未加入控制变量的回归结果，列（2）、列（4）是加入控制变量的回归结果。通过比较表 3 列（2）和表 4 列（2）、表 3 列（4）和表 4 列（4）中的交叉项回归系数 β_3 可以发现，β_3 分别由 -0.0170、-0.0171 减少至 -0.0147、-0.0157，说明将控制组中在 2013—2015 年开通高铁的城市进行剔除比较合理；反之，β_3 则会被高估。因此，本文最终从基础样本中剔除 2013—2015 年开通高铁的城市，主要对剔除后的样本进行估计，具体回归结果见表 4。

表 4　基本回归结果

项目	ln*pop*		ln*urban*	
	(1)	(2)	(3)	(4)
$t\times hsr$	0.0072 (0.5113)	-0.0147 * (-1.7997)	0.0001 (0.0080)	-0.0157 * (-1.7875)
ln*pergdp*		-0.6205 *** (-7.7949)		-0.4125 *** (-4.8267)
ln*pergdpsq*		0.0116 *** (3.0753)		0.0008 (0.2028)

续表

项目	ln*pop*		ln*urban*	
	(1)	(2)	(3)	(4)
ln*gov*		0.1405 *** (24.3050)		0.1145 *** (18.4521)
ln*fdi*		0.0048 *** (2.8565)		0.0040 ** (2.2248)
ln*far*		0.0479 *** (10.8421)		0.0409 *** (8.6280)
ln*edu*		0.0370 *** (6.5153)		0.0311 *** (5.0987)
ln*area*		0.1936 *** (21.6951)		0.1600 *** (16.6926)
ln*industry*		-0.0143 (-0.5067)		-0.0189 (-0.6208)
ln*structure*		0.0239 (0.9681)		-0.0102 (-0.3863)
_cons	4.3811 *** (1.4×10^3)	5.1519 *** (13.4233)	3.1681 *** (1.10×10^3)	3.7450 *** (9.0881)
时间效应	控制	控制	控制	控制
地区效应	控制	控制	控制	控制
N	1764	1633	1764	1633
R^2	0.1327	0.7365	0.0379	0.6345
F	49.3100	294.5100	12.7000	182.8800

注：采用Stata14软件估计；***、**和*分别表示1%、5%和10%的显著性水平；括号中数值为t值。

表4的回归结果显示：在未加入控制变量的情况下，交叉项回归系数β_3并不显著，表明高铁建设对中西部地区开通高铁城市的人口规模和城镇化水平的作用并不明显。在加入控制变量后，交叉项回归系数β_3显著为负，表明高铁建设在短期内降低了中西部地区开通高铁城市的人口规模，而且也不利于该地区开通高铁城市的城镇化水平的提高。

控制变量中，经济发展有利于中西部地区城市人口规模的增加，但并不利于城镇化水平的提高。对外直接投资、城市公共服务、固定资产投资、人力资本、土地面积变量的系数均显著为正，表明其有利于中西部地区城市人口规模的增加和城镇化水平的提高。工业化和产业结构变量的系数不显著，表明其对中西部地区城市人口规模和城镇化水平的作用并不明确。

（二）动态效应检验

考虑到高铁建设对城市人口规模和城镇化水平的影响具有滞后性，经过一定的时间才会逐渐显现，因此，本文对高铁建设的动态效应进行了检验，具体回归结果见表5。回归结果显示：在考虑高铁建设效应的滞后性且在未加入控制变量的情况下，高铁建设对中西部地区开通高铁城市的人口规模和城镇化水平的动态效应并不显著；加入控制变量之后，在高铁开通后的前三年，高铁建设对中西部地区开通高铁城市人口规模和城镇化水平的影响并不明确，但在高铁开通后的第四年，显著降低了中西部地区开通高铁城市的人口规模，并对该地区开通高铁城市的城镇化水平产生了负面影响。

表5　动态效应检验

项目	ln*pop*		ln*urban*	
	(1)	(2)	(3)	(4)
*t*2013 × *hsr*	0.0136 (0.5627)	−0.0144 (−1.0419)	0.0119 (0.5140)	−0.0098 (−0.6604)
*t*2014 × *hsr*	−0.0029 (−0.1198)	−0.0006 (−0.0424)	−0.0030 (−0.1308)	0.0023 (0.1567)
*t*2015 × *hsr*	−0.0157 (−0.6488)	−0.0361*** (−2.5970)	−0.0237 (−1.0241)	−0.0353** (−2.3598)
*t*2013	0.0182 (1.3701)	0.0104 (1.3183)	0.0165 (1.2901)	0.0154* (1.8243)
*t*2014	0.0526*** (3.9530)	0.0284*** (3.5381)	0.0447*** (3.5018)	0.0350*** (4.0603)

续表

项目	lnpop		ln*urban*	
	(1)	(2)	(3)	(4)
*t*2015	0.0547***	0.0304***	0.0538***	0.0517***
	(4.1137)	(3.6657)	(4.2199)	(5.8033)
控制变量	否	是	否	是
_cons	4.3811***	5.1564***	3.1681***	3.7287***
	(1.4×10^3)	(13.4684)	(1.10×10^3)	(9.0666)
时间效应	控制	控制	控制	控制
地区效应	控制	控制	控制	控制
N	1764	1633	1764	1633
R^2	0.1330	0.7373	0.0388	0.6352
F	35.2700	258.3400	9.2800	160.2700

注：采用 Stata14 软件估计；＊＊＊、＊＊和＊分别表示 1%、5% 和 10% 的显著性水平；括号中数值为 *t* 值。

五、稳健性检验

为了避免样本选择偏误等问题，本文采用 PSM – DID 方法、改变开通高铁时间节点方法、改变高铁开通后时间段方法以及反事实检验方法进行稳健性检验。

（一）PSM – DID 稳健性检验

为了克服处理组和控制组之间人口规模和城镇化水平的系统误差，降低样本选择偏差，本文采用双重差分倾向得分匹配法（Difference in Difference – Propensity Score Matching，PSM – DID）进行稳健性检验，具体步骤如下：首先，根据协变量即上文中的控制变量进行 Logit 回归得到倾向得分并进行核匹配。Logit 回归结果如表 6 所示，经济发展、外商直接投资、人力资本、工业化等都对城市是否开通高铁产生显著影响，表明本文选择的协变量较为合理，对处理变量具有较强的解释力。

其次，对样本匹配质量进行检验，检验匹配后的处理组和控制组之间的协变量均值是否存在显著性差异，即平衡性检验。如果匹配后的样本满足平衡性条件，则满足 PSM – DID 方法的适应条件。检验结果如表 7 和表 8 所示，进行倾向得分匹配后，协变量均值在开通高铁城市和未开通高铁城市之间并不存在显著性差异，表明本文的样本数据适应于 PSM – DID 方法。最后，利用 PSM – DID 方法对中西部地区 2004—2015 年地级市的面板数据进行估计，回归结果如表 9 所示。

从表 9 可以看出，倾向得分匹配后的双重差分检验结果依然为负，表明短期内高铁建设并不利于中西部地区开通高铁城市人口规模的增加和城镇化水平的提高，这进一步验证了上文的结论。

表 6　协变量对城市是否建设高铁的影响

变量	系数	标准误	z 值	p 值
ln*pergdp*	-1.0363	0.2632	-3.9400	0.0000***
ln*gov*	0.0703	0.2183	0.3200	0.7470
ln*fdi*	0.5586	0.0974	5.7300	0.0000***
ln*far*	-0.4035	0.2468	-1.6300	0.1020
ln*edu*	0.9497	0.1441	6.5900	0.0000***
ln*area*	-0.1941	0.1275	-1.5200	0.1280
ln*industry*	1.9863	0.9731	2.0400	0.0410**
ln*structure*	-0.3457	0.8088	-0.4300	0.6690
_cons	-7.0927	5.9402	-1.1900	0.2320
pseudo R^2	0.2476		样本量	1074

注：采用 Stata14 软件估计；***、**和*分别表示 1%、5%和 10%的显著性水平。

表 7　以城市人口规模为结果变量的平衡性检验

协变量	匹配后的控制组协变量均值	匹配后的处理组协变量均值	差分	t 值	p 值
ln*pergdp*	10.0370	10.0240	-0.0130	0.3100	0.7554
ln*gov*	12.7460	12.7490	0.0030	0.0400	0.9666
ln*fdi*	10.9810	10.9780	-0.0030	0.0300	0.9767

续表

协变量	匹配后的控制组协变量均值	匹配后的处理组协变量均值	差分	t 值	p 值
ln*far*	14. 2780	14. 2790	0. 0010	0. 0100	0. 9949
ln*edu*	10. 7870	10. 8250	0. 0380	0. 4900	0. 6221
ln*area*	6. 9470	6. 9150	-0. 0330	0. 5300	0. 5977
ln*industry*	3. 9370	3. 9290	-0. 0090	0. 6100	0. 5451
ln*structure*	3. 6880	3. 6960	0. 0080	0. 4600	0. 6421

注：采用 Stata14 软件估计。

表 8　以城镇化水平为结果变量的平衡性检验

协变量	匹配后的控制组协变量均值	匹配后的处理组协变量均值	差分	t 值	p 值
ln*pergdp*	10. 0370	10. 0240	-0. 0130	0. 3100	0. 7554
ln*gov*	12. 7460	12. 7490	0. 0030	0. 0400	0. 9666
ln*fdi*	10. 9810	10. 9780	-0. 0030	0. 0300	0. 9767
ln*far*	14. 2780	14. 2790	0. 0010	0. 0100	0. 9949
ln*edu*	10. 7870	10. 8250	0. 0380	0. 4900	0. 6221
ln*area*	6. 9470	6. 9150	-0. 0330	0. 5300	0. 5977
ln*industry*	3. 9370	3. 9290	-0. 0090	0. 6100	0. 5451
ln*structure*	3. 6880	3. 6960	0. 0080	0. 4600	0. 6421

注：采用 Stata14 软件估计。

表 9　PSM - DID 稳健性检验

项目	高铁开通前控制组	高铁开通前处理组	高铁开通前控制组与处理组的差分	高铁开通后控制组	高铁开通后处理组	高铁开通后控制组与处理组的差分	双重差分检验结果
ln*pop*	4. 6220	4. 6690	0. 0070	4. 9570	4. 8050	-0. 1520	-0. 1590
标准误			0. 0480			0. 0670	0. 0830
t 值			0. 1500			-2. 2700	-1. 9300
p 值			0. 8840			0. 0230 **	0. 0540 *
R^2							0. 03
ln*urban*	3. 1960	3. 0900	-1. 1060	3. 3380	3. 0990	-0. 2390	-0. 1320

续表

项目	高铁开通前控制组	高铁开通前处理组	高铁开通前控制组与处理组的差分	高铁开通后控制组	高铁开通后处理组	高铁开通后控制组与处理组的差分	双重差分检验结果
标准误			0.0430			0.0610	0.0750
t 值			-2.4900			-3.9100	-0.1780
p 值			0.01300**			0.0000***	0.0760*
R^2							0.02

注：采用Stata14软件估计；***、**和*分别表示1%、5%和10%的显著性水平；以城市人口规模为结果变量时，参与匹配的样本为1242个，其中处理组样本为295个，控制组样本为947个；以城镇化水平为结果变量时，参与匹配的样本数为1230个，其中处理组样本为287个，控制组样本为943个。

（二）改变开通高铁时间节点的稳健性检验

本文前述分析中将2012年作为开通高铁的时间节点。但实际上，中西部地区从2009年起已逐年开通高铁。为此，本文分别以2009年、2010年和2011年为开通高铁的时间节点，再利用与基本回归相一致的模型对其进行检验，对前文的实证结果进一步进行验证，具体回归结果如表10所示。

从表10可以看出，无论选择2009年、2010年还是2011年作为开通高铁的时间节点，在以城市人口规模为被解释变量的回归中，交叉项回归系数均为负但不显著，表明高铁建设对中西部地区开通高铁城市人口规模的影响并不明确；在以城镇化水平为被解释变量的回归中，交叉项回归系数均显著为负，表明高铁建设显著地降低了其城镇化水平。这一结果与前文基本回归结果大体上一致，进一步验证了前文实证结果的稳健性。

表 10　改变开通高铁时间节点的稳健性检验

项目	ln*pop*			ln*urban*		
	2009 年	2010 年	2011 年	2009 年	2010 年	2011 年
$t \times hsr$	-0.0107 (-0.8824)	-0.0047 (-0.4933)	-0.0028 (-0.3031)	-0.0315** (-2.3089)	-0.0280*** (-2.6533)	-0.0190* (-1.9138)
ln*pergdp*	-0.6021*** (-7.4885)	-0.6382*** (-7.8427)	-0.6129*** (-7.4291)	-0.4456*** (-4.9341)	-0.4491*** (-5.0107)	-0.4168*** (-4.6584)
ln*pergdpsq*	0.0071* (1.8596)	0.0099** (2.5515)	0.0102*** (2.5913)	-0.0003 (-0.0727)	0.0009 (0.2193)	0.0005 (0.1191)
ln*gov*	0.1257*** (20.7738)	0.1370*** (22.9309)	0.1392*** (23.3836)	0.1045*** (15.3785)	0.1130*** (17.1779)	0.1141*** (17.6767)
ln*fdi*	0.0037** (2.2394)	0.0043** (2.5643)	0.0042** (2.4415)	0.0038** (2.0509)	0.0038** (2.0650)	0.0038** (2.0691)
ln*far*	0.0338*** (7.7051)	0.0422*** (9.4980)	0.0464*** (10.3889)	0.0302*** (6.1323)	0.0366*** (7.4761)	0.0394*** (8.1310)
ln*edu*	0.0286*** (5.1082)	0.0336*** (5.9048)	0.0344*** (5.9586)	0.0233*** (3.7145)	0.0274*** (4.3730)	0.0281*** (4.4827)
ln*area*	0.1691*** (18.4519)	0.1673*** (18.2480)	0.1766*** (19.0637)	0.1358*** (13.1923)	0.1368*** (13.5535)	0.1435*** (14.2850)
ln*industry*	-0.0070 (-0.2507)	-0.0092 (-0.3202)	-0.0042 (-0.1476)	0.0044 (0.1381)	-0.0108 (-0.3424)	-0.0061 (-0.1958)
ln*structure*	0.0340 (1.3759)	0.0396 (1.5573)	0.0426* (1.6891)	0.0054 (0.1941)	0.0050 (0.1779)	0.0042 (0.1542)
_cons	5.9078*** (15.0039)	5.7408*** (14.5011)	5.2871*** (13.3461)	4.5322*** (10.2478)	4.2937*** (9.8482)	3.8981*** (9.0733)
时间效应	控制	控制	控制	控制	控制	控制
地区效应	控制	控制	控制	控制	控制	控制
N	1417	1501	1537	1417	1501	1537
R^2	0.7589	0.7411	0.7254	0.6369	0.6251	0.6087
F	235.8800	241.9300	244.1500	131.4500	65.1900	143.7200

注：采用 Stata14 软件估计；***、**和*分别表示在1%、5%和10%的显著性水平；括号中数值为 t 值。

（三）改变高铁开通后时间段的稳健性检验

在前文基本回归分析中，本文将2012年作为开通高铁的时间节点进行回归，回归结果反映的是开通高铁城市人口规模和城镇化水平在2012—2015年相对于2004—2011年的平均变化，并没有反映高铁开通后不同时间段的变化。因此，为了进一步验证本文结果的稳健性，本文借鉴周浩和郑筱婷（2012）的做法，对高铁开通后的不同时间段内的效应进行检验。

本文仍然将2012年作为开通高铁的时间节点，开通高铁之前的2004—2011年时间段不变，改变高铁开通后的时间段，分别选取2年、3年、4年（2012—2013年、2012—2014年、2012—2015年）不同时间段进行检验，具体回归结果如表11所示。其中，4年时间段的回归结果即本文的基本回归结具，具体结果见表4，此处不再重复列出。

从表11可以看到，在高铁开通后的2年和3年时间段内，高铁建设对中西部地区开通高铁城市的人口规模和城镇化水平的影响并不明显，但是在开通高铁后的4年时间段内，高铁建设的作用开始显现，降低了中西部地区开通高铁城市的人口规模和城镇化水平。这与上文动态效应检验结果相一致，高铁建设对城市人口规模和城镇化水平的影响效应具有滞后性，从第四年开始作用显著。

表11　改变高铁开通后时间段的稳健性检验

变量符号	ln*pop*		ln*urban*	
	2年	3年	2年	3年
$t \times hsr$	−0.0044 (−0.4592)	−0.0060 (−0.6833)	−0.0070 (−0.6772)	−0.0073 (−0.7797)
ln*pergdp*	−0.5280*** (−5.7529)	−0.6132*** (−7.0617)	−0.2037*** (−2.0611)	−0.3298** (−3.5403)
ln*pergdpsq*	0.0117*** (2.6944)	0.0125*** (3.0189)	−0.0049 (−1.0429)	−0.0021 (−0.4780)

续表

变量符号	lnpop		lnurban	
	2 年	3 年	2 年	3 年
ln*gov*	0. 1179 ***	0. 1372 ***	0. 0898 ***	0. 1105 ***
	(18. 9323)	(22. 9230)	(13. 3960)	(17. 2101)
ln*fdi*	0. 0050 ***	0. 0052 ***	0. 0047 ***	0. 0048 **
	(2. 9067)	(3. 0089)	(2. 5661)	(2. 5818)
ln*far*	0. 0366 ***	0. 0440 ***	0. 0306 ***	0. 0376 ***
	(8. 3215)	(9. 8711)	(6. 4675)	(7. 8721)
ln*edu*	0. 0361 ***	0. 0351 ***	0. 0287 ***	0. 0286 ***
	(5. 9882)	(5. 9042)	(4. 4096)	(4. 4814)
ln*area*	0. 1708 ***	0. 1877 ***	0. 1367 ***	0. 1530 ***
	(17. 7222)	(19. 8155)	(13. 1744)	(15. 0604)
ln*industry*	-0. 0182	-0. 0044	-0. 0465	-0. 0326
	(-0. 5788)	(-0. 1443)	(-1. 3766)	(-0. 9893)
ln*sturcture*	0. 0190	0. 0321	-0. 0308	-0. 0201
	(0. 7113)	(1. 2238)	(-1. 0699)	(-0. 7147)
_cons	4. 8713 ***	5. 0805 ***	3. 0586 ***	3. 4667 ***
	(11. 4729)	(12. 4249)	(6. 6898)	(7. 9035)
时间效应	控制	控制	控制	控制
地区效应	控制	控制	控制	控制
N	1352	1492	1352	1492
R^2	0. 6043	0. 6951	0. 4478	0. 5778
F	152. 2300	234. 1000	80. 8100	40. 5600

注：采用 Stata14 软件估计；＊＊＊、＊＊和＊分别表示 1%、5% 和 10% 的显著性水平；括号中数值为 *t* 值。

（四）反事实检验

双重差分法的运用需要满足处理组和控制组之间具有可比性的前提假设条件，即除了高铁建设这一政策因素影响外，处理组和控制组之间的人口规模和城镇化水平差异不会随着时间而发生变化，即这两组之间的差异不受其他政策因素或随机因素的影响而发生变化。因此，本文按照相关文献的做法，采用反事实检验对这一前提假设条件进行验证。

本文在回归过程中，根据已有文献的普遍做法，将政策执行时间提前2年和3年，即将2009年和2010年作为虚拟开通高铁时间，然后利用双重差分法对2004—2011年的数据进行检验。如果开通高铁城市与虚拟开通高铁时间的交叉项回归系数不显著，则表明本文的样本数据满足双重差分法的前提假设条件，具体检验结果如表12所示。从表12可以看出，无论将2009年还是2010年作为虚拟的开通高铁时间，交叉项回归系数均不显著，表明处理组与控制组之间的差异并不随着时间而发生变化，即不受其他政策或随机因素的影响。这在一定程度上验证了上文的基本回归结果，即开通高铁城市和未开通高铁城市之间的人口规模和城镇化水平差异确实是由高铁建设引起的。

表12　反事实检验

项目	ln*pop*		ln*urban*	
	(1)	(2)	(3)	(4)
*t*09 × *hsr*	0.0026 (0.3583)		-0.0032 (-0.4111)	
*t*10 × *hsr*		0.0041 (0.5001)		-0.0048 (-0.5523)
ln*pergdp*	-0.7256 *** (-7.5384)	-0.7440 *** (-7.7407)	-0.4492 *** (-4.3688)	-0.4655 *** (-4.5417)
ln*pergdpsq*	0.0219 *** (4.6848)	0.0232 *** (4.9827)	0.0075 (1.5095)	0.0086 * (1.7372)
ln*gov*	0.0854 *** (14.0042)	0.0875 *** (14.4074)	0.0659 *** (10.1134)	0.0676 *** (10.4372)
ln*fdi*	0.0043 *** (2.6253)	0.0040 ** (2.4271)	0.0024 (1.3407)	0.0021 (1.1951)
ln*far*	0.0650 *** (10.2771)	0.0690 *** (11.1486)	0.0569 *** (8.4316)	0.0601 *** (9.1113)
ln*edu*	0.0325 *** (5.9432)	0.0328 *** (5.9855)	0.0236 *** (4.0344)	0.0239 *** (4.0798)

续表

项目	ln*pop*		ln*urban*	
	(1)	(2)	(3)	(4)
ln*area*	0. 1434 *** (15. 6982)	0. 1436 *** (15. 6639)	0. 1331 *** (13. 6438)	0. 1331 *** (13. 6227)
ln*industry*	-0. 0247 (-1. 1417)	-0. 0264 (-1. 2143)	-0. 0204 (-0. 8795)	-0. 0220 (-0. 9466)
ln*structure*	-0. 0033 (-0. 2033)	-0. 0028 (-0. 1719)	-0. 0117 (-0. 6796)	-0. 0112 (-0. 6517)
_cons	6. 1720 *** (13. 5539)	6. 1549 *** (13. 4993)	4. 1550 *** (8. 5405)	4. 1529 *** (8. 5419)
时间效应	控制	控制	控制	控制
地区效应	控制	控制	控制	控制
N	1193	1193	1193	1193
R^2	0. 6063	0. 6031	0. 4526	0. 4503
F	121. 5400	130. 0300	65. 2500	70. 1000

注：采用 Stata14 软件估计；＊＊＊、＊＊和＊分别表示 1%、5%和 10%的显著性水平；括号中数值为 t 值。

六、结论及政策建议

如何推进“三个 1 亿人”是中国未来若干年城镇化的主要战略目标，各级政府试图通过高铁网络建设改变人口和产业布局，进而实现人口就近就地城镇化。但是高铁建设对中西部地区城镇化的影响则是有待验证的问题。本文基于新经济地理学“中心—外围”视角，使用 2004—2015 年中西部地区 163 个地级市的面板数据，采用双重差分法就高铁建设对中西部地区城镇化的效应进行了评估。研究结果表明，在短期内，高铁建设降低了中西部地区开通高铁城市的人口规模，并不利于该地区开通高铁城市城镇化水平的提高。考虑到高铁建设的效应发挥可能存在滞后性，本文进一步进行了动态效应检验，研究发现，高铁建设对开通高铁城市人口规模和城镇化水平的影响在最初三年并不明显，直到第四年才开始变得显著为负。

根据上述结论，高铁建设在短期内对中国“中心—外围”格局下作为外围地区的中西部地区人口规模和城镇化水平提高并不利。但是，并不能简单得出高铁建设不利于中西部地区城镇化的结论。原因在于以下两点：第一，高铁建设对外围地区的短期效应和长期效应是不同的。根据新经济地理理论，运输成本变化对“中心—外围”地区在不同阶段的影响效应存在异质性，即在开通高铁的初期，中心城市和外围城市间运输成本的下降，更有利于中心地区人口和产业集聚程度的提高；但是随着交通基础设施的进一步完善，运输成本的降低则会更有利于外围地区。第二，从本文的研究来看，受样本时间区间的限制，只是验证了高铁开通后 4 年内的效应，难以更加全面地反映其长期效应。事实上，人口流动和迁移是劳动力较为长期的选择，这一效应需要在更长的时期内进行观察。为此，还需要从长期视角来更加全面客观地看待和评价高铁建设对中西部地区城镇化的影响。

在既定的新型城镇化战略下，为了降低高铁建设对中西部地区人口集聚和城镇化发展的短期不利影响，更好地发挥高铁对中西部地区的推动作用，本文认为应从以下几个方面着手。

（1）进一步加快规划的高铁网络建设，充分发挥“八横八纵”高铁网络的网络效应。发挥高铁网络在快速降低运输成本和运输时间方面的作用，特别是在降低人员及思想流动的金钱成本和时间成本方面的作用，加快推进区域一体化进程，促使人口由外围地区向中心地区集聚的趋势，尽快朝人口由中心地区向外围地区转移的趋势转变。

（2）提升中西部地区城市的产业支撑能力，为中西部地区城镇化发展提供持久动力，以适应全国雁阵式区域分工解构和重构的趋势。中西部地区应通过环境的完善，加快承接东部沿海地区产业转移，不断做大经济总量，创造更多就业机会。同时，应充分利用信息经济、数字经济兴起带来的区域跨越式发展机遇，积极发展数字经济和信息经济，以新兴产业的发展和就业的提供为核心，吸引人口向中西部地区流动和集聚，进而为实现1亿人在中西部地区就近城镇化以及城镇化空间均衡发展提供产业和就业支撑。

（3）加快中西部地区重点城市群和国家中心城市建设。发挥城市群作为城镇化主体空间形态的带动作用，重点围绕成渝城市群、长江中游城市群、关中城市群等中西部城市群，以及重庆、成都、武汉、西安等国家中心城市，加快城市基础设施、公共服务和城市环境的建设和塑造，不断提高城市的公共服务水平和城市的舒适度，特别是打造良好的创业创新环境，以良好的营商环境和富有竞争力的生活环境，吸引人口在中西部城市群和中心城市集聚。同时，推进城市群内部基础设施、市场、产业和公共服务的一体化建设，拓展城市群促进人口、就业和产业集聚的新空间。

（4）以深化开放推进中西部地区城镇化发展。适应“一带一路”建设向西开放和向南开放的战略取向，顺应贸易重心和投资重心向西转移的趋势，进一步加强中西部地区全方位互联互通，以互联互通带动开放合作，以开放合作带动人口流动和集聚，进而实现中西部地区城镇化水平的不断提高。

参考文献

[1]辜胜阻,易善策,李华. 中国特色城镇化道路研究[J]. 中国人口·资源与环境,2009,19(1):47-52.

[2]厉以宁. 中国道路与新城镇化[M]. 北京:商务印书馆,2012:2.

[3]AHLFELDT G M, FEDDERSEN A. From periphery to core: Economic adjustments to high speed rail[EB/OL]. http://eprints.lse.ac.uk/29430/,2010.

[4]刘志红,王利辉. 交通基础设施的区域经济效应与影响机制研究——

来自郑西高铁沿线的证据[J]. 经济科学, 2017(2):32-46.

[5]COTO-MILLÁN P, INGLADA V, REY B. Effects of network economies in high-speed rail: the spanish case[J]. The Annals of Regional Science, 2007,41(4):911-925.

[6]ORTEGA E, LÓPEZ E, MONZÓN A. Territorial cohesion impacts of high-speed rail at different planning levels[J]. Journal of Transport Geography, 2012,24(4):130-141.

[7]董艳梅,朱英明. 高铁建设能否重塑中国的经济空间布局——基于就业、工资和经济增长的区域异质性视角[J]. 中国工业经济,2016(10):92-108.

[8]王雨飞,倪鹏飞. 高速铁路影响下的经济增长溢出与区域空间优化[J]. 中国工业经济,2016(2):21-36.

[9]覃成林,朱永磊,种照辉. 高速铁路网络对中国城市化格局的影响[J]. 城市问题,2014(9):9-15.

[10]李祥妹,刘亚洲,曹丽萍. 高速铁路建设对人口流动空间的影响研究[J]. 中国人口·资源与环境,2014, 24(6):140-147.

[11]张春民,王玮强,李文添,等. 基于面板数据的兰新高铁区域经济特性分析[J]. 铁道科学与工程学报, 2017,14(1):12-18.

[12]TANG S, SAVY M, DOULET J F. High speed rail in China and its potential impacts on urban and regional development[J]. Local Economy,2011,26(5):409-422.

[13]PUGA D. Agglomeration and cross-border infrastructure[J]. Eib Papers, 2008,13(2):102-124.

[14]VICKERMAN R. High-speed rail in europe:experience and issues for future development[J]. The Annals of Regional Science,1997,31(1):21-38.

[15]GUTIÉRREZ J, URBANO P. Accessibility in the european union:The impact of the trans-european road network[J]. Journal of Transport Geography, 1996,4(1):15-25.

[16]KNAAP T, OOSTERHAVEN J. Measuring the welfare effects of infrastructure: A simple spatial equilibrium evaluation of dutch railway proposals[J]. Research

in Transportation Economics, 2011,31(1):19 -28.

[17]李红昌,TJIA L, 胡顺香．中国高速铁路对沿线城市经济集聚与均等化的影响[J]. 数量经济技术经济研究,2016(11):127 -143.

[18]宋晓丽,李坤望．交通基础设施质量提升对城市人口规模的影响——基于铁路提速的实证分析[J]. 当代经济科学,2015,37(3):19 -26.

[19]DAVIS J C, HENDERSON J V. Evidence on the political economy of the urbanization process[J]. Journal of Urban Economics, 2003,53(1):98 -215.

[20]AU C,HENDERSON J V. Are Chinese cities too small? [J]. Review of Economic Studies, 2006,73(3):549 -576.

[21]秦佳,李建民．中国人口城镇化的空间差异与影响因素[J]. 人口研究,2013,37(2):25 -40.

[22]马孝先．中国城镇化的关键影响因素及其效应分析[J]. 中国人口·资源与环境,2014,24(12):117 -124.

[23]HAINES M R, MARGO R A. Railroads and local economic development: The united states in the 1850s[R]. NBER Working Papers, 2006.

[24]ATACK J,BATEMAN F,HAINES M,et al. Did railroads induce or follow economic growth? [J]. Social Science History, 2016, 34(2):171 -197.

[25]SHAW S L, FANG Z, LU S, et al. Impacts of high speed rail on railroad network accessibility in China[J]. Journal of Transport Geography,2014(40):112 -122.

[26]周浩,郑筱婷．交通基础设施质量与经济增长:来自中国铁路提速的证据[J]. 世界经济,2012(1):78 -97.

[27]刘瑞明,赵仁杰．国家高新区推动了地区经济发展吗?——基于双重差分方法的验证[J]. 管理世界, 2015(8):30 -38.

[28]COMBES P P,MAYER T, THISSE J F. Economic geography: The integration of regions and nations[M]. Princeton:Princeton University Press,2008:214.

政府主导、地方政府竞争与城乡收入差距

——基于面板分位数模型的经验证据

邓金钱　何爱平

摘　要：文章基于中国经济增长的特征事实，对政府主导、地方政府竞争影响城乡收入差距的制度背景和理论机制进行梳理，并采用面板分位数回归模型进行实证考察。①中国式分权改革中形成的“增长型激励”导致地方政府主导辖区经济增长，研究发现资源配置和经济政策的城镇偏向扩大了城乡收入差距；②地方政府为发展辖区经济而展开竞争，引导外商直接投资向城镇和非农产业集聚，城乡收入差距也因此而加剧；③政府主导、地方政府竞争对城乡收入差距的影响轨迹均呈显著的倒“U”形；④政府主导与地方政府竞争的协同效应可以显著缩小城乡收入差距，即政府主导会降低地方政府竞争对城乡收入差距影响的边际贡献，同样地方政府竞争也会降低政府主导对城乡收入差距影响的边际贡献。因此，缩小城乡收入差距、实现城乡共享发展必须对地方政府行为做出制度规范和激励约束。

关键词：政府主导；地方政府竞争；城乡收入差距

作者简介：邓金钱（1988—　），西北大学经济管理学院博士，现为兰州大学经济学院讲师、硕士生导师，主要研究方向为政治经济学，在《经济学家》《社会科学研究》《中国人口科学》、*International Jour-*

nal of Environmental Research and Public Health 等 CSSCI、SSCI 期刊公开发表论文 10 余篇，其中多篇作为封面文章推介，主持教育部人文社会科学研究一般项目 1 项、中央高校基本科研业务费专项资金项目 1 项。何爱平（1967— ），西北大学经济管理学院教授、博导、陕西省教学名师，省“高层次人才特殊支持计划”领军人才。主要从事政治经济学领域的教学与科研工作，主持国家精品资源共享课、国家一流课程，主持教育部重大攻关项目、国家社科基金等项目 20 项。发表权威核心期刊论文 98 篇，出版著作 15 部，获国家教学成果二等奖等各项奖励 20 余项。

一、引言

改革开放以来中国经济持续超常增长，被誉为世界经济增长史中的“中国奇迹”，然而背后存在许多结构性矛盾，中共十九大报告指出目前城乡区域发展和收入分配差距依然较大。根据国家统计局公布的数据，自 1994 年起中国基尼系数一直处于 0.4 的国际警戒线之上，虽然 2009 年起在逐渐下降，但 2016 年仍为 0.465，中国已属于世界收入差距较为严重的国家之一，而最严重的不平等在城乡之间（Xie et al.，2014）。1978 年中国城乡居民收入比为 2.57∶1，2009 年达到历史最高值 3.33∶1，之后出现逐年下降趋势，2016 年这一比值变为 2.72∶1。如果从绝对量来看，1978 年城乡收入的绝对差距为 209.8 元，而到 2016 年这一绝对差距为 21253 元，与 1978 年相比增长了 101 倍，如果考虑到实物收入和补贴等隐性因素，城乡收入差距将更严重。新时代下如何缩小城乡收入差距，让城乡居民公平分享经济发展的成果，成为政府和学者关注的焦点问题之一。

中国城乡收入差距变迁的研究应基于中国经济增长的特征事实。大量文献对“中国奇迹”根本原因进行探讨，对此诸家立说、争议不断，然而中国式分权下的“政府主导”或“政府推动”成为学界的一个共同认知（刘瑞明、白永秀，2007），政府通过控制投资方向和投资规模主导经济运行，并成为国家经济建设的发动者和组织参与者（冯新舟、何自力，2015）。中国式分权下的地方政府成为辖区经济剩余的分享者，“为增长而竞争”成为财政资源配置扭曲的激励来源（傅勇，2008），地方政府为追求辖区经济增长而采取的城市偏向型财政再分配政策和由此衍生的一系列政府干预政策是城乡收入差距变迁的根本原因（陆铭、陈钊，2004；雷根强、蔡翔，2012），Fan（2011）的研究也证实政府对市场扭曲的不作为和对经济的过度干预会加剧城乡收入差距。但部分学者基于转型经济体的研究发现，政府支出的增加能够显著缩小城乡收入差距，而且财政支出分权显著地降低了中国的城乡收入差距水平（Khan et al.，2015；陈浪南等，2016），郭平、卢玲玲（2015）采用三阶段 DEA 模型证实中国地方财政支出调节城乡收入差距的综合效率较低。

中国式的分权通过“政治激励”和“经济激励”来培育地方政府间的竞争机制，以推动区域经济增长，但这种政府治理机制也存在诸如经济波动、结构失衡等“增长的代价”（傅强、朱浩，2013）。中国式财政分权体制和政府间的竞争激励驱动地方政府展开“标尺竞争”，并通过改进基础设施和优化制度环境来吸引外商直接投资，以促进辖区经济增长，对外商直接投资竞争成为地方政府竞争的主要表现形式（张军等，2007）。由于城镇等发达地区在基础设施和制度环境方面具有先动优势，必然导致外商直接投资向工业比较发达、基础设施比较完善的城镇地区集聚，加剧城乡发展失衡和城乡收入差距（Atkinson 等，2003；沈颖郁、张二震，2011）。但部分学者认为地方政府对外商直接投资的竞争，只要充分利用农村剩余劳动力，并引导外商直接投资流向农村，农村就能够从地方政府竞争中获得比城镇更多的收益，促进城乡收入差距缩小（赵晓霞、李金昌，2009；景守武、陈红蕾，2017）。另外，何枫、徐桂林（2009）以库兹涅茨基本模型为基础研究，认为外商直接投资与城乡居民收入差距之间存在着显著的倒“U”形关系。阚大学、罗良文（2013）进一步证实外商直接投资对城乡收入差距的影响受人力资本水平约束而呈现非线性特征。

综上，已有研究从地方政府行为视角对城乡收入差距问题进行了卓有成效的探索，也构成本文研究的逻辑起点。通过对文献的梳理不难发现，已有关于中国地方政府行为与城乡收入差距关系的研究不仅结论不一，而且对“政府主导型经济增长模式下地方政府竞争”这一典型特征事实考虑不够充分，仅从地方政府单一行为出发探究城乡收入差距变迁问题，对地方政府主导和竞争双重协同效应影响城乡收入差距的研究并不多见。尚无文献把政府主导、地方政府竞争和城乡收入差距纳入一个分析框架，对政府主导、地方政府竞争影响城乡收入差距的单一效应和协同效应进行系统探讨。在新时代下，中国面临发展不平衡和不充分的实际，实现乡村振兴、城乡融合发展成为政策制定者和学术界关注的焦点之一，因此研究政府主导、地方政府竞争对城乡收入差距影响的单一效应和协同效应意义重大。有鉴于此，本文基于中国经济的“政府主导”特征，考虑到地方政府为追求辖区经济增长而竞争的特征事实，探究政府主导和政府竞争对城乡收入差距影响的理论逻辑和经验证据，进一步从研究设计与实证策略两个方面进行拓展：①在城乡收入差距的分析框架中纳入政府主导和地方政府竞争协同这一特征事实，不仅考虑了政府主导、地方政府竞争对城乡收入差距影响的单一效应，也考虑到政府主导和地方政府竞争对城乡收入差距影响的协同效应；②有别于已有实证研究，本文实证考察选择面板分位数回归模型，以期精确刻画政府主导、地方政府竞争对城乡收入差距影响的动态轨迹，获得更为可靠的研究结论。

二、制度背景与理论分析

（一）制度背景

财政分权理论内含政府参与经济活动的假设，这一假设完全符合转型经济体的发展实践。改革开放后，中国经济体制转型中财政体制改革起了至关重要的作用，1978—1993年的财政分权改革以“分灶吃饭”“财政包干”为基本特征，经济权限下放，给予地方政府“经济剩余”的分享权，极大地调动了地方政府参与辖区经济活动的积极性。1994年中国开始分税制改革，采取“市场维护性财政联邦主义”，这是中国经济转型成功的根本性原因（Qian & Weingast，1997）。中国式分权结合了“政治集权”和“经济分权”的优势，体制上集中的政治威权使得中央政府有足够的能量来对地方政府行为进行奖惩，导致地方官员不得不追随中央政府的政策导向。“经济分权”把经济体从整体上分解为众多具有独立决策权的小型地方经济体，为地方政府提供了发展辖区经济的激励，创造了地方政府为经济增长而竞争的“激励”条件（Li & Zhou，2005；Liu，2014）。因此，地方政府为追求辖区经济增长，不仅通过控制公共财政资源的投资方向和投资规模来主导经济运行，而且积极寻求一切可能的资源进行投资，推动辖区经济发展，其中对外商直接投资的竞争就是其主要表现之一。

中国城乡收入差距的产生和变迁是综合性制度安排的结果。政府主导型经济模式下，中央政府为实现特定的战略意图，推行城乡分割的户籍管理制度，城市偏向型经济社会政策深刻影响着城乡收入差距变迁（陈斌开、林毅夫，2013）。改革开放前，城市偏向型政策主要表现为巨大的工农产品价格剪刀差，对农村资源的过度抽取，以满足优先发展重工业的资金投入，为“赶超战略”服务。改革开放后的市场化改革和资源配置的市场化调节并未消除城市偏向型经济政策。1994年的分税制改革对地方政府发展辖区经济的激励进一步强化，城市偏向型经济政策依然是政府的理性选择，这样不仅财政性公共资源的配置出现偏城市化倾向，而且导致“三农”投资长期不足，损害了农业经济增长和农村社会建设。中共十六大提出构建“城乡互动、工农互促”的新型城乡关系。自2004年起，中央一号文件持续关注“三农”，逐步缓解并纠正城市偏向的制度安排，2017年中共十九大进一步提出“乡村振兴战略”。然而，城市偏向型经济政策的纠正不是一蹴而就的，地方政府改善城市偏向的经济政策动力不足，从城市偏向到城乡统筹转型的道路依然漫长。

（二）理论机制与研究假说

1. 政府主导下公共资源配置的城镇偏向与城乡收入差距

中国式分权体制下，地方政府成为具有相对独立经济利益和效用目标的市场主体，可以基于自身偏好，运用自身所掌控的公共财政资源配置权来实现其特定的行政意图（郁建兴、高翔，2012）。由于农业生产具有投资周期长、投资风险大等天然弱质属性，逐渐成为现代经济增长的边缘性产业，而城市非农产业成为现代经济增长的主要源泉，因此在政府主导型经济中“增长共识”的激励约束下，地方政府施政的最佳选择是经营城镇和非农产业，加之计划经济体制的遗留性因素，偏向城镇和非农产业的制度安排成为地方政府施政的理性选择（孙宁华、姚燕，2013；张建波等，2016）。公共资源配置的城镇偏向突出表现在教育、医疗等基础设施建设和公共服务领域，虽然2004年起政府基于社会福利最大化出台了一系列惠农政策，但由于农民缺乏有效的偏好表达机制，政府主导型经济中财政金融支农资金存在显著的“精英俘获”特征（邢成举和李小云，2013），农业农村发展和农民增收处于经济发展中被漠视的边缘，城乡收入差距被显著扩大。另外政府主导型经济中城镇偏向的交通、教育、医疗等支出必然导致市场中初次分配偏向城镇，而且具有再分配性质的社会保障类财政支出也具有城镇偏向特征，这必然导致城乡收入差距的进一步加剧（雷根强、蔡翔，2012）。2015年中国财政支农支出规模达17380.49亿元，占财政总支出的9.88%，而1994年这一比例为10.21%，可以看出分税制改革后财政支农支出所占份额不仅没有增加，而且在降低，地方政府投资“三农”激励不足。基于上述分析，结合本文的研究动机，提出研究假说1。

假说1：受激励制度约束，政府主导型经济中公共财政资源配置存在显著的城镇偏向，涉农业务投资严重不足，财政支出规模的扩大会加剧城乡收入差距。

2. 地方政府竞争外商直接投资与城乡收入差距

中国式分权的制度安排中地方政府有充足有效的工具和路径参与竞争，其中“招商引资”，尤其是竞相引进外商直接投资无疑成为最有效的竞争形式之一（张军等，2007）。吸引外商直接投资作为开放型经济的一个重要资金来源手段，被中央政府寄予推动中国技术进步和经济发展的厚望。但地方政府为增长而进行的“标尺竞争”将重心纷纷落在具有良好基础设施和投资环境的城镇地区，最大限度地发展城镇经济，这样不仅使得物质资本、技术人才等经济性生产要素向城镇集聚，而且外商直接投资的根本目的是追求利润最大化，往往偏好于非农产业和基础设施、制度环境较好的城镇地区，从而也使得农业和农村地区的投资相对较少，直接加剧了城乡收入差距（Figlio et al.，2000；沈颖郁、张二震，2011）。另外，地方政府竞争外商直接投资会出现“过度竞争”，导致地方政府竞争外商直接投资的成本显著高于正常水平，影响外商直接投资带来的经济绩效，甚至不足以弥补其竞争成本。张晏（2007）研究证实，地方政府通过减税等措施对外商直接投资的过度竞争导致“囚徒困境”，影响外商直接投资发挥良好的经济效应。2015年中国“三农”实际利用外商直接投资153386万美元，占全国实际利用外商直接投资额的1.21%，可以看出在地方政府竞争下，外商直接投资在区域分布和产业选择上存在非均衡特征，这种城乡非均衡分布必然会导致城乡收入差距的进一步扩大。基于上述分析，结合本文的研究动机，提出研究假说2。

假说2：在中国式分权的制度安排下，地方政府对外商直接投资的竞争会扩大城乡收入差距。

3. 政府主导和地方政府竞争的协同与城乡收入差距

中国经济体制改革的成功离不开政府的主导和推动。政府主导型经济增长模式下地方政府对发展辖区经济有很强的偏好，不仅通过财政工具直接参与经济活动，而且对外商直接投资展开激烈竞争，这种协同效应深刻影响城乡收入差距的变迁。中国式分权下地方政府主导辖区经济运行，受地方财政收入和激励制度的约束。为发展辖区经济，地方政府展开对外商直接投资的竞争。一方面，政府主导模式下地方政府对外商直接投资的竞争，不仅可以引导外商直接投资的流向，而且可以充分发挥外商直接投资的涓滴效应，直接或间接促进农村剩余劳动力向非农产业转移，提升农民的收入水平，降低城乡收入差距（景守武、陈红蕾，2017）。《中国统计年鉴》数据显示，外商直接投资主要集中于劳动密集型产业，其中制造业占比最高，达到31.31%，对农村剩余劳动力的非农化转移创造了条件。另一方面，地方政府对外商直接投资的竞争可以缓解自身的财政困境，不仅可以拿出更多的财政资源进行涉农业务投资和民生项目建设，缓解公共财政资源配置的城镇偏向，而且可以充分利用财政的政策引导效应引导外商直接投资逐渐流向涉农领域，激活农业农村发展潜力，提升农民收入水平，降低城乡收入差距。因此政府主导和地方政府竞争的协同会促进城乡收入差距显著缩小，综上所述可进一步提出研究假说3。

假说3：政府主导和地方政府竞争的协同效应会促进城乡收入差距显著缩小。

三、指标、数据与实证策略

（一）指标选择

1. 被解释变量

城乡收入差距：根据已有文献对城乡收入差距的测度，考虑到中国城乡人口结构的变化，本文选择泰尔指数（Theil index）测度城乡收入差距。具体计算公式为：

$$theil_{i,t} = \sum_{j=1}^{2}\left(\frac{I_{ij,t}}{I_{i,t}}\right)\ln\left(\frac{I_{ij,t}}{I_{i,t}}\Big/\frac{P_{ij,t}}{P_{i,t}}\right) \qquad (1)$$

其中，$theil$ 表示测度城乡收入差距的泰尔指数，j 表示区域分布（1 = 城镇、2 = 农村），i 表示省级地区单元，t 表示时间，I 表示收入水平，P 表示人口分布。

2. 核心解释变量

政府主导：中国地方政府通过控制公共财政资源的投资方向和投资规模主导辖区经济运行（冯新舟、何自力，2015）。因此，本文参照邓金钱（2017）的做法，选择地方财政支出与地区生产总值的比值作为政府主导的代理变量，这一比值反映了地方政府的经济参与度和地方政府对经济资源配置的控制力，而且这一比值内含政府偏城市化的财政资源配置倾向，比值越大说明政府主导程度越强，变量符号记为 *gov*。

地方政府竞争：中国式分权不仅创造了地方政府间典型的"标尺竞争"，而且吸引外商直接投资的主导战略成为地方政府竞争的集中体现（张军等，2007），因此，本文参照任志成等（2015）的做法，选择地区人均实际利用外商直接投资额的对数值作为地方政府竞争的代理变量，一个地区人均实际利用外商直接投资数额越大，说明该地区地方政府竞争力越强，变量符号记为 ln*fdi*。

3. 其他控制变量

为了使实证考察更加切合经济发展实际，必须尽量控制影响城乡收入差距的其他因子，本文选择地区经济增长水平、非农产业发展程度、人力资本存量水平、地区金融发展规模、城镇化率以及对外开放等。其中地区经济增长水平（ln*gdp*）用地区实际人均 GDP 的对数测度；非农产业发展程度（*stru*）用地区生产总值中第二、第三产业所占份额测度；人力资本存量水平（*hum*）用 6 岁以上人口平均受教育年限测度；金融发展水平（*fis*）以年末金融机构贷款余额与地区生产总值的比值测度；城镇化（*urb*）用按户籍计算的非农业人口占总人口的比重测度；对外开放程度（*open*）用地区进出口贸易总额与地区生产总值的比值测度。

（二）数据说明

为了样本数据的可比性，考虑到数据的完整性和可获得性，本文的实证分析选择 1997—2014 年中国省际面板数据。由于西藏部分数据缺失，故在实证分析中剔除西藏样本。所有原始数据均来源于《中国财政统计年鉴》（历年）、《中国统计年鉴》（历年）、《新中国六十年统计资料汇编》、各省（自治区、直辖市）历年统计年鉴，缺失数据用中国经济与社会发展统计数据库数据，中国社会科学院金融统计数据库数据进行补充，样本变量的描述性统计见表 1。

表 1　变量的描述性统计

变量名称及符号	均值	中位数	最大值	最小值	标准差	观测值	截面单元
城乡收入差距（*theil*）	0.1211	0.1173	0.2936	0.0189	0.0568	540	30
政府主导（*gov*）	0.1680	0.1532	0.4022	0.0512	0.0721	540	30
地方政府竞争（ln*fdi*）	5.8545	5.8862	11.9105	1.8839	1.6415	540	30
经济增长水平（ln*gdp*）	9.6990	9.6871	11.5639	7.7187	0.8619	540	30
非农产业发展程度（*stru*）	0.8062	0.8085	0.9600	0.5630	0.0822	540	30
人力资本存量水平（*hum*）	8.1825	8.1689	12.0284	4.6926	1.0840	540	30
金融发展水平（*fis*）	1.0301	0.9846	2.2597	0.4335	0.3241	540	30
城镇化（*urb*）	0.4339	0.4053	0.9033	0.1718	0.1669	540	30
对外开放程度（*open*）	0.3105	0.1254	1.7222	0.0152	0.3909	540	30

（三）实证策略与方法

为了精确分析政府主导、地方政府竞争对城乡收入差距的影响关系，在实证分析模型中加入政府主导和地方政府竞争的交互乘积项，用以检验二者对城乡收入差距变迁的联合影响，本文构建如下实证分析模型：

$$theil_{it} = \beta_0 + \beta_1 gov_{it} + \beta_1 \ln fdi_{it} + \beta_3 gov_{it} \times \ln fdi_{it} + \sum_{j=1} \lambda_j x_{ijt} + \varepsilon_{it} \quad (2)$$

其中，i 表示样本截面单元，t 表示样本时间单元，$gov_{it} \times \ln fdi_{it}$ 表示政府主导和地方政府竞争的乘积项，x_{ijt} 为一组控制变量，ε_{it} 为与时间、地区无关的残差项。

分位数回归最早由 Koenker 和 Bassett（1978）提出，使用残差绝对值的加权平均作为最小化的目标函数，克服了传统面板分析模型条件均值回归的局限。分位数回归思想在横截面数据和面板数据分析中得到了广泛的应用，面板分位数回归模型是将被解释变量看作一个函数分布，估计解释变量对整个函数分布的影响，即在被解释变量的不同分位点下估计解释变量对被解释变量的影响，优势在于估计结果不受异常观测值的约束，可以提供解释变量对被解释变量影响分布特征的全面信息，估计结果更具稳健性。为了精确刻画政府主导、地方政府竞争对城乡收入差距影响的动态轨迹，本文基于 Koenker（2004）提出的面板分位数方法，借鉴 Powell（2014）的程序进行面板分位数估计。

四、实证分析

（一）基准回归分析

面板分位数回归的核心在于考察解释变量对被解释变量整个条件分布的影响，估计结果更稳健。作为面板分位数模型的参照，本文同时进行稳健性面板固定效应模型的估计，在面板分位数估计中选择具有代表性的10%、25%、40%、50%、60%、75%、90%等7个分位点，表2报告了估计结果。从平衡面板固定效应的均值回归的结果来看，政府主导和地方政府竞争对城乡收入差距的估计系数为1.658和0.026，即政府主导和地方政府竞争均直接扩大了城乡收入差距，而政府主导和地方政府竞争的交互项的估计系数显著为负，即政府主导和地方政府竞争的协同会降低城乡收入差距水平，前文假说得到验证。为进一步考察政府主导、地方政府竞争对整个城乡收入差距影响的动态特征，对面板分位数回归的估计结果进行分析。

就核心解释变量的估计结果来看，政府主导对城乡收入差距的估计系数在各分位点均为正，且在1%的显著性水平上通过统计显著性检验，表明政府主导程度的提升会显著扩大城乡收入差距，主要原因在于中国式分权对地方政府形成的“增长型激励”导致地方政府更加关注辖区经济增长，而非调节城乡收入差距，公共资源配置和经济政策的城镇偏向成为辖区经济发展的制度安排，成为城乡收入差距变迁的制度根源；观察各分位点的估计系数，不难发现其存在显著的倒“U”形变化趋势，即政府主导对城乡收入差距的影响因其函数分布而存在差异，在城乡收入差距处于低水平时，地方政府主导辖区经济增长必然把公共财政资源集聚到能够带来政治明星效应的非农产业或城镇地区，城乡收入差距也会随之扩大，终会成为经济可持续增长和社会稳定的约束条件，地方政府就开始调节城乡收入差距，其加剧城乡收入差距的影响力也会逐渐减弱。地方政府竞争对城乡收入差距的估计系数在各分位点均显著为正，这种显著的正向效应表明地方政府竞争会扩大城乡收入差距，这可能是由于地方政府往往通过良好的基础设施和优惠政策来吸引外资，城镇地区具有先动优势，加之资本的“逐利”本性，必然流向城镇等发达地区，城乡外资分布的非均衡必然导致城乡的发展差距和城乡收入差距；通过对各分位点估计系数的观察，发现其也呈倒“U”形变化轨迹，即在城乡收入差距处于低水平时，外商直接投资因地方政府竞争而

表 2　政府主导、地方政府竞争对城乡收入差距:基准估计

项目	1	2	3	4	5	6	7	8
	FE	QR10	QR25	QR40	QR50	QR60	QR75	QR90
gov	1.658 ***	2.528 ***	2.630 ***	2.818 ***	3.677 ***	2.805 ***	2.690 ***	2.702 ***
	(11.03)	(26.37)	(10.23)	(10.96)	(8.06)	(10.32)	(20.24)	(12.28)
ln*fdi*	0.026 ***	0.025 ***	0.035 ***	0.038 ***	0.036 ***	0.041 ***	0.033 ***	0.035 ***
	(5.16)	(27.40)	(9.74)	(13.83)	(7.67)	(9.01)	(7.22)	(11.37)
gov × ln*fdi*	−0.172 ***	−0.218 ***	−0.230 ***	−0.249 ***	−0.339 ***	−0.248 ***	−0.235 ***	−0.238 ***
	(−11.86)	(−20.92)	(−8.57)	(−9.62)	(−7.05)	(−8.52)	(−17.45)	(−11.06)
ln*gdp*	−0.016 *	0.018 ***	0.001	0.001	0.023 *	−0.006	−0.002	−0.007 *
	(−1.83)	(8.18)	(0.08)	(0.11)	(1.67)	(−0.62)	(−0.20)	(−1.82)
stru	0.362 ***	0.091 ***	0.114 ***	0.123 ***	0.144 ***	0.174 ***	0.206 ***	0.273 ***
	(8.56)	(18.47)	(9.76)	(9.13)	(9.56)	(13.88)	(18.63)	(24.13)
hum	0.014 ***	−0.024 ***	−0.022 ***	−0.023 ***	−0.022 ***	−0.024 ***	−0.025 ***	−0.030 ***
	(3.98)	(−27.90)	(−16.45)	(−12.73)	(−17.83)	(−15.76)	(−24.69)	(−23.38)
fis	−0.019 ***	−0.015 ***	−0.015 ***	−0.019 ***	−0.014 **	−0.023 ***	−0.016 ***	−0.011 ***
	(−3.98)	(−6.99)	(−3.63)	(−5.04)	(−2.49)	(−4.20)	(−5.63)	(−2.99)
urb	−0.111 ***	−0.096 ***	−0.102 ***	−0.110 ***	−0.139 ***	−0.123 ***	−0.140 ***	−0.141 ***
	(−6.91)	(−81.65)	(−19.01)	(−11.65)	(−14.79)	(−20.04)	(−23.91)	(−21.50)
open	0.008	−0.007 ***	−0.003	0.001	−0.015 **	0.001	−0.002	−0.001
	(1.07)	(−4.10)	(−0.42)	(0.04)	(−1.98)	(0.07)	(−0.36)	(−0.08)

续表

项目	1	2	3	4	5	6	7	8
	FE	QR10	QR25	QR40	QR50	QR60	QR75	QR90
常数项	-0.313***	-0.226***	-0.155**	-0.164***	-0.381***	-0.130	-0.114**	-0.071*
	(-9.05)	(-12.40)	(-2.04)	(-2.80)	(-3.21)	(-1.59)	(-2.12)	(-1.88)
观测值	540	540	540	540	540	540	540	540

注：括号内数据为 t 统计量。*、**、*** 分别表示在10%、5%、1%的水平上显著。

向非农产业和城镇集聚，城乡收入差距因此而加剧。但伴随城乡收入差距的进一步扩大而影响经济增长，一方面地方政府会引导其流向“三农”，缓解“三农”的资本困境，另一方面外商直接投资的就业外溢效应开始凸显，农村居民也能获得地方政府竞争的收益，地方政府竞争对城乡收入差距变迁的影响力也会逐渐减弱。政府主导与地方政府竞争的交互乘积项对城乡收入差距的影响系数在各分位点均为负，且在1%的显著性水平上通过统计显著性检验，说明政府主导和地方政府竞争的协同效应会显著缩小城乡收入差距，即政府主导程度的加强，会降低地方政府竞争对城乡收入差距影响的边际贡献，同样地方政府竞争程度的提升也会降低政府主导对城乡收入差距影响的边际贡献；观察各分位点估计系数可以发现，政府主导和地方政府竞争的协同效应每提升1%，城乡收入差距将会显著缩小0.218%～0.339%。综上，政府主导、地方政府竞争均会扩大城乡收入差距，但其影响轨迹存在显著的倒“U”形特征，而且会彼此降低其对城乡收入差距变迁的边际贡献。

就控制变量的估计结果来看，地区经济增长水平对城乡收入差距的影响系数在10%～50%分位点为正，在60%～90%分位点为负，而且仅在10%、50%、90%具有统计显著性，说明地区经济增长并不必然促进城乡收入差距缩小，农村居民并未公平地分享经济增长的成果，中国城乡共享发展实践“任重而道远”。非农产业发展对城乡收入差距的估计系数在各分位点均显著为正，即非农产业发展并未促进城乡收入差距收敛，这种效应在城乡收入差距比较高的地区表现更明显，这可能是由于农业剩余价值被非农产业所攫取，农村居民难以获得“产业结构红利”。人力资本存量水平对城乡收入差距的估计系数在各分位点均显著为负，说明社会人力资本存量的提升会显著缩小城乡收入差距，这符合中国现阶段“人口红利”向“人力资本红利”转型的发展趋势。地区金融发展水平对城乡收入差距的影响在各分位点均显著为负，说明考察期内金融发展对城乡收入差距存在显著的收敛效应，这与当下包容性金融、普惠制金融发展实践相符合。城镇化对城乡收入差距的影响系数在各分位点显著为负，即考察期内城镇化的发展显著降低了城乡收入差距水平。对外开放水平对城乡收入差距的影响系数在40%和60%分位点为正，在其余分位点为负，而且仅在10%和50%分位点具有统计显著性，说明对外开放水平对城乡收入差距未能产生显著影响。

（二）稳健性检验

1. 考虑制度变迁时间差的估计

伴随中国经济的持续高速发展和结构性矛盾的凸显，以“牺牲农业支持工业、牺牲农村支持城市”的城镇偏向型制度安排逐渐得到修正。2002年中共十六大报告指出我国城乡发展进入“以工补农、以城带乡”的新阶段，中央一号文件自2004年起持续关注“三农”，财政支农规模逐渐扩大，并于2006年起全面取消农业税。那么这些城乡经济政策调整是否会对前文基准估计结果产生本质性的影响？为了检验制度变迁的时间差异对估计结果的影响，本文进一步引入时间虚拟变量（*dum*）进行估计，在1997—2003年赋值为0，在2004—2014年赋值为1，估计结果见表3。

表3 政府主导、地方政府竞争对城乡收入差距：考虑制度变迁的估计

项目	1	2	3	4	5	6	7
	QR10	QR25	QR40	QR50	QR60	QR75	QR90
gov	2. 170 ***	0. 739 **	1. 029 **	0. 800	0. 166	1. 160 **	3. 098 ***
	(18. 05)	(2. 26)	(2. 39)	(1. 47)	(0. 41)	(2. 14)	(15. 30)
ln*fdi*	0. 017 ***	0. 013 **	0. 003	0. 008	0. 017 **	0. 001	0. 039 **
	(7. 83)	(2. 17)	(0. 42)	(0. 89)	(2. 43)	(0. 01)	(11. 27)
gov × ln*fdi*	-0. 182 ***	-0. 030	0. 001	0. 034	-0. 113 **	-0. 029	-0. 512 ***
	(-11. 29)	(-0. 68)	(0. 00)	(0. 50)	(-2. 17)	(-0. 43)	(-20. 01)
dum × *gov*	-0. 365 **	-1. 510 ***	-0. 674	-0. 926 *	-1. 655 ***	-0. 480	-3. 940 ***
	(-2. 30)	(-4. 44)	(-1. 42)	(-1. 74)	(-3. 54)	(-0. 88)	(-16. 25)

续表

项目	1	2	3	4	5	6	7
	QR10	QR25	QR40	QR50	QR60	QR75	QR90
dum × ln*fdi*	−0.008 ***	−0.030 ***	0.011	−0.017 *	−0.029 ***	0.008	−0.043 ***
	(−2.71)	(−4.16)	(1.24)	(−1.78)	(−3.45)	(0.85)	(−7.86)
dum × *gov* × ln*fdi*	0.032 *	−0.223 ***	−0.140 **	−0.177 ***	−0.263 ***	−0.103	−0.570 ***
	(1.65)	(−4.96)	(−2.30)	(−2.64)	(−4.53)	(−1.50)	(−19.94)
dum	0.109 ***	−0.179 ***	0.001	−0.037	−0.149 **	0.008	−0.225 ***
	(4.45)	(−3.26)	(0.00)	(−0.49)	(−2.14)	(0.10)	(−4.69)
ln*gdp*	0.006 ***	0.010 ***	0.005 **	0.003	0.001	0.002	−0.018 ***
	(6.41)	(5.93)	(2.46)	(1.27)	(0.21)	(0.83)	(−9.68)
stru	0.095 ***	0.151 ***	0.180 ***	0.154 ***	0.171 ***	0.209 ***	0.288 ***
	(18.49)	(20.47)	(30.66)	(27.65)	(16.55)	(17.82)	(45.39)
hum	−0.016 ***	−0.024 ***	−0.026 ***	−0.026 ***	−0.027 ***	−0.028 ***	−0.032 ***
	(−15.50)	(−21.13)	(−25.85)	(−18.34)	(−15.76)	(−22.65)	(−62.10)
fis	−0.009 ***	−0.022 ***	−0.015 ***	−0.013 ***	−0.016 ***	−0.009 ***	0.004
	(−5.79)	(−12.59)	(−5.97)	(−3.76)	(−5.88)	(−5.61)	(1.36)
urb	−0.108 ***	−0.107 ***	−0.118 ***	−0.125 ***	−0.130 ***	−0.146 ***	−0.129 ***
	(−97.36)	(−50.35)	(−19.25)	(−20.70)	(−29.06)	(−40.92)	(−62.65)
open	−0.008 ***	−0.003 *	−0.005	−0.001	0.004	0.001	−0.007 **
	(−9.05)	(−1.83)	(−1.39)	(−0.39)	(0.98)	(0.32)	(−2.17)
常数项	−0.108 ***	0.106 *	0.067	0.141 *	0.246 ***	0.109	0.581 ***
	(−6.64)	(1.96)	(0.98)	(1.74)	(3.74)	(1.42)	(13.53)
观测值	540	540	540	540	540	540	540

注：括号内数据为 t 统计量。*、**、*** 分别表示在 10%、5%、1% 的水平上显著。

政府主导对城乡收入差距的估计系数在各分位点均为正，只有在 50%、60% 两个分位点不具统计显著性，说明政府主导在 1997—2014 年显著拉大了城乡收入差距，这与基准分析结果一致；而 2004—2014 年的估计系数在各分位点均为负，只有 40%、75% 分位点不显著，说明随着党和国家对“三农”的持续关注和城乡社会变革的推进，政府主导会逐渐纠正资源配置和经济政策的城镇偏向，扩大涉农业务投资规模，促进城乡收入差距显著缩小。地方政府竞争对城乡收入差距的估计系数在各分位点均为正，表明地方政府竞争扩大了城乡收入差距，这与前文基准估计结果一致，只是显著性水平存在差异；对比2004年前后地方政府竞争对城乡收入差距的估计系数，可以发现其在10%、25%、50%、60%、90%分位点均显著为负，在40%、75%分位点为正但不具统计显著性，说明在2004—2014年地方政府竞争对城乡收入差距的影响因城乡收入差距的函数分布而存在异质性特征，但总体上会促进城乡收入差距缩小。从政府主导与地方政府竞争交互项对城乡收入差距的影响效应来看，在10%、25%、60%、75%、90%分位点为负，在40%、50%分位点为正，但仅在10%、60%、90%分位点具有统计显著性，说明政府主导和地方政府竞争的协同效应对城乡收入差距的影响因城乡收入差距的函数分布而存在差异性；对比2004年前后政府主导和地方政府竞争交互乘积项的估计系数，可发现在2004—2014年在25%~90%分位点均为负，只在75%分位点不具统计显著性，说明政府主导和地方政府竞争可以彼此降低其对城乡收入差距影响的边际贡献，二者的协同效应可以促进城乡收入差距收敛。

2. 基于不同区域的异质性估计

中国幅员辽阔，加之经济社会改革的非均衡特征和各地区要素禀赋的异质性，区域发展极不平衡。在“东部发展、中部崛起、西部开发”的战略抉择和新时代区域发展不平衡不充分的宏观背景下，考虑政府主导、地方政府竞争对城乡收入差距影响的区域异质性具有极大的现实价值。为此本文根据主流文献将中国省域划分为东部、中部以及西部三个地区，进一步考察政府主导、地方政府竞争对城乡收入差距影响的区域异质性，表4报告了估计结果（受篇幅所限，仅报告了25%、50%、75%三个分位点的估计结果）。

从政府主导对城乡收入差距的影响系数来看，东部地区在10%~90%分位点显著为正，而且呈显著的倒“U”形变化轨迹，其变动幅度为 1.979 ~ 3.230，说明东部地区政府主导这一经济特征会显著加剧城乡收入差距，但是影响力在 40% ~ 90% 分位点会呈现下降趋势；中部地区政府主导这一经济特征的估计系数在各分位点也显著为正，观察其变化趋势不难发现其呈显著的下降趋势，在 90% 分位点达到最小，但是平均而言其估计系数显著大于东部地区，说明政府主导虽会加剧中部地区城乡收入差距变迁，但是其影响力显著高于东部地区；西部地区政府主导这一经济特征的估计系数同样显著为正，其估计系数为1.247 ~ 2.243，说明政府主导这一经济特征虽会加剧西部地区城乡收入差距，但是其影响力显著低于东部、中部地区。综上所述，政府主导会加剧城乡收入差距这一结论在区域间均得到证实，但是其影响力随着分位点的上升终会出现下降趋势，原因在于过大的城乡收入差距会滋生许多社会问题，为了维护社会稳定和经济增长的可持续，地方政府会在一定程度上关注“三农”，促进城乡统筹共享发展，缩小城乡收入差距。不难发现政府主导对城乡收入差距的影响存在显著的区域异质性特征，中部地区影响程度最强，东部地区次之，西部地区最弱。

从地方政府竞争对城乡收入差距的影响来看，东部地区的估计系数为 10% ~ 90% 分位点均显著为正，其估计系数为 0.037 ~ 0.058，在 25% 分位点的估计系数达到最大值，说明地方政府竞争会加剧东部地区城乡收入差距，但是随着城乡收入差距的扩大，其影响力逐渐减小；中部地区地方政府竞争对城乡收入差距的影响系数显著为正，并且呈显著下降趋势，其估计系数为 0.075 ~ 0.101，说明中部地区地方政府竞争也对城乡收入差距变迁存在正向影响，但是与东部地区相比作用力显著提升，即地方政府竞争会加剧城乡收入差距，这一效应在中部地区表现得更为强烈；西部地区地方政府竞争对城乡收入差距的影响系数也显著为正，为 0.027 ~ 0.056，其变化趋势表现出先升后降再升的“N”形轨迹，说明西部地区地方政府竞争对城乡收入差距的影响也存在显著的正效应，其估计系数基本与东部地区一致。因此，地方政府竞争会加剧城乡收入差距这一结论在分区域的估计中也得到证实，但同样存在显著的区域异质性特征，中部地区显著高于东部、西部地区。

从政府主导与地方政府竞争交互项对城乡收入差距的影响来看，东部地区的估计系数均显著为负，其绝对值为0.187～0.302，说明政府主导和地方政府竞争的协同效应每增加1%，东部地区城乡收入差距将会显著缩小0.187%～0.302%；中部地区政府主导与地方政府竞争交互项对城乡收入差距的估计系数显著为负，其绝对值为0.275～0.517，说明中部地区政府主导和地方政府竞争的协同效应每增加1%，城乡收入差距将会显著缩小0.275%～0.517%，但是随着城乡收入差距水平的提升，这种收敛效应将会显著下降；西部地区政府主导和地方政府竞争对城乡收入差距的影响系数也显著为负，其绝对值在0.082～0.243，说明西部地区政府主导和地方政府竞争的协同效应每增加1%，西部地区城乡收入差距将会显著缩小0.082%～0.243%，但观察其变化趋势不难发现其存在显著的上升趋势，即政府主导和地方政府竞争的协同对降低城乡收入差距的影响力会显著增强。因此，政府主导和地方政府竞争二者的协同效应会降低城乡收入差距水平的结论在区域间也成立，但是观察其影响程度可以发现，中部地区的收敛效应最强，东部次之，西部最弱（见表4）。

表4　政府主导、地方政府竞争对城乡收入差距：区域异质性估计

项目	东部			中部			西部		
	QR25	QR50	QR75	QR25	QR50	QR75	QR25	QR50	QR75
gov	2.548***	2.656***	1.998***	4.652***	4.088***	3.140***	2.025***	2.307***	2.120***
	(6.55)	(7.57)	(8.75)	(29.50)	(14.61)	(10.70)	(14.75)	(8.50)	(7.62)
ln*fdi*	0.058***	0.042***	0.038***	0.098***	0.086***	0.085***	0.043***	0.027***	0.035***
	(20.46)	(8.16)	(15.53)	(27.00)	(15.95)	(11.03)	(10.70)	(4.77)	(3.85)
gov×ln*fdi*	−0.238***	−0.248***	−0.192***	−0.497***	−0.433***	−0.345***	−0.172***	−0.217***	−0.213***
	(−6.16)	(−7.79)	(−8.24)	(−22.44)	(−14.58)	(−10.31)	(−12.07)	(−7.37)	(−7.09)

续表

项目	东部			中部			西部		
	QR25	*QR50*	*QR75*	*QR25*	*QR50*	*QR75*	*QR25*	*QR50*	*QR75*
ln*gdp*	-0.017***	-0.002	-0.002	-0.038***	-0.038***	-0.058***	-0.026***	0.006	0.002
	(-2.98)	(-0.27)	(-0.28)	(-3.93)	(-2.64)	(-4.14)	(-3.70)	(0.52)	(0.13)
stru	-0.079***	-0.034	-0.075***	0.149***	0.189***	0.322***	0.251***	0.257***	0.283***
	(-6.10)	(-1.13)	(-8.99)	(6.93)	(6.59)	(12.51)	(15.02)	(15.21)	(13.69)
hum	-0.012***	-0.007	-0.005**	0.009***	0.019*	0.014***	-0.020***	-0.018***	-0.022***
	(-5.76)	(-0.82)	(-2.18)	(3.84)	(1.86)	(3.53)	(-7.71)	(-5.89)	(-7.51)
fis	-0.016***	-0.038***	-0.055***	-0.025***	-0.030***	-0.015	-0.042***	-0.004	0.034**
	(-3.31)	(-8.67)	(-28.19)	(-3.11)	(-3.08)	(-1.32)	(-7.06)	(-0.36)	(1.97)
urb	-0.099***	-0.137***	-0.123***	-0.199***	-0.215***	-0.215***	-0.118***	-0.175***	-0.196***
	(-9.38)	(-9.74)	(-9.63)	(-13.20)	(-24.43)	(-15.60)	(-28.17)	(-25.96)	(-19.36)
open	0.025***	0.029***	0.038***	-0.099***	-0.102***	-0.049**	-0.112***	-0.018	0.004
	(6.81)	(6.72)	(19.37)	(-3.25)	(-5.82)	(-2.33)	(-4.61)	(-1.51)	(0.19)
常数项	-0.113*	-0.188***	-0.059	-0.497***	-0.418***	-0.314***	-0.0394	-0.184*	-0.184
	(-1.73)	(-3.38)	(-0.98)	(-6.57)	(-5.48)	(-3.48)	(-0.79)	(-1.92)	(-1.40)
观测值	198	198	198	144	144	144	198	198	198

注：限于篇幅，分区域的估计仅报告了25%、50%、75%三个分位点的估计结果。括号内数据为 t 统计量。*、**、*** 分别表示在10%、5%、1%的水平上显著。

五、结论与启示

本文基于中国式分权体制下经济运行中“政府主导和竞争”的典型特征事实，对政府主导、地方政府竞争影响城乡收入差距的制度背景和理论机制进行梳理，提出研究假说。鉴于传统面板分析模型均值回归无法刻画政府主导、地方政府竞争对城乡收入差距整个函数分布的影响轨迹，本文选择面板分位数回归模型进行实证考察。主要研究结论如下：①中国式分权形成的“增长型激励”导致地方政府对辖区经济增长具有独特偏好，更加关注能够带来政治明星效应的产业和城镇，农业农村往往处于发展的边缘，使公共财政资源配置和经济政策存在明显的城镇偏向，因此政府主导这一经济特征会显著加剧城乡收入差距，而且其影响轨迹呈显著的倒“U”形特征；②地方政府为发展辖区经济竞相吸引外商直接投资，城镇地区因其良好的基础设施和优惠政策具有先动优势，外商直接投资向城镇和非农产业集聚，导致城乡发展失衡，因此地方政府竞争会扩大城乡收入差距，其影响轨迹也呈显著的倒“U”形特征；③政府主导与地方政府竞争的协同效应可以显著缩小城乡收入差距，即随着政府主导程度的加强，会减少地方政府竞争对城乡收入差距影响的边际贡献，同样地方政府竞争程度的提升也会减少政府主导对城乡收入差距影响的边际贡献；④伴随一系列惠农政策的实践和新型城乡关系的建设，城镇偏向型制度安排逐渐得到修正，政府主导、地方政府竞争均会缩小城乡收入差距。另外，政府主导、地方政府竞争对城乡收入差距的影响存在区域异质性特征，对中部地区的影响效应显著高于东部、西部地区。

本研究结果表明，中国式分权中形成的“增长型激励”导致地方政府不仅主导辖区经济运行，而且为追求辖区经济增长竞相吸引外商直接投资。地方政府的“主导和竞争”会加剧城乡收入差距，但是随着中央对“三农”的持续关注和一系列惠农政策的出台，会对地方政府行为选择产生制度约束，这对缩小城乡收入差距、实现城乡共享发展具有积极效应。考虑到新时代下中国经济社会双重转型与经济增长动力稳态转换期，“政府主导和竞争”这一特征在短期内将会持续存在，基于此，本文具有以下政策建议：①强化对地方政府行为的制度规范和激励约束，充分发挥政府主导和地方政府竞争对缩小城乡收入差距的协同效应。一是改变传统唯经济绩效的官员考核机制，结合新常态下共享发展的新理念，把城乡发展均衡度、公众对官员施政的满意度等因子纳入官员的政治考核体系，尽可能地纠正由于官员激励机制设计不当造成的城乡资源配置扭曲和发展政策失衡；二是构建合理有序的地方政府竞争模式，在竞争外商直接投资的过程中，应该高度重视外商直接投资的就业效应和外溢效应，积极发挥财政金融的政策引导效应，对外商直接投资，通过采用合理有序的竞争模式将其引向农业和农村非农产业部门，加快农业农村发展进程，缩小城乡收入差距。②考虑到政府主导、地方政府竞争对城乡收入差距的影响轨迹均呈倒“U”形，对地方政府行为的规范和约束必须考虑城乡收入差距的函数分布。在城乡收入差距较低的地区，地方政府发展辖区经济时应该充分关注经济发展的城乡均衡性和协调性，避免因地方政府行为扭曲而造成公共资源配置和外商直接投资的城镇集聚；在城乡收入差距的中等水平地区，地方政府应按城乡一体化的发展原则配置公共资源，并加快构建城乡一体化的生产要素市场，优化外商直接投资的城乡分布结构，推动城乡统筹融合发展；在城乡收入差距较高的地区，地方政府应该实施面向农村的财政偏向制度，并通过土地、税收等优惠政策引导外商直接投资向“三农”集聚，补齐“三农”短板。③加快惠农型制度建设，直面“三农”问题。一是在农业生产中引入科技、人力资本等现代经济要素，发展现代绿色农业，提升农业全要素生产率和农民收入水平；二是把城镇发展要素、城市生活方式向农村拓展，让农村具有城市功能，从根本上改变农村发展的落后面貌；三是推动新型城镇化建设，创新农村居民的市民化转型方式，让农村居民享受经济增长的成果和现代城市文明。④创新制度供给，构建城乡共享发展的政策体系。深化城乡社会变革，进一步加快农地确权步伐，积极推进土地征收制度改革、集体经营性建设用地入市以及宅基地制度改革，逐步消除计划经济体制遗留的制度性障碍，如城乡二元的户籍制度、城乡分割的市场制度、城乡分割的社会保障制度等，构建农村居民收入超常规增长的长效机制，加快推进城乡共享发展的制度体系建设。另外，考虑到中国国情特征和区域异质性，促进城乡收入差距收敛的制度设计应立足中国区域发展的异质性特征，真正做到“因地施策”。

参考文献

[1]陈斌开,林毅夫.发展战略、城市化与中国城乡收入差距[J].中国社会科学,2013(4).

[2]陈浪南,等.中国城乡居民收入差距决定因素的实证研究——基于贝叶斯模型平均(BMA)法[J].经济学报,2016(3).

[3]邓金钱.政府主导、人口流动与城乡收入差距[J].中国人口·资源与环境,2017(2).

[4]冯新舟,何自力.中国模式中的市场与政府关系——政府主导下的社会主义市场经济[J].马克思主义研究,2015 (11).

[5]傅强,朱浩.中央政府主导下的地方政府竞争机制——解释中国经济增长的制度视角[J].公共管理学报,2013 (1).

[6]傅勇.中国的分权为何不同:一个考虑政治激励与财政激励的分析框架[J].世界经济,2008 (11).

[7]郭平,卢玲玲.地方财政支出调节城乡收入差距的效率评价——基于三阶段 DEA 模型的实证分析[J].财经理论与实践,2015 (6).

[8]何枫,徐桂林.FDI 与我国城乡居民收入差距之间是否存在倒 U 形关系[J].国际贸易问题,2009 (11).

[9]景守武,陈红蕾.FDI、产业结构升级对我国城乡居民收入差距的影响:基于省际面板数据分析[J].世界经济研究,2017 (10).

[10]阚大学,罗良文.外商直接投资、人力资本与城乡收入差距——基于省级面板数据的实证研究[J].财经科学,2013 (2).

[11]雷根强,蔡翔.初次分配扭曲、财政支出城市偏向与城乡收入差距——来自中国省级面板数据的经验证据[J].数量经济技术经济研究,2012 (3).

[12]刘瑞明,白永秀.晋升激励、宏观调控与经济周期:一个政治经济学框架[J].南开经济研究,2007(5).

[13]陆铭,陈钊.城市化、城市倾向的经济政策与城乡收入差距[J].经济研究,2004 (6).

[14]任志成,等.财政分权、地方政府竞争与省级出口增长[J].财贸经济,2015(7).

[15]沈颖郁,张二震.对外贸易、FDI与中国城乡收入差距[J].世界经济与政治论坛,2011(6).

[16]孙宁华,姚燕.财政支出倾向、金融市场失衡与城乡收入差距[J].财经问题研究,2013(8).

[17]邢成举,李小云.精英俘获与财政扶贫项目目标偏离的研究[J].中国行政管理,2013(9).

[18]郁建兴,高翔.地方发展型政府的行为逻辑及制度基础[J].中国社会科学,2012(5).

[19]张建波,等.城乡收入差距的地方政府因素分析[J].山东大学学报(哲学社会科学版),2016(1).

[20]张军,等.中国为什么拥有了良好的基础设施?[J].经济研究,2007(3).

[21]张晏.财政分权、FDI竞争与地方政府行为[J].世界经济文汇,2007(2).

[22]赵晓霞,李金昌.对外贸易、FDI与城乡居民收入及差距——基于省际面板数据的协整研究[J].中国人口科学,2009(2).

[23]ATKINSON A B, BRANDOLINI A. Promise and pitfalls in the use of "secondary" data - sets: Income inequality in OECD countries as a case study[J]. Journal of Economic Literature,2001,39(3):771 - 799.

[24]FAN S, KANBUR R, ZHANG X. China's regional disparities: Experience and policy[J]. Review of Development Finance,2011,1(1):47 - 56.

[25]FIGLIO D N, BLONIGEN B A. The effects of foreign direct investment on local communities[J]. Journal of Urban Economics, 2000,48(2):338 - 363.

[26]KHAN R E A, HASHMI B J. Fiscal policy and income inequality in Pakistan: An ARDL approach[J]. European Journal of Economic Studies, 2015,13(3):

161 - 174.

[27] KOENKER R, BASSETT G. Regression quantiles [J]. Econometrica, 1978,46(1):33 - 50.

[28] KOENKER R. Quantile regression for longitudinal data [J]. Journal of Multivariate Analysis, 2004, 91(1):74 - 89.

[29] LI H, ZHOU L A. Political turnover and economic performance: The incentive role of personnel control in China [J]. Journal of Public Economics, 2005 ,89 (9 - 10):1743 - 1762.

[30] LIU Y. Does competition for capital discipline governments: The role of fiscal equalization [J]. International Tax & Public Finance, 2014, 2(3):345 - 374.

[31] POWELL D. Did the economic stimulus payments of 2008 reduce labor supply: Evidence from quantile panel data estimation [J]. RAND Labor and Population Working Paper No. 7103, 2014.

[32] QIAN Y, WEINGAST B R. Federalism as a commitment to preserving market incentives [J]. Journal of Economic Perspectives, 1997, 11(4):83 - 92.

[33] XIE Y, ZHOU X. Income inequality in today's China [J]. Proceedings of the National Academy of Sciences of the United States of America, 2014, 111(19): 6928 - 6933.

金融结构、银行业结构与企业家创业和创新精神

程　锐

摘　要： 本文首先基于历史的视角探析金融结构、银行业结构与企业家精神之间关系的演变过程，进而提出待检验的研究假说。然后利用1995—2015年省级面板数据，考察金融结构、银行业结构对企业家创业和创新精神的影响，并分析金融结构影响企业家精神的机制分析。研究结果表明：第一，从全国层面而言，企业家的创业和创新活动对金融结构的需求更倾向于市场主导型金融体系；第二，从区域层面而言，东部经济发达地区更接近技术前沿，企业家的创业和创新活动更倾向于市场主导型金融体系，而中西部经济发展滞后的地区，企业家的创业和创新活动更倾向于银行主导型金融体系；第三，市场主导型金融体系通过促进产业结构升级而显著地促进企业家创业和创新活动；第四，中小金融机构所占比重越大，越有利于企业家的创业和创新活动，四大国有商业银行占比在东部地区具有显著的抑制效应。由此可见，以市场导向型金融体系为导向，进一步发展地方性中小金融机构，将有利于企业家的创业和创新活动。

关键词： 金融结构；银行业结构；企业家创业精神；企业家创新精神

作者简介： 程锐（1990—　），经济学博士，安徽财经大学经济学院讲师，主要研究方向为企业家精神、国际贸易与经济高质量发展。

一、引言

自1978年实施改革开放以来，我国经济实现了快速增长，以两位数的增长态势持续了三十多年。2010年我国成功地超越日本，成为世界第二大经济体。随后，我国经济呈现增长速度迅速下降的趋势，自2010年开始GDP增长速度由10.6%下降到2020年的6.1%①，尤其是自2012年以后，经济增长速度下降更加明显，呈现出断崖式下降（田国强、陈旭东，2015）。经济增长速度的迅速下降，对实现经济持续发展提出了严峻挑战，对跨越“中等收入陷阱”提出了严峻挑战。实现由要素驱动型经济发展模式向效率驱动型经济发展模式和创新驱动型经济发展模式转变成为当务之急，也成为学界讨论的热点和焦点问题。如何实现创新驱动型发展模式，政府提出了一系列的政策，比如2014年9月在达沃斯论坛上李克强总理提出了“大众创业、万众创新”的号召，旨在通过创新和创业，打破已有的供给结构，增进经济活力，实现创新驱动。

供给侧结构性改革对微观主体的要求在于微观主体的创新精神，而微观主体的创新主要来源于企业家的创新活动，即所谓的“企业家精神”。在新时代背景下，需要激发微观主体的“企业家精神”，促进社会的创新和创业，提高社会的供求平衡。供给侧结构性改革的出发点在于挖掘社会群众的企业家精神，不断地开发新产品，提供新服务，实现产业结构的优化升级，最终扭转供给与需求的错配现象。为加快我国企业家精神的培育和发展，2017年9月8日国务院下发《中共中央 国务院关于营造企业家健康成长环境弘扬优秀企业家精神更好发挥企业家作

① 2010—2020年的GDP增长率分别为：10.6%、9.5%、7.9%、7.8%、7.3%、6.9%、6.7%、6.9%、6.1%、6.1%。数据来源：国家统计局网站，http://data.stats.gov.cn/easyquery.htm? cn = C01和《中华人民共和国2019年国民经济和社会发展统计公报》。

用的意见》文件，其中指出“营造企业家健康成长环境，弘扬优秀企业家精神，更好发挥企业家作用，对深化供给侧结构性改革、激发市场活力、实现经济社会持续健康发展具有重要意义。”因此，创建良好的企业家成长环境，对培育企业家精神具有重要的促进作用。

影响企业家精神的因素有很多，包括市场环境、社会环境、历史文化因素等。一个具有较高企业家才能的个体，在金融市场不完善的情况下，没有资金的支持，无法进行创业和创新活动。在资金稀缺的情况下，资金供给极大地约束了企业家的创业和创新活动。正如 Schumpeter（1934）指出的那样，金融市场通过激励机制和甄别机制，将资金提供给最具成功把握创新产品和生产工艺机会的企业家。一方面，通过激励机制以激发具有创业和创新精神的个体从事创业和创新活动；另一方面，利用甄别机制以甄别出创业和创新活动的优劣，避免“搭便车”行为。因此，金融体系的完善程度和金融结构的差异，将会极大地影响企业家的创业和创新活动。

与本文研究主题相关的文献主要划分为两类。

第一，考察融资约束与企业成长之间的关系，主要包括现代公司金融领域中的 MM 定理、平衡理论、优序融资理论、代理成本理论，实证研究（Modigliani & Miller，1958；Jensen & Meckling，1976；Bradley et al.，1984；Frank & Goyal，2003；李斌、江伟，2006）。不同国家、不同行业、不同成长阶段的企业的融资约束影响了企业的市场价值、成长和绩效。在中国，由于存在金融压抑和所有制歧视现象，相关文献则研究我国不同所有制下的企业对融资渠道、融资方式和资本结构的选择是否存在差异，以及民营企业如何进行融资（李斌、江伟，2006；刘瑞明，2011；钟宁桦等，2016）。文献研究表明，在存在金融压抑和所有制歧视的情况下，民营企业大多数选择市场型融资渠道，比如选择风险投资、股票等，或者选择中小金融机构或民间借贷（林毅夫、李永军，2001；巴里·诺顿，2010；郭娜，2013）。

第二，考察金融发展如何影响了经济增长，主要包括金融发展规模、金融发展效率以及金融体系的结构如何影响了一个经济体的经济发展（King & Levine，1993；Levine，1999；Demirguc - Kunt & Levine，2001；Lin et al.，2009；Demirguc - Kunt et al.，2011；龚强等，2014；张成思和刘贯春，2015，2016）。在研究发展中国家时，选择哪种金融体系才会促进经济发展，一个经济体是否存在单一的最优金融结构，成了新的研究主题之一。在不同的经济发展阶段，要素禀赋不同，所内生的产业结构也不同，对金融结构的需求也就不同（林毅夫，2014）。随着经济的发展，产业结构不断的发展变化，金融结构也伴随着产业结构的变化而变化（龚强等，2014）。Demirguc - Kunt 和 Levine（2001）利用跨国数据考察不同国家的金融结构类型，指出存在两类金融体系：以英美为代表的市场主导型金融体系和以德日为代表的银行主导型金融体系。张成思和刘贯春（2015，2016）考察了中国金融结构，认为最优金融结构内生于要素禀赋结构，而非纯粹地取决于经济发展阶段，不存在“银行主导型”和“市场主导型”金融体系优劣之分。

上述两类文献分别从微观层面和宏观层面考察了金融体系对企业成长和经济增长的影响。然而，上述两类文献存在不足之处。首先，从微观层面考察金融体系对企业市场价值和企业绩效影响，其研究对象始终以已经建立的企业为研究对象，从而忽视了每年大量新建立的企业的融资问题。一个已经存在的企业面临两个阶段，第一个阶段是企业的建立决策阶段，即企业家建立企业阶段；第二个阶段是企业的持续经营决策阶段，企业建立以后面临各项问题，包括企业家的创新，企业进行决策等。企业的建立似乎是研究企业问题中更为重要的（史普博，2014），尤其是在经济多样化的时代，市场的自由进入和退出，激励在位企业能够在面临潜在竞争者和现有市场竞争者的情况下不断地进行革新，真正地促进经济增长。因此，从微观层面研究金融体系对在位企业融资约束的影响固然重要，但是考察金融体系对潜在企业的进入决策同样重要

（Schumpeter，1934；Andersen & Nielsen，2012；史普博，2014；李磊等，2014）。虽然银行融资和股票直接融资各有优点，对于不同经济发展阶段上的企业，其创业和创新活动可能存在一定的差异。其次，从宏观层面考察金融结构对经济增长的影响，将金融市场与经济增长联系起来，但是缺乏企业作为中间桥梁。金融发展与经济增长之间的关系存在一个明显的微观机制，即企业的存在为商品供给方和商品需求方建立了一个桥梁，为资金的需求方和供给方提供了载体（史普博，2014）。经济增长源于微观个体决策者的创业和创新活动。持续不断的企业进入和退出机制作用，有效甄别企业家精神、持续的企业家创业和创新活动（Schumpeter，1934；Hébert & Link，1989；史普博，2014）。如果单纯地考察金融体系对经济增长的影响，会因缺失微观企业主体而丧失活力（史普博，2014）。Rajan & Zingales（1998）、Love（2003）探析了金融发展促进经济增长的微观机理，认为金融发展促进经济增长的传导机制在于一个发达的金融市场能够减少企业的融资约束，缓解企业的融资压力，降低交易成本，提高资源配置效率，进而促进经济发展。

基于上述分析可知，从微观层面考察企业金融体系与企业绩效的关系，忽视了金融体系对潜在进入者决策的影响；从宏观层面考察金融体系对经济增长的影响，忽视了微观企业家的角色。因此需要研究金融体系对企业家、企业家决策和企业家精神的影响。企业的融资需求源于企业家的创业和创新活动，经济增长又源于企业家的创业和创新活动，因此建立金融体系与经济增长之间的关系，需要考察金融体系对企业家的创业和创新活动的影响。尤其是在我国存在严重的金融压抑和所有制歧视的情况下，考察金融体系对企业家的创业和创新活动影响更为重要。

发达的金融市场能够减少企业的融资约束，缓解企业的融资压力，降低交易成本，提高资源配置效率，促进经济发展（Rajan & Zingales，1998；Love，2003）。但是在我国，区域经济发展差异较大，经济发达的地区技术水平已逐渐接近世界前沿水平，其产业结构更倾向技术密集型和资本密集型产业。经济欠发达地区处于跟随位置，产业结构更倾向于劳动密集型和政府主导的资本密集型产业。因此单一的金融体系是否能显著地促进企业家的创业和创新活动，有待进一步考察。从国际经验来看，既存在美英等市场主导型金融体系，也存在德日等银行主导型金融体系。

基于上述分析，本文研究金融结构对企业家的创业和创新精神的影响，主要考察哪种金融结构更有利于促进企业家的创业和创新活动，以及考察在不同的经济发展阶段，是否存在单一的金融结构来促进企业家的创业和创新活动，以及促进企业家创业和创新活动的机制。本文的目的在于，通过分析不同的金融结构对企业家的创业和创新活动的影响，以期最大程度促进企业家的创业和创新活动，挖掘具有企业家精神、企业家才能的个体从事创业和创新活动，进而激发经济活力，培育新时代经济增长的新动力。

本文首先基于历史的视角探析我国金融体系变化与企业家精神之间的关系，分析金融结构与企业家精神之间的演变过程，进而提出本文的理论假说；其次构建本文检验理论假说的实证模型；再次利用1995—2015年的省级面板数据，实证考察金融结构与企业家创业和创新活动之间的关系；最后利用1995—2004年的省级面板数据，实证考察银行业结构与企业家创业和创新活动之间的关系，得出全文的结论与启示。

二、金融结构、银行业结构与企业家精神：研究假说

金融市场不是孤立存在的，金融市场的繁荣和发展与经济发展联系在一起（Schumpeter，1934；King & Levine，1993；Levine，1999）。金融存在的目的在于服务经济发展。金融促进经济发展的微观机理是通过促进企业的建立和企业的创新，提高企业的竞争力和企业的生产效率，提高社会的生产能力，进而促进经济增长。在不同的经济发展阶段，要

素禀赋不同，所内生形成的产业结构也不同，从而对金融服务的需求也存在一定的差异（林毅夫，2014）。金融的本质在于资金的融通，利用其独特的甄别筛选技术，将资金提供给最具备成功把握创新产品和生产工艺机会的企业家，有效地甄别出创新型企业家，提高企业家的决策水平，进而促进技术进步，实现经济增长目的（Schumpeter，1934）。金融体系对经济增长的影响主要是通过影响企业家、企业家精神及企业家决策的方式。在不同的制度文化环境和经济发展阶段下，企业家对风险、创新、时间的偏好均存在一定的差异。在制度比较规范、经济发展水平比较高的区域，其技术水平处于技术前沿水平，企业家对风险的偏好更大，对创新强度的偏好更强，对时间的偏好更长，因此对能满足风险高、创新性强、期限更长的资金需求的证券市场更为偏好（林毅夫，2014）。

在转型过程中，我国采取了渐进式改革方案，从计划经济体制逐步过渡到社会主义市场经济体制。与此同时，中国的金融制度变迁也选择了一条渐进式改革路径，先在旧制度内培育新的金融制度，起到先行示范的作用，然后推动旧金融制度改良、深化，逐渐形成一个多样化金融体制（李志辉，2008；巴里・诺顿，2010）。从经济发展规律来看，金融结构内生于产业结构，不同的经济发展阶段，由于产业结构的差异而要求不同的金融结构，以服务于遵循比较优势的具有自身能力的企业。由于计划经济体制的弊病，我国的金融体系在一定程度上并非内生于产业结构，而是受到强大的政策影响。在改革开放以前及改革开放初期，我国的金融市场由垄断金融业的政府银行控制，主要从事会计和出纳事务，对国有经济各个部门之间的交易进行记账（巴里・诺顿，2010）。在这种状态下，金融市场无法反映真实的经济发展需求，无法发挥金融体系的甄别功能来促进企业家的创新和创业活动，进而无法发挥金融在经济增长过程中的促进作用。

为了实现金融市场对经济增长的促进作用，1978 年以后金融管理体制进行了一系列的改革，不断进行金融创新，以实现金融市场真正服务于经济发展需求之目的。1979—1985 年，国有四大银行逐步成立，并分管不同的业务，从而改变了“大一统”的银行体系。进一步地，1994 年成立三家政策性银行，摆脱四大国有银行的政治负担，进一步明确了四大国有银行的商业性质，在一定程度上满足企业对资金的异质性需求。但是由于我国存在严重的金融压抑和所有制歧视，四大国有银行的大量信贷流向国有企业，尤其是大型国有企业和央企（巴里·诺顿，2010；刘瑞明，2011；钟宁桦等，2016），使得四大国有银行在建立之后的很长期间内无法真正满足企业家的资金需求。面临四大国有银行的资金垄断局面，一些小企业比如小型集体企业，采用职工自发入股或公开招股的方式解决资金短缺问题（林毅夫、蔡昉、李周，2013），从而开始了企业融资的新渠道。1980—1991 年上海、深圳证券交易所成立之前，我国的股票交易已经在全国范围内有序地开展[①]，在上海和深圳两大证券交易所成立之后，股票发行的一级市场和股票交易的二级市场均得到了迅猛发展，在一定程度上满足了企业家的资金需求。为了进一步发挥金融市场服务经济的功能，股票市场进一步规范和完善，2004 年 5 月中小板获得批准和 2009 年 10 月 23 日正式上市，以及起源

① 具体情况如下：1980 年 8 月，中国人民银行辽宁分行抚顺支行代理企业发行了 211 万元的股票，是金融系统首次介入股票交易。1984 年 9 月，北京诞生了第一家由国有企业改造的股份制企业——天桥百货股份有限公司。随后，上海、广州、沈阳等地也开始了股份制的试点工作。随着股份制企业的发展和股票发行数量的增加，客观上需要建立旨在开展股票转让的二级市场，于是股票流通提上议事日程。1986 年 1 月，政府允许沈阳、武汉、广州、重庆和常州等进行金融体制改革试验的城市中的一些金融机构，办理股票的发行和转让业务。1986 年 8 月，沈阳市信托投资公司开办窗口交易，代客买卖股票，同年 9 月，上海市工商银行静安区营业部设立证券柜台交易点——静安证券营业部，成为全国第一个股票交易柜台，开创了上海股票交易市场，飞乐股票和延中股票开始上市交易。1988 年，深圳发展银行股票正式在深圳证券公司挂牌上市，拉开了深圳股票交易的序幕。虽然深圳开展股票交易的时间略晚一些，但交易量增长很快。1990 年，深圳的年成交额为 17.65 亿元，是上海年成交额 4963 万元的 30 多倍。1990 年 11 月 26 日和 1991 年 7 月 3 日，以上海、深圳两个证券交易所成立为标志，中国股票交易市场开始步入规范化的发展阶段。（资料来源：林毅夫，蔡昉，李周. 中国的奇迹：发展战略与经济改革（增订版）[M]. 上海：格致出版社，上海三联书店，上海人民出版社，2013：118 – 119.）

于2001年的新三板市场的建立，进一步为中小企业拓宽了直接融资渠道。由于四大国有商业银行的本质属性，使得其在金融机构的信贷方面占据了垄断地位，银行业在服务经济发展、满足中小企业资金需求方面存在着严重的问题。与此相反的是，小企业为了谋出路，逐渐开始进行股份制改革，通过发行股票或者IPO募集资金，从而满足了企业的创立和发展之需。

从上述实践来看，虽然银行业不断进行改革创新，但是由于存在严重的金融压抑和所有制歧视，使得银行业无法真正满足企业家的资金需求，而股票市场的发展则更好地支持了中小企业的自身发展。另外，从理论分析来看，在满足中小企业的资金需求方面，银行业也劣于股票市场。Allen和Gale（2000）指出，银行偏向于标准化程度较高、期限较短、风险较低且抵押质量良好的投资项目，而证券市场更善于为那些创新性强、期限较长、风险较高、更加依赖无形投入（如人力资本）的项目提供资金。金融市场为投资者更有效地进行多样化投资和风险管理提供了条件，进而鼓励更多的外部资金供给。市场主导型金融体系还能促进竞争，从而激励企业致力于研发和成长。市场主导型金融体系在推动创新型和研发主导型产业的发展方面具有更大的优势（Allen & Gale，2000；Hsu et al.，2014；许成钢，2017）。实践和理论两个方面均表明，市场主导型金融结构更能满足企业家对资金的异质性需求，更有利于企业家的创业和创新活动。

在转型过程中，我国采取了偏向型发展战略，以东部地区率先崛起为突破口，然后带动中西部地区发展，使得我国的经济发展在空间上呈现出阶梯形发展。经过40年的发展，东部地区始终处于技术领先的位置，产业结构已倾向于资本密集型和技术密集型，企业家的创业和创新活动具有更大的创新性、风险性。而中西部地区整体上处于技术的追随位置，产业更倾向于劳动密集型，企业家的创业和创新活动的创新性、风险性相对较低。因此，在区域发展方面，东部地区对市场主导型金融体系更为需求。

假说1：随着经济发展、市场经济体制的不断完善，市场主导型金融体系在促进企业家的创业和创新活动方面发挥着越来越大的作用。

假说1a：东部地区经济发展水平更高、更接近技术前沿，市场主导型金融体系在促进企业家的创业和创新活动方面发挥着更大的作用。

实践和理论两个方面均表明，银行业的存在也能在一定程度上满足企业家的资金需求，尤其是随着银行治理模式的变化、银行业内部的竞争加剧，激发企业家的创业和创新活动，促进经济增长（Schumpeter，1934；Cornaggia et al.，2015）。但是我国存在严重的金融压抑和所有制歧视问题，导致四大国有银行在金融机构的信贷中占据了绝对的垄断地位，中国金融机构部门的资金掌控在四大国有银行手中。四大国有银行将大量的资金借贷给了国有企业，尤其是大型国有企业和央企。在四大国有银行占据绝对垄断地位和设置过高准入门槛的情况下，大量的中小企业无法获得正规金融中介机构的信贷，间接融资渠道受到极大的制约。企业家的创业和创新活动所需要的资金必须另找出路。

改革开放初期，在金融体系不完善，金融市场尚未建立的情况下，企业家的创业和创新活动所需资金来自非正式融资，尤其是民间信贷。民间信贷的繁荣，促进了政府出台政策对其进行规范化管理，政府允许民间借贷存在，并认可其对经济增长的重要促进作用。随后地方性中小金融机构逐渐发展和壮大，为企业家的创业和创新活动提供了更为多样化的信贷产品，为金融体系提供了更多的资金支持。1986—1996年成立了11家股份制商业银行，1998年开始成立城市商业银行，目前已经达到134家，为银行业体系注入了新活力，加剧了银行业的竞争（张建华等，2016）。由表1的数据可知，五大商业银行总资产由2003年的58.03%降至2016年的37.28%，下降了近20个百分点，股份制商业银行、城市商业银行的资产比重由2003年的15.99%升至2016年的30.88%，上升了近15个百分点，银行业已经呈现出以四大国有商业银行为核心，其他地方性商业银行共同竞争的局面。

表1　银行资产比率

商业银行名称	2003 年		2016 年	
	金额（亿元）	比率（%）	金额（亿元）	比率（%）
银行业金融机构	276584	100	2322532	100
大型商业银行	160512	58.03	865982	37.28
股份制商业银行	29599	10.7	434732	18.72
城市商业银行	14622	5.29	282378	12.16
其他银行机构	71851	25.98	739440	31.84

注：其中大型商业银行为中国工商银行、中国农业银行、中国建设银行、中国银行和交通银行。

数据来源：《中国银行业监督管理委员会 2016 年报》。

另外，中西部地区经济发展相对缓慢，在改革开放初期其发展严重滞后于东部地区。在空间上的偏向型发展战略下，中西部地区的市场化改革推进缓慢，市场红利有限，企业家的创业和创新活动受到极大的限制，市场结构主要以国有企业为主，四大国有银行可以基本满足中西部地区的企业资金需求。2000 年的西部大开发战略和 2004 年的中部崛起战略实施，在一定程度上促进了中西部地区经济的快速发展，加快了市场化的改革，增加了市场红利，更大程度上激发了企业家的创业和创新热情。与此同时，从 2004 年开始，四大国有商业银行也进行了股份制改革，提高了四大国有银行的经营效率，更好地满足了企业家的资金需求。而且 11 家股份制商业银行均位于东部地区，134 家城市商业银行大部分属于东部地区，因此，在中西部地区，虽然四大国有商业银行在金融机构中处于垄断地位，但是由于四大国有银行能够与时俱进地进行股份制改革，加上其他中小商业银行基本位于东部地区，因此中西部地区企业家的资金需求仍更多地来自四大国有商业银行。

假说 2：四大国有商业银行在全部金融机构贷款中所占比重越大，越不利于企业家的创业和创新活动。

假说 2a：四大国有商业银行在东部地区对企业家创业和创新活动

的抑制作用更为显著，在中西部地区则无显著的差异。

根据已有文献的研究，整体而言，我国存在随着经济的发展，金融结构更倾向于市场主导型金融体系的特征，市场主导型金融体系在经济发展的高级阶段更能满足经济需求，促进经济发展（龚强等，2014；张成思、刘贯春，2015，2016）。伴随着经济发展的是产业结构的不断调整，第三产业的比重不断上升，服务业迅速发展，就业比重不断提高，越来越多的劳动力从第一产业、第二产业转移至第三产业。第三产业表现为多样化、异质性特点，更需要以市场主导型金融体系作为金融支撑，以满足服务业对资金的异质性需求。因此，市场主导型金融体系更符合服务业的特殊性，从而更好地促进第三产业的发展和进步。

在重工业优先发展战略的背景下，经济多样性、异质性受到极大的约束和阻碍，对劳动力的吸收能力也十分有限（陈斌开、林毅夫，2013）。随着改革开放，重工业优先发展战略逐步扭转，国家采取遵循比较优势发展战略，产业结构逐渐走向合理化，产业结构的变迁逐渐内生于要素禀赋。在产业结构不断变迁的过程中，第三产业获得了快速的发展，多样化、异质化的第三产业具有更多的市场机会，更高的劳动力参与率。违背比较优势，企业的自生能力有限，对大众的创业和创新活动的积极作用十分有限。随着经济不断发展，要素禀赋结构不断发生变化，产业结构不断升级，第三产业比重不断上升，服务业发展迅速，吸纳了大量的劳动力和人力资源。服务业具有多样性、异质性，以及更低的进入、退出门槛的特点，为更多的消费者提供了可以进行创业和创新的平台，提高全社会的创业和创新活动的概率。

假说3：市场导向型金融体系更有利于促进第三产业的发展，第三产业能够更容易地激发企业家的创业和创新活动。市场导向型金融体系通过促进第三产业的发展而促进企业家的创业和创新活动。

三、模型设定与数据说明

（一）模型设计

根据前文所述，本文试图探讨金融结构对企业家创业和创新精神的影响，及其促进产业结构升级的机制。首先，考察不包括中介效应的情况下，金融结构对企业家创业和创新精神的影响，其基本回归方程如下：

$$Entrepreneurship_{it} = \alpha + \eta Fs_{it} + \sum_{k=1}^{n=7} \beta_k X_{it} + \nu_i + \mu_t + \xi_{it} \quad (1)$$

其中，$Entrepreneurship_{it}$ 表示企业家精神，包括企业家创业精神和企业家创新精神；Fs_{it} 表示金融结构；X_{it} 表示相关控制变量，包括实际经济增长率、城市化率、对外开放度、政府财政支出比重、平均受教育年限、城乡收入比和性别比；ν_i 表示个体效应；μ_t 表示时间效应；ξ_{it} 表示随机扰动项。

其次，采用两步法检验金融结构对企业家创业和创新精神的中介效应。第一，以第三产业产值比重作为被解释变量，以金融结构为核心解释变量，以考察金融结构对第三产业比重的影响，见式（2）；第二，以企业家精神变量为被解释变量，以第三产业产值比重为核心解释变量，以考察第三产业比重对企业家精神的影响，见式（3）；第三，同时将金融结构和第三产业产值比重作为核心解释变量，以考察二者对企业家精神的影响，进而检验中介效应的完全性，见式（4）。具体估计方程如下所示：

$$Third_{it} = \alpha + \delta Fs_{it} + \sum_{k=1}^{n=7} \beta_k X_{it} + \nu_i + \mu_t + \xi_{it} \quad (2)$$

$$Entrepreneurship_{it} = \alpha + \varphi Third_{it} + \sum_{k=1}^{n=7} \beta_k X_{it} + \nu_i + \mu_t + \xi_{it} \quad (3)$$

$$Entrepreneurship_{it} = \alpha + \varphi Fs_{it} + \psi Third_{it} + \sum_{k=1}^{n=7} \beta_k X_{it} + \nu_i + \mu_t + \xi_{it} \tag{4}$$

其中，$Third_{it}$ 表示第三产业增加值比重。

最后，本文进一步检验金融中介内部的银行业结构对企业家精神的影响，其估计方程如下：

$$Entrepreneurship_{it} = \beta_1 + \vartheta Bs_{it} + \sum_{k=1}^{n=7} \beta_k X_{it} + \nu_i + \mu_t + \xi_{it} \tag{5}$$

其中，Bs_{it} 表示银行业结构，即四大国有银行贷款总额占金融机构贷款余额比重。

（二）变量与数据说明

1. 被解释变量

企业家精神（*Entrepreneurship*）。学术界关于对企业家精神指标的衡量并没有达成一致的结论。目前在学术研究中比较认可的衡量方法是由 Hébert 和 Link（1989）提出的将企业家精神界定为企业家创业精神（Business Entrepreneurship，BE）和企业家创新精神（Innovation Entrepreneurship，IE），而在具体运用过程中，企业家创业精神采用自我雇佣率进行衡量，企业家创新精神采用专利发明数量衡量，该衡量方法已经得到了大量文献的运用和支持（Acs，1996；李宏彬等，2009）。具体而言，企业家创业精神采用自我雇佣率，即私营企业和个体企业从业人员占总就业人员的比重来衡量。企业家创新精神采用每万人专利申请受理数，即三种专利申请受理数除以 15～64 岁总人口来衡量。企业家创业原始数据来源于历年的《中国统计年鉴》，企业家创新精神原始数据来源于历年的《中国科技统计年鉴》。

2. 核心解释变量

金融结构（*Fs*）。根据已有文献研究表明，金融结构主要划分为两类：银行主导型金融结构和市场主导型金融结构（Demirguc – Kunt &

Levine，2001)。金融结构指标主要采用金融市场融资额除以银行金融中介融资额来衡量。具体而言，Demirguc - Kunt 和 Levine（2001）及 Demirguc - Kunt，Feyen 和 Levine（2011）私人信贷规模与证券市场市值之比进行衡量，比值越高，说明金融结构越偏向于银行主导型金融结构，反之越偏向于市场主导型金融结构。林毅夫、李志赟（2005）和龚强等（2014）采用股票市场市值与银行和其他金融机构私人信贷之比进行衡量。张成思、刘贯春（2015，2016）则采用股票交易总额与金融机构贷款余额之比进行衡量。基于本文的研究目标，本文借鉴张成思、刘贯春（2015，2016）的衡量指标，即股票交易总额除以金融机构贷款余额来衡量。其原因在于股票交易和金融机构贷款情况更能反映企业家创业和创新活动对资金的需求，而股票市值和金融机构存款则不能反映企业家创业和创新活动的资金需求。其中股票交易总额原始数据来源于 Wind 数据库，而金融机构贷款余额来源于历年的《中国金融年鉴》及各省统计年鉴。

银行业结构（*Bs*)。已有文献基于产业组织理论的银行业竞争程度视角，考察银行集中度对经济绩效的影响（张建华等，2016)。林毅夫等（2006）从银行规模大小视角，考察银行规模结构差异对经济绩效的影响，认为银行规模结构的差异代表着银行服务对象的差异，大银行主要服务于大企业，地方性中小型金融机构则服务于地方性中小企业，其在金融机构中所发挥的作用存在差异（林毅夫、孙希芳，2008)。借鉴林毅夫、孙希芳（2008）的方法，银行业结构采用四大国有商业银行贷款余额与全部金融机构贷款余额之比进行衡量，该指标越大，说明四大国有商业银行在全部金融机构贷款余额比重越高、其垄断作用就越强。原始数据来源于历年的《中国金融年鉴》。

3. 中介变量

产业结构（*Third*)。第三产业增加值比重越高，说明经济现代化水平越高。关于产业结构指标衡量中，已有文献多数采用第三产业增加值与第二产业增加值之比来衡量，比值越高，产业结构高级化水平也就越高（干春晖等，2011）。采用第三产业增加值与第二产业增加值之比来衡量，固然反映了经济结构变迁的过程，但是在一国内部不同的地区具有不同的资源禀赋，区域间可以形成明确的区域分工与协同发展，不同的地区具备发展不同的产业，尤其是旅游型地区，其最初经济结构就表现为以第三产业比重为主，如果采用第三产业与第二产业比值来衡量，虽然尊重了经济内生结构变迁，但忽视了一国内部区域间的要素禀赋差异。因此，为了更好地反映一个地区产业结构与要素禀赋的关联性，本文直接采用第三产业增加值比重作为产业结构的代理指标，一方面可以反映地区经济内生结构变迁过程，另一方面又可以反映地区要素禀赋结构差异。原始数据来源于历年《中国统计年鉴》。

4. 控制变量

经济发展（*Rate_gdp*）。经济发展水平对企业家的创业和创新活动会产生一定的作用，采用地区 GDP 实际增长率作为经济发展阶段代理指标。

城市化率（*Urban*）。采用非农业人口占总人口比重进行衡量。加入城市化发展水平，主要基于如下两点：第一，城市化水平在一定程度上代表着一个区域人口集中程度，人口集中有利于知识溢出，促进企业家精神的形成。Bosma 和 Sternberg（2014）探讨一国的城市区域是否较国内其他地区更具有创业精神，发现在城市区域中，由于人口的集聚，使得城市的创业倾向较高；第二，城市代表着一种现代文化，城市化代表着这种文化的扩展。高波、张志鹏（2004）指出城市文化的扩展对企业家精神的形成具有重要影响，而城市化则是城市文化扩展的最主要的体现。

对外开放度（*Open*）。采用进出口总额除以 GDP 来衡量，进出口总额根据当年的平均汇率换算成人民币。进出口占 GDP 的比重，在一定程度上反映了一个地区参与国际竞争的程度。

政府支出（*Gov_rate*）。政府支出规模反映了政府部门对经济的干预程度，政府支出规模越大，对经济的干预程度就越高，在一定程度上越会影响企业家的个体决策。具体衡量值采用政府财政支出占 GDP 的比重。

平均受教育年限（*Hc*）。平均受教育年限 =（小学学历人口数 ×6 + 初中人口数 ×9 + 高中学历 ×12 + 大专以上学历 ×16）÷6 岁以上人口数。教育程度的高低会影响企业家风险预期，从而影响企业家创业和创新。

收入差距（*Income_gap*）。已有文献研究表明，收入差距对企业家精神存在一定的影响，适度的收入差距对个体决策者具有一定的激励作用，激发具有企业家才能的个体进行企业家创业和创新。基于数据的可获得性和遵循已有文献的研究，采用城乡收入比衡量收入差距，即城镇居民人均可支配收入/农村居民人均纯收入来衡量。

性别比（*Sex*）。已有文献研究表明，性别比例的失衡也可能影响中国企业家精神，因此加入性别比变量进行控制，即男性人口/女性人口。

以上控制变量所用到的原始数据来源于历年的《中国统计年鉴》《中国人口和就业统计年鉴》及各省历年的统计年鉴。基于数据的可获得性和本文研究目标，本文选取了 1995—2015 年的相关数据进行实证检验，其中西藏因早年数据缺失相对较多而去掉，1995—1996 年重庆和四川的数据，根据 1997 年重庆与四川相关数据的比例进行计算得到。由于《中国金融年鉴》对四大国有商业银行的分省贷款数据只统计到了 2004 年，因此银行业结构指标的数据年份为 1995—2004 年。相关变量的统计描述如表 2 所示。

表 2　描述性统计

	变量名称及符号	具体计算方法	样本量	均值	标准差	最小值	最大值
被解释变量	企业家创业精神（*BE*）	私营企业、个体企业从业人员占比	630	0.181	0.117	0.034	0.796
	企业家创新精神（*IE*）	三种专利申请受理数/15～64 岁人口数	630	7.339	13.37	0.254	91.25
核心解释变量	金融结构（*Fs*）	股市交易总额/金融机构贷款余额	630	0.646	0.724	0	7.184
	银行业结构（*Bs*）	四大国有银行贷款总额/金融机构贷款余额	300	0.582	0.0900	0.378	0.841
中介变量	产业结构（*Third*）	第三产业增加值/GDP	630	0.389	0.077	0.246	0.797
控制变量	经济发展（*Rate_gdp*）	实际地区 GDP 增长率	630	0.111	0.0263	0.030	0.238
	城市化率（*Urban*）	非农业人口/总人口	630	0.346	0.163	0.135	0.906
	对外开放度（*Open*）	（进口总额＋出口总额）/GDP	630	0.299	0.351	0.016	1.684
	政府支出（*Gov_rate*）	政府财政支出/GDP	630	0.171	0.0867	0.049	0.627
	平均受教育年限（*Hc*）	（小学学历人口数×6＋初中人口数×9＋高中学历×12＋大专及以上学历×16）÷6 岁以上人口数	630	8.056	1.195	4.628	12.08
	收入差距（*Income_gap*）	城镇居民人均可支配收入/农村居民人均纯收入	627	2.839	0.607	1.623	4.759
	性别比（*Sex*）	男性人口/女性人口	630	1.058	0.0267	0.986	1.119

四、金融结构与企业家精神

对于线性回归模型，估计方法主要采用传统的普通最小二乘估计（OLS）方法进行估计。但 OLS 估计可能存在两个问题：第一，异方差的问题；第二，内生性问题。关于异方差的问题，采用异方差稳健标准误进行估计，以得到稳健的估计结果。关于内生性问题，首先要判断估计模型是否存在内生性问题。内生性问题主要因互为因果而引起的联立偏误和遗漏变量偏误。金融结构与企业家创业和创新之间存在可能的联立性偏误为：第一，金融结构的差异会通过影响企业家的融资成本，进而影响企业家的创业和创新活动；第二，企业家的创业和创新活动又会促进金融体系的变化，从而影响金融结构。金融结构与企业家创业和创新之间也可能存在一定的遗漏变量问题，如金融结构的差异会影响企业家创业和创新活动的决策，事前决策在数据中是无法被观测到的，同时也包括无法观测到的个体特质和时间序列效应。为了消除内生性问题，需要选取合适的外生工具变量，然而寻找合适的金融结构的工具变量存在较大的困难（林志帆，2015）。根据已有文献的研究可知，采用广义矩估计方法（GMM）以消除估计模型中可能存在的内生性问题（张成思、刘贯春，2015；刘贯春，2017）。GMM 估计方法通过内生变量的滞后变量构建工具变量，以消除估计模型中的内生性问题。因此，采用 GMM 估计方法以消除内生性问题，同时控制地区效应和时间效应以控制一些不可观测因素。具体估计过程中采用金融结构变量的滞后一阶作为工具变量，同时也将经济增长率作为内生变量并采用滞后一阶作为工具变量。利用 AR（2）估计量考察随机误差项 ξ_{it} 是否存在高阶序列相关性，估计结果均表明随机误差项不存在高阶序列相关性。利用Hansen 考察工具变量是否存在过度识别问题，估计结果均表明不存在过度识别问题。

（一）基准检验

表3报告了基于式（1）所得的估计结果，即考察了金融结构对企业家创业和创新精神的影响。第1～3列给出了金融结构对企业家创业精神影响的估计结果，前两列采用OLS估计，第3列采用GMM估计。从1～3列的估计结果来看，在未加入控制变量和加入控制变量时，采用OLS得到的估计结果均显著为正，当以滞后一阶作为工具变量进行估计时得到的结果显著为正，金融结构变量显著地促进了企业家创业精神。说明越是偏向于市场主导型的金融体系，越是有利于企业家的创业活动。第4～6列给出了金融结构对企业家创新精神的估计结果。无论是OLS估计结果还是考虑了内生性问题的GMM估计结果，金融结构的估计系数均显著为正。从而说明了越是偏向于市场主导型的金融体系，越是有利于企业家的创新活动。通过对比OLS和GMM的估计结果可知，金融结构变量的估计系数在考虑了内生性问题之后，估计系数相对于OLS估计系数更大，稳健标准误更低，显著程度更高，说明采用金融结构的滞后一阶作为工具变量会使得估计结果更为有效且稳健。同时AR（2）和Hansen统计量的估计结果也表明了GMM估计不存在高阶序列相关性和工具变量过度识别问题。并且从所有变量的估计结果来看，各变量的显著性并没有发生显著性的变化，从而说明了模型设定和估计方法的合理性和稳健性。因此，表3的估计结果是稳健的。综合表3的估计结果，说明从全国层面而言，金融结构更偏向于市场主导型，提高直接融资比例会显著地促进企业家的创业和创新活动。

表3　金融结构对企业家精神影响的基准检验结果

项目	企业家创业精神			企业家创新精神		
	1	2	3	4	5	6
	OLS	OLS	GMM	OLS	OLS	GMM
Fs	0.0203**	0.0243**	0.0253***	5.0414*	4.9858***	5.3852***
	(0.010)	(0.009)	(0.009)	(2.510)	(1.749)	(1.337)

续表

项目	企业家创业精神			企业家创新精神		
	1	2	3	4	5	6
	OLS	OLS	GMM	OLS	OLS	GMM
Rate_gdp		-0.0008 (0.258)	-0.3276 (0.205)		-34.2702 (25.253)	-33.5582 (22.869)
Urban		0.3874 ** (0.185)	0.5270 *** (0.187)		79.1993 * (40.045)	118.7331 ** (51.852)
Open		0.1628 (0.104)	0.1390 (0.084)		0.0929 (8.761)	-5.5529 (10.827)
Gov_rate		-0.2788 ** (0.113)	-0.2304 (0.212)		-79.7814 *** (19.301)	-98.4182 *** (29.224)
Hc		0.0442 ** (0.020)	0.0772 ** (0.035)		8.2265 *** (2.703)	10.8064 ** (4.736)
Income_gap		0.0171 (0.025)	-0.0088 (0.031)		3.1154 (3.894)	5.2560 (6.997)
Sex		-1.3499 ** (0.659)	-2.0499 (1.670)		-127.4969 (133.078)	98.6958 (201.559)
时间效应 个体效应	是 是	是 是	是 是	是 是	是 是	是 是
Constant	0.0859 *** (0.014)	1.0689 (0.721)	1.3116 (1.667)	0.6592 (1.408)	66.2641 (148.595)	-252.9236 (223.428)
N	630	627	627	630	627	627
R^2	0.6123	0.7130		0.4817	0.6650	
AR（2）			0.924			0.838
Hansen			1.000			1.000

注：括号内的数据为异方差稳健标准误。*、**、***分别表示10%、5%和1%的显著性水平。*AR*（2）和Hansen统计量给出的是*p*值。

从表3的控制变量来看，城市化率和平均受教育年限估计系数显著为正，即说明提高非农业人口会激发更多具有企业家才能的个体进行创业和创新活动。全社会劳动者的平均受教育年限提高，可以通过扩大知识溢出，产生知识溢出效应而促进具有企业家才能的个体从事创业和创新活动。对外开放度估计系数为正但不显著，说明随着对外开放水平的提高，国际竞争力的增强，通过国际贸易的技术溢出效应促进了企业家的创业和创新。但是过高的竞争压力会抑制企业家的创业和创新活动。政府支出变量的估计系数显著为负，说明政府对经济的干预程度越高，越不利于企业家的创业和创新活动。经济增长率、收入差距、性别比例估计系数基本为负但不显著，说明从宏观层面而言，经济增长率的高低、收入差距的大小、性别比例的失衡并没有显著地影响企业家的创业和创新活动。

（二）区域差异检验

表3的估计结果从全国层面刻画了金融结构对企业家精神的影响。为了进一步论证在不同的经济发展阶段，金融结构对企业家的创业和创新精神是否也存在一定的差异，本部分考察了东部地区和中西部地区金融结构对企业家精神的影响。表4给出了金融结构在东部发达区域和中西部欠发达区域对企业家精神差异的检验结果。从表4前四列的估计结果来看，金融结构的估计系数在东部地区和中西部地区存在着显著差异。在东部地区，金融结构对企业家创业精神的估计结果显著为正，在中西部地区金融结构对企业家创业精神的估计结果显著为负，市场融资比例越大，越不利于企业家的创业活动，说明在经济发达的省份和地区，企业家创业活动对金融结构的需求更偏向于市场主导型金融体系，而在经济欠发达的省份和地区，企业家创业活动对金融结构的需求更倾向于银行主导型金融体系。从后四列的估计结果来看，金融结构对企业家的创新活动并无显著性差异，估计系数虽然不显著但均为正，说明企业家的创新活动对金融结构的需求在不同的经济发展阶段上不存在显著差异，无论是银行主导型金融体系还是市场主导型金融体系，只要金融体系能够为创新活动提供充足的资金，就能够保证企业家的创新活动得到有效的实施。因此，从区域差异结果来看，企业家的创业活动在经济发展地区对市场主导型金融体系更为需求，在经济欠发达地区对银行主导型金融体系更为需求；企业家的创新活动在不同的经济发展阶段对市场主导型和银行主导型金融体系的需求不存在显著差异。

表 4　金融结构对企业家精神影响的区域差异检验

变量符号	企业家创业精神				企业家创新精神			
	东部地区		中西部地区		东部地区		中西部地区	
	OLS	GMM	OLS	GMM	OLS	GMM	OLS	GMM
Fs	0. 0284 *	0. 0356 **	-0. 0239 *	-0. 0193 **	2. 4408	3. 0826	1. 1436	1. 3346 *
	(0. 014)	(0. 013)	(0. 012)	(0. 008)	(2. 587)	(2. 334)	(0. 894)	(0. 727)
Rate_ gap	-0. 0527	-0. 6425	0. 1111	-0. 0995	21. 3400	6. 7808	25. 0718 ***	24. 4001 ***
	(0. 835)	(0. 670)	(0. 205)	(0. 159)	(40. 023)	(30. 329)	(7. 847)	(8. 067)
Urban	0. 7640 **	0. 4557	-0. 1432	0. 0251	132. 9799 **	115. 1486	27. 2856 *	25. 7571
	(0. 267)	(0. 358)	(0. 214)	(0. 317)	(58. 938)	(63. 765)	(15. 706)	(25. 338)
Open	0. 1085	0. 1133	0. 2841	0. 2928 **	0. 2125	-0. 6962	21. 3474	13. 5733
	(0. 139)	(0. 144)	(0. 173)	(0. 136)	(8. 941)	(11. 504)	(14. 044)	(14. 167)
Gov_ rate	-0. 0800	0. 1043	-0. 0919	-0. 1342	-103. 0454	-157. 4033 ***	-30. 1023 ***	-26. 4863 **
	(0. 274)	(0. 451)	(0. 098)	(0. 145)	(68. 036)	(39. 293)	(8. 898)	(10. 968)
Hc	0. 0501	0. 0581	0. 0420 *	0. 0719 **	17. 2659 ***	14. 6983 **	2. 6800 *	1. 8947
	(0. 044)	(0. 065)	(0. 021)	(0. 028)	(5. 125)	(5. 297)	(1. 325)	(1. 223)
Income_ gap	0. 0174	-0. 0370	-0. 0037	0. 0004	-6. 5453	-9. 2096	-0. 5220	-2. 8298
	(0. 049)	(0. 060)	(0. 015)	(0. 024)	(11. 277)	(13. 927)	(1. 801)	(2. 595)
Sex	-5. 3386 **	-3. 9217 *	-1. 0979 *	-0. 9910	-989. 3001 ***	-984. 3536 ***	8. 0115	47. 9671
	(2. 065)	(2. 047)	(0. 526)	(0. 763)	(181. 389)	(264. 824)	(46. 739)	(48. 154)

续表

变量符号	企业家创业精神				企业家创新精神			
	东部地区		中西部地区		东部地区		中西部地区	
	OLS	GMM	OLS	GMM	OLS	GMM	OLS	GMM
时间效应	是	是	是	是	是	是	是	是
个体效应	是	是	是	是	是	是	是	是
Constant	5.0006 **	3.4864 *	1.0164 *	0.0000	895.8422 ***	843.2784 **	−30.9098	0.0000
	(2.101)	(1.876)	(0.555)	(0.000)	(200.446)	(286.696)	(50.435)	(0.000)
N	231	231	396	396	231	231	396	396
R^2	0.7498		0.7774		0.8217		0.7644	
$AR(2)$		0.511		0.463		0.682		0.164
Hanse		1.000		1.000		1.000		1.000

注：括号内的数据为异方差稳健标准误。*、**、***分别表示10%、5%和1%的显著性水平。$AR(2)$和Hansen统计量给出的是p值。

（三）机制分析

前文的估计结果只考察了金融结构对企业家精神的直接影响效应，本部分基于式（2）、式（3）、式（4）采用 OLS、GMM 估计方法，考察金融结构对企业家精神的影响机制。估计结果如表 5 所示。表 5 的第 1 列和第 2 列给出了式（2）的估计结果，估计结果表明金融结构对产业结构的估计系数显著为正，直接融资比例越大，市场主导型金融结构越显著，越有利于第三产业的发展。在采用广义矩估计方法后，估计系数更大。第 3 列和第 4 列给出了基于式（3）采用 OLS 和 GMM 的估计结果，结果表明第三产业比重对企业家创业精神的估计结果显著为正，进而说明了金融结构通过促进第三产业的发展而促进了企业家创业活动。第 5 列是基于式（4）采用 GMM 的估计结果，同时考察了金融结构和第三产业对企业家创业精神的影响，估计系数均显著为正，进而说明了金融结构确实通过促进第三产业的发展而促进了企业家的创业活动。同理，第 6 列和第 7 列给出了第三产业比重对企业家创新精神的影响，估计结果显著为正，且 GMM 估计系数更大更显著，说明第三产业的快速发展也显著地促进了企业家创新活动。第 8 列给出了基于式（4）的 GMM 估计结果，估计结果均显著为正，从而说明了金融结构同样通过促进第三产业的发展而促进了企业家创新活动。表 5 控制变量的估计结果并未发生显著变化，从而说明了估计结果的稳健性。

表 5　金融结构对企业家精神影响的机制检验

项目	第三产业		企业家创业精神			企业家创新精神		
			只包含第三产业		包含第三产业和金融结构	只包含第三产业		包含第三产业和金融结构
	OLS	GMM	OLS	GMM	GMM	OLS	GMM	GMM
Fs	0.0101 * (0.006)	0.0114 * (0.006)			0.0236 ** (0.009)			4.2632 *** (1.178)
Third			0.4755 ** (0.229)	0.5525 ** (0.241)	0.4938 ** (0.179)	75.8505 *** (19.855)	85.1254 *** (19.164)	77.2841 *** (14.601)
Rate_gdp	−0.4013 ** (0.181)	−0.3473 ** (0.165)	0.1546 (0.220)	0.0002 (0.171)	−0.0667 (0.167)	−9.1063 (22.078)	−3.2553 (18.581)	−6.6012 (19.064)
Urb	0.0856 (0.083)	0.2948 ** (0.138)	0.4167 ** (0.168)	0.7248 ** (0.287)	0.4164 ** (0.187)	79.8346 ** (33.526)	133.7989 *** (36.451)	97.5876 *** (33.884)
Open	−0.0266 (0.037)	−0.0038 (0.031)	0.1694 * (0.094)	−0.0179 (0.092)	0.1272 (0.103)	0.2941 (7.345)	−19.1340 * (9.507)	−5.4505 (8.930)
Gov_rate	−0.0279 (0.168)	−0.0371 (0.174)	−0.2322 * (0.125)	−0.4689 ** (0.192)	−0.3000 * (0.159)	−72.0917 *** (20.353)	−79.5898 ** (31.624)	−91.1194 *** (26.719)
Hc	−0.0172 (0.013)	−0.0240 (0.024)	0.0521 ** (0.023)	0.0710 * (0.036)	0.0807 ** (0.032)	9.7466 *** (2.872)	14.2390 *** (4.506)	13.0559 *** (4.085)
Income_gap	0.0131 (0.016)	0.0232 (0.021)	0.0173 (0.022)	−0.0401 (0.027)	−0.0042 (0.024)	2.9530 (4.247)	1.6853 (8.083)	2.6419 (5.920)

续表

项目	第三产业		企业家创业精神			企业家创新精神		
			只包含第三产业		包含第三产业和金融结构	只包含第三产业		包含第三产业和金融结构
	OLS	GMM	OLS	GMM	GMM	OLS	GMM	GMM
时间效应	是	是	是	是	是	是	是	是
个体效应	是	是	是	是	是	是	是	是
Constant	0.4344 ***	0.4368	−0.6057 ***	−0.8643 *	−0.9552 **	−107.064 ***	−210.753 ***	−189.7180 ***
	(0.098)	(0.260)	(0.201)	(0.499)	(0.435)	(32.349)	(48.189)	(39.023)
N	627	627	627	627	627	627	627	627
R^2	0.5764		0.7129			0.6676		
$AR(2)$		0.939		0.244	0.824		0.635	0.93
Hansen		1.000		1.000	1.000		1.000	1.000

注：括号内的数据为异方差稳健标准误。*、**、***分别表示10%、5%和1%的显著性水平。$AR(2)$和Hansen统计量给出的是p值。

五、银行业结构与企业家精神

前面考察了金融体系的结构差异对企业家精神的影响，即是银行主导型金融结构还是市场主导型金融结构对企业家创业和创新活动更为显著。本部分进一步考察金融中介内部的结构问题，即银行业结构的差异对企业家创业和创新活动的影响，以反映我国四大国有商业银行和其他金融机构在金融中介中的作用。本部分根据式（5）采用 OLS 和 GMM 方法进行实证检验。表6给出了从全国层面考察银行业结构对企业家创业和创新活动的影响。从表6的估计结果可知，银行业结构指标对企业家创业和创新活动的估计系数显著为负，且 GMM 估计系数的绝对值显著大于 OLS 估计结果的绝对值，说明四大国有商业银行在整个金融中介中所占贷款比重越大，越不利于企业家的创业和创新活动。四大国有商业银行在整个金融中介中占据着绝对的垄断地位，企业家的创业和创新活动要通过正规融资渠道进行间接融资，那么只能通过四大国有商业银行。而四大国有商业银行一方面是规模大，其在信贷方面所设置的条件也较高，无法满足中小企业灵活性的资金需求，存在显著的金融抑制，约束了初创企业的资金需求和中小企业创新活动的资金需求；另一方面四大国有商业银行具有所有制歧视的特征，使大量的资金流向了国有企业，尤其是大型央企，而非私营企业（刘瑞明，2011；钟宁桦等，2016）。地方性银行或者中小金融机构的发展则能为初创企业或者私营企业的创新活动提供异质性的融资需求，有利于促进企业家的创业和创新活动。

表6　银行业结构对企业家精神的影响

项目	企业家创业精神			企业家创新精神		
	OLS	OLS	GMM	OLS	OLS	GMM
Bs	-0.2078***	-0.2046**	-0.8398**	-10.6087*	-9.5668***	-29.5851***
	(0.077)	(0.088)	(0.365)	(5.675)	(2.595)	(6.948)

续表

项目	企业家创业精神			企业家创新精神		
	OLS	OLS	GMM	OLS	OLS	GMM
Rate_gdp		0.3779 *** (0.145)	0.4085 * (0.231)		6.2253 * (3.721)	7.9949 (8.975)
Urban		0.0825 (0.137)	-0.1503 (0.848)		9.1713 (6.426)	18.2272 (17.837)
Open		0.1316 (0.086)	0.1283 (0.177)		6.6161 *** (2.322)	9.0742 ** (3.450)
Gov_rate		0.0300 (0.104)	-0.1901 (0.699)		-11.9993 *** (3.399)	-24.7449 (20.832)
Hc		-0.0104 (0.014)	-0.0807 (0.059)		-0.3304 (0.409)	-1.5348 (1.555)
Income_gap		0.0131 (0.014)	0.0402 (0.070)		0.2132 (0.429)	1.9613 (1.369)
Sex		-0.9101 (0.692)	-1.9289 (2.747)		6.2150 (18.267)	81.1042 (85.270)
时间效应	是	是	是	是	是	是
地区效应	是	是	是	是	是	是
Constant	0.3530 *** (0.064)	1.0883 (0.755)	3.2099 (3.498)	13.986 *** (3.213)	-3.6124 (19.900)	-69.5308 (88.443)
N	300	297	297	300	297	297
R^2	0.6411	0.6836			0.8616	
AR（2）			0.653			0.21
Hansen			1.000			1.000

注：括号内的数据为异方差稳健标准误。*、**、***分别表示10%、5%和1%的显著性水平。*AR*（2）和 Hansen 统计量给出的是 *p* 值。

进一步地，表7考察了银行业结构对企业家精神影响的区域差异。从表的估计结果来看，银行业结构对东部地区企业家创业和创新活动存在显著的抑制作用。四大国有商业银行在全部金融机构贷款中所占比重越大，其他银行类金融机构贷款比重越小，越不利于企业家的创业和创新活动。银行业结构对中西部地区企业家创业和创新活动不存在显著的

表 7　银行业结构对企业家精神影响的区域性差异

项目	企业家创业精神				企业家创新精神			
	东部地区		中西部地区		东部地区		中西部地区	
	OLS	GMM	OLS	GMM	OLS	GMM	OLS	GMM
Bs	-0.2972*	-0.6964**	0.0142	0.0318	-15.6908***	-28.9455**	-0.1241	-1.4740
	(0.150)	(0.306)	(0.049)	(0.087)	(4.769)	(9.475)	(0.344)	(1.082)
Rate_gdp	0.5016	1.1061	0.2794**	0.1941	19.9748	19.0246	-1.6344**	-3.1486**
	(0.448)	(0.659)	(0.138)	(0.166)	(12.542)	(17.641)	(0.738)	(1.347)
Urb	-0.4778**	-0.8187	-0.1070	0.7857	-8.7680	-4.8295	4.1831	-2.3649
	(0.207)	(0.812)	(0.340)	(0.584)	(6.068)	(8.944)	(2.898)	(4.450)
Open	0.0889	-0.0389	0.0333	0.0851	5.7864***	8.2984*	-0.0756	-0.5635
	(0.087)	(0.163)	(0.127)	(0.288)	(1.995)	(3.741)	(0.891)	(2.016)
Gov_rate	-0.0922	1.4807	0.2587*	0.4165**	-26.7345	-7.7216	-0.3005	-0.6772
	(1.026)	(3.741)	(0.143)	(0.155)	(19.462)	(35.807)	(1.065)	(1.199)
Hc	-0.0808**	-0.1240*	0.0201*	0.0085	-1.0577	-3.3433*	-0.1814*	-0.2282
	(0.033)	(0.062)	(0.011)	(0.020)	(1.043)	(1.625)	(0.094)	(0.150)
Income_gap	0.1321**	0.2068	-0.0041	0.0045	4.0503***	3.4105	-0.1074	-0.3874
	(0.051)	(0.138)	(0.011)	(0.039)	(1.495)	(3.561)	(0.074)	(0.275)
Sex	2.1696	-2.5912	-1.1741**	-0.6388	119.2390	297.0583	-4.0470	-25.8149*
	(2.635)	(4.645)	(0.484)	(1.100)	(80.048)	(175.565)	(3.023)	(13.059)

续表

项目	企业家创业精神				企业家创新精神			
	东部地区		中西部地区		东部地区		中西部地区	
	OLS	GMM	OLS	GMM	OLS	GMM	OLS	GMM
时间效应	是	是	是	是	是	是	是	是
地区效应	是	是	是	是	是	是	是	是
Constant	-1. 2216 (2. 751)	4. 1829 (4. 997)	1. 2271 ** (0. 538)	0. 2921 (1. 300)	-103. 6900 (80. 478)	-264. 3912 (179. 319)	5. 1014 (3. 752)	32. 5531 ** (13. 359)
N	110	110	187	187	110	110	187	187
R^2	0. 6697		0. 7683		0. 8823		0. 8476	
$AR(2)$		0. 25		0. 609		0. 76		0. 635
Hansen		1. 00		1. 00		1. 00		1. 00

注：括号内的数据为异方差稳健标准误。*、**、***分别表示10%、5%和1%的显著性水平。$AR(2)$和Hansen统计量给出的是p值。

抑制作用，银行业结构的差异对中西部地区企业家创业和创新活动不存在显著的差异。进一步说明了在中西部经济发展相对滞后的区域，企业家的创业和创新活动对四大国有商业银行和其他中小金融机构提供的融资需求是一致的，不存在显著的差异。因此，综合表7的估计结果，企业家的创业和创新活动在东部地区对银行业结构的需求更倾向于其他中小金融机构，而在中西部地区对银行业结构的需求不存在显著的差异。

六、结论与启示

金融市场和金融中介在金融体系中扮演着各自独特且重要的角色，不同的经济发展阶段对应着不同的金融结构。经济增长源于企业家的创业和创新活动，在中国究竟是银行主导型金融结构还是市场主导型金融结构显著地激励企业家的创业和创新活动呢？本文利用1995—2015年省级面板数据，考察金融结构、银行业结构对企业家创业和创新精神的影响，并分析了金融结构影响企业家精神的机制，研究结果表明：第一，从全国层面而言，随着市场化改革的不断深入，市场经济体制的不断完善，企业家的创业和创新活动对金融结构的需求更倾向于市场主导型金融体系；第二，从区域层面而言，东部经济发达地区更接近技术前沿，企业家的创业和创新活动对金融结构的需求更倾向于市场主导型金融体系，而中西部经济发展滞后的地区，企业家的创业和创新活动对金融结构的需求更倾向于银行主导型金融体系；第三，市场主导型金融体系通过促进产业结构升级而显著地促进企业家的创业和创新活动；第四，四大国有商业银行在全部金融机构中所占比重越大，越不利于企业家的创业和创新活动，并且这种抑制效应在东部地区最为显著。由此可见，随着我国经济的发展，金融结构更倾向于市场主导型金融体系，并且经济发展的不同阶段存在着对不同金融结构的需求。

新时代背景下，挖掘新的经济增长动力，需要创新型企业家精神。对于培育创新型企业家精神，根据本文的研究结论可得到如下启示：第一，进一步深化并完善市场导向型金融体系，强化直接融资在企业家决策过程中的作用，充分发挥直接融资在促进企业家的创业和创新活动方面的作用；第二，建立多元化的金融服务体系，尤其是地方性中小金融机构，既要金融深化又要加快促进金融宽化，降低金融机构的服务门槛；第三，完善金融治理，降低金融结构的扭曲程度，实现资金供给与资金需求的合理匹配，使得金融资本流向需要资金进行创新和创业活动的领域，减少影子银行对金融市场的阻碍作用，提高金融市场的运作效率。在进行金融体制改革的过程中，应该以遵循本地的经济发展结构为基础，不可偏离本地的产业结构和要素禀赋结构。

参考文献

[1]巴里·诺顿．中国经济：转型与增长[M]．上海：上海人民出版社，2010.

[2]陈斌开，林毅夫．发展战略、城市化与中国城乡收入差距[J]．中国社会科学，2013(4).

[3]干春晖，郑若谷，余典范．中国产业结构变迁对经济增长和波动的影响[J]．经济研究，2011(5).

[4]高波，张志鹏．城市文化扩展与企业家精神形成[J]．南京社会科学，2004(9).

[5]龚强，张一林，林毅夫．产业结构、风险特性与最优金融结构[J]．经济研究，2014(4).

[6]郭娜．政府？市场？谁更有效——中小企业融资难解决机制有效性研究[J]．金融研究，2013(3).

[7]李斌，江伟．金融发展、融资约束与企业成长[J]．南开经济研究，2006

(3).

[8]李宏彬,李杏,姚先国,等. 企业家的创业与创新精神对中国经济增长的影响[J]. 经济研究,2009(10).

[9]李磊,郑妍妍,刘鹏程. 金融发展、职业选择与企业家精神——来自微观调查的证据[J]. 金融研究,2014(6).

[10]李志辉. 中国银行业的发展与变迁[M]. 上海:格致出版社,上海人民出版社,2008.

[11]林毅夫,蔡昉,李周. 中国的奇迹:发展战略与经济改革(增订版)[M]. 上海:格致出版社,上海三联出版社,上海人民出版社,2013.

[12]林毅夫,姜烨. 经济结构、银行业结构与经济发展——基于分省面板数据的实证分析[J]. 金融研究,2006(1).

[13]林毅夫,李永军. 中小金融机构发展与中小企业融资[J]. 经济研究,2001(1).

[14]林毅夫,李志赟. 中国的国有企业与金融体制改革[J]. 经济学(季刊),2005(4).

[15]林毅夫,孙希芳. 银行业结构与经济增长[J]. 经济研究,2008(9).

[16]林毅夫. 新结构经济学——反思经济发展与政策的理论框架[M]. 北京:北京大学出版社,2014.

[17]林志帆,龙晓旋. 金融结构与发展中国家的技术进步——基于新结构经济学视角的实证研究[J]. 经济学动态,2015(12).

[18]刘贯春. 金融结构影响城乡收入差距的传导机制——基于经济增长和城市化双重视角的研究[J]. 财贸经济,2017(6).

[19]刘瑞明. 金融压抑、所有制歧视与增长拖累——国有企业效率损失再考察[J]. 经济学(季刊),2011(2).

[20]史普博. 企业理论:企业家、企业、市场与组织内生化的微观经济学[M]. 上海:格致出版社,上海三联书店,上海人民出版社,2014.

[21]田国强,陈旭东. 中国经济新阶段的发展驱动转型与制度治理建设[J]. 中共中央党校学报,2015(5).

[22]许成钢. 计划模式与市场模式下的创新机制[J]. 比较,2017(2).

[23]张成思,刘贯春．经济增长进程中金融结构的边际效应演化分析[J]．经济研究,2015(12).

[24]张成思,刘贯春．最优金融结构的存在性、动态特征及经济增长效应[J]．管理世界,2016(1).

[25]张建华,王鹏,冯根福．银行业结构与中国全要素生产率——基于商业银行分省数据和双向距离函数的再检验[J]．经济研究,2016(11).

[26]钟宁桦,刘志阔,何嘉鑫,等．我国企业债务的结构性问题[J]．经济研究,2016(7).

[27]ACS, Z J,CARLSSON B,THURIK R. Small business in the modern economy[R]. Oxford: Blackwell Publishers,1996.

[28]ALLEN F,GALE D. Comparing financial systems[M]. Cambridge, MA: MIT Press,2000.

[29]ANDERSEN S,NIELSEN K M. Ability or finances as constraints on entrepreneurship? evidence from survival rates in a natural experiment[J]. The Review of Financial Studies,2012,25(12): 3684 - 3710.

[30]BOSMA N,STERNBERG R. Entrepreneurship as an urban event? Empirical evidence from european cities[J]. Regional Studies,2014,48(6):1016 - 1033.

[31]BRADLEY M,JARRELL G A. KIM E. On the Existence of an optimal capital structure: Theory and evidence[J]. The Journal of Finance, 1984, 39(3): 857 - 878.

[32]CORNAGGIA J,MAO Y,TIAN X,et al. Does banking competition affect innovation? [J]. Journal of Financial Economics,2015,115(1): 189 - 209.

[33]DEMIRGUC - KUNT A,FEYEN E,LEVINE R. Optimal financial structures and development: The evolving importance of banks and markets [R]. World Bank,2011.

[34]DEMIRG - KUNT A,LEVINE R,2001. Financial structure and economic growth a cross - country comparison of banks,markets, and development [M]. Cambridge, MA: MIT Press,2011.

[35]FRANK M Z,GOYAL V K. Testing the pecking order theory of capital

structure[J]. Journal of Financial Economics,2003,67(2): 217 -248.

[36]HSU P H,TIAN X, XU Y. Financial development and innovation:cross - country evidence[J]. Journal of Financial Economics,2014,112(1): 116 -135.

[37]HÉBERT R F,LINK A N. In search of the meaning of entrepreneurship [J]. Small Business Economics,1989,1(1):39 -49.

[38]JENSEN M C,MECKLING W H. Theory of the firm:managerial behavior,agency costs and ownership structure[J]. Journal of Financial Economics,1976,3(4): 305 -360.

[39]KING R G,LEVING R. Finance and growth: schumpeter might be right [J]. The Quarterly Journal of Economics,1993,108(3): 717 -737.

[40]LEVINE R. Law,Finance,and economic growth[J]. Journal of Financial Intermediation,1999,8(1 -2): 8 -35.

[41]LIN J Y,SUN X,JIANG, Y. Toward a theory of optimal financial structure in economic development[J]. Economic Research Journal,2009, 44(8): 4 -17.

[42]INESSA L. Financial development and financing constraints: international evidence from the structural investment Model[J]. The Review of Financial Studies, 2003,16(3): 765 -791.

[43]MODIGLIANI F,MILLER M H. The cost of capital, corporation finance and the theory of investment[J]. The American Economic Review,1958,48(3): 261 -297.

[44]RAJAN R. ZINGALES L. Financial dependence and growth [J]. American Economic Review,1998,88(3):559 -586.

[45]SCHUMPETER J A. The theory of economic development cambridge [M]. Cambridge, MA: Harvard University Press,1934.

语言国际推广的经济分析

杨　煜

摘　要：在全球化和“一带一路”倡议的背景下，一国语言在全球普及度的提高，国家文化、发展理念的交流交融使语言国际推广的重要性日益凸显。世界各国在语言国际推广方面也在持续进行探索并取得经济与政治效果。基于此方面的思考，本文试图建立并介绍一个语言国际推广的经济学评价模型，从经济学视角对一国语言在国际上推广的评价方法进行探究。通过确定模型、考察分析所选指标，对一国语言的经济价值进行了评价。同时，通过汉语在中亚国家推广的具体案例，从多元角度对汉语的推广收益进行了经济学意义说明，进而提出汉语国际推广的政策措施建议。

关键词：语言国际推广；语言经济学；评价模型；汉语

作者简介：杨煜（1976—　），经济学博士，西北大学国际教育学院副教授（710069），主要研究方向为应用经济学、语言经济学，发表教学研究及学术论文数篇，出版专著《“一带一路”背景下汉语推广的经济学研究》，参编译著 *An Introduction to Chinese History and Culture*，参编教材《英语国家概况精要问答》。

一、引言

在全球化发展不断加快的今天，越来越多的国家开始重视语言与文字等国家文化软实力的提升，各国语言已经不单单具有传统意义上的交流作用，而日益成为国家经济实力与国家影响力的象征。特别是在“一带一路”倡议背景之下，各国在进行国际交流、经贸互通的过程中，语言的经济属性得到了前所未有的体现。2017 年度“一带一路”大数据显示，语言建设能力的不足是各国普遍急需解决的问题，相关国家语言人才方面的储备相对于激增的需求非常有限，语言的国际推广不但渐成刚需，而且成为提高一国综合国力的有效推动力。如何在国际上建立推广本国语言的合理路径，为国际间贸易、文化等的交流起到促进作用，是一国政府需要面对的战略性问题。在此方面，英语、法语、西班牙语、德语、日语等的推广经验值得研究和借鉴，汉语的国际推广布局与模式有待进一步深入思考。

二、语言国际推广的评价模型

本文将试图构建一个语言国际推广的评价模型，通过模型理论基础、构建原则和框架等内容的思考，最终实现对评估体系的构建，进而基于模型分析语言国际推广的政治、经济、文化多元收益。

（一）模型理论基础

国际贸易的实质是对市场需求的关系展开调节，其有助于使实际效率得到提高，取得更大的经济利益，同时还能使国民经济进一步协调发展。然而在效益实现过程中，不得不将其中某一项目作为代价，用来换取经济的价值，该阶段会涉及费用成本。交易的实质体现在其对人与人之间的关系进行了反映，由此可见，必将出现相关的交易费用。根据交易费用的含义可知，广义角度的交易费用包含因非机会主义动机或者机会主义动机所产生的讨价费用，也就是在市场机制运用中的整体费用；从狭义角度上，其本质就是整体贸易进行中所发生的支付费用，比如执行契约、修订、起草、谈判、询价等全部费用。

本文将利用供需方产生的具体贸易行为，对因贸易语言而产生的由隐性与显性部分所组成的交易成本进行分析。沟通成本对显性成本进行了详细的体现，但是隐性成本则是利用瞬时性、有效性、可靠性及准确性来具体展现。详细内容如图 1 所示。

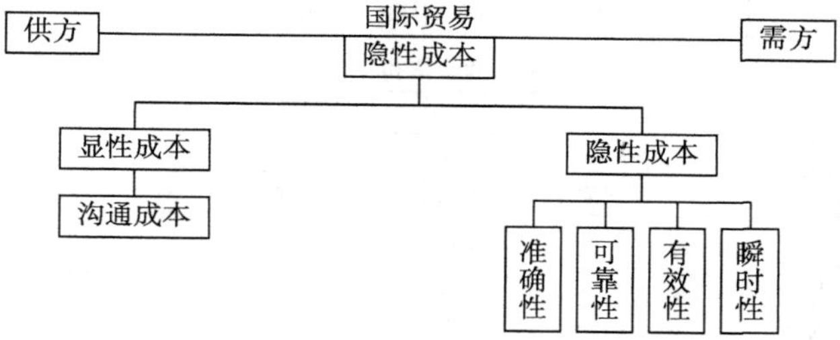

图 1　国际贸易中语言成本分析

（二）模型构建原则与架构

1. 模型构建原则

贸易进程中，最重要的交流工具即为语言，然而因法律、价值观以及宗教信仰或政治体制的不同，语言也就存在了一定的差异，语言成本会因其差异的不同有所改变。因语言所造成的沟通成本一般出现在协调过程及交易谈判两个环节，但语言又存在于贸易中的各个环节，其产生的隐性成本不容小觑，主要体现在以下几方面。

（1）准确性。因商业惯例、法律环境以及国际政策的差别，贸易主体必须支付额外的费用对相关信息进行识别与收集，使交易的准确性得以提高，从而对交易成本进行控制。

（2）可靠性。语言差异可能会致使客观且隐蔽的一系列可靠性问题成本出现，要想使贸易能够持续进行，必将利用大量成本对交易的不确定性进行弥补。

（3）有效性。国际贸易的重要因素就是信息与制度，所以必须克服语言障碍，利用有效信息对其进行判断。

（4）瞬时性。贸易市场的内生变量就是对瞬时性的反应，交易费用降低的关键手段是信息效率，所以必须对关联信息进行快速抢占，而在瞬时性上其付出的代价更高。

2. 模型框架

以厘清经济与语言关系及对理论进行论述为前提，本文将对语言经济价值框架进行分析与构建，具体如图 2 所示。

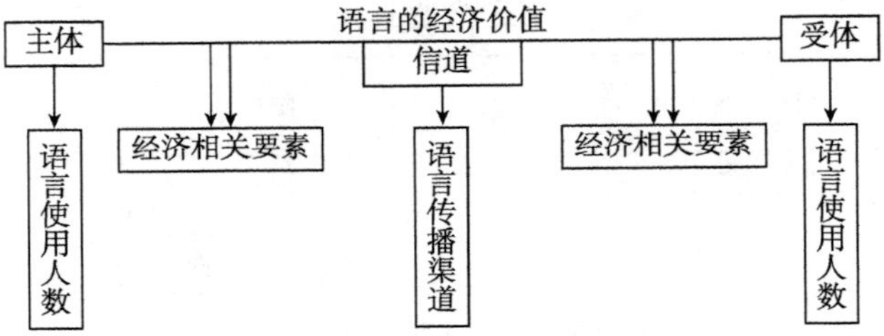

图 2　国际交往中语言的经济价值分析

上述构建的框架是以语言定义为切入点的，认为语言就是利用主体发出表现符号，经过信道，传到受体，对反馈进行处理，使语言价值在经济活动中得到实现。语言活力是由具体的使用人数所决定的，就是所谓的使用地位、使用频度与使用人对语言的态度，同时能够利用语言 Q 值对语言交际价值进行判定。Q 值越高，那么使用语言的流行度以及集中程度就越大。不仅如此，越高的语言地位会促使使用人数增多。然而语言经济价值大小的判断不能只取决于具体的使用人数。

语言经济价值在国际交往中比较易于考察，语言的使用有关键性作用。基于强势的经济状况，语言扩张是必然趋势，同时语言经济的价值会因语言在国际中的地位而得到提升。但科技因素对语言的扩张与经济价值的提升存在制约性，可能会对经济的发展产生一定影响。

（三）模型指标体系

1. 指标选择原则

本文在指标选取时，力求遵循如下标准。

（1）适用性。语言经济价值依附在经济活动的各时期，权重会在各时期发生变化，因此，只在共时状态下，权重结果才有效。

（2）科学性。选择的数据库必须具备权威性，对数据来源进行综合比较，确保指标数据有效准确。

（3）独立性。体系中一个指标只单独对应一个要素，不具有包含性与重叠性。

（4）系统性。其对语言解码或者编码所产生的效益与价值进行了综合体现，主要指对具有代表性的要素特征进行反映。

（5）目的性。其客观描述了语言经济价值的构成、内涵及特征，对更高层次且能支撑的评估标准进行选择，对易于量化或者量化指标进行选用，能够为判定评估结果进行服务。

2. 评价指标确定

依照上述设计评估体系的原则，表1详细展示了语言经济价值评价的二级指标以及一级指标。

表1　评价语言经济价值标准体系表

	指标类别	指标变量
评价语言经济价值标准体系	语言使用人数 A1	母语使用人数 A11
		非母语使用人数 A12
	国家综合实力 A2	GDP 总量 A21
		GDP 增速 A22
	语言相关紧密产业 A3	留学服务 A31
		文化产品 A32
		国际旅游 A33
	语言传播渠道 A4	互联网 A41
		影视传媒 A42
		出版物 A43

（1）语言使用人数。

语言经济价值的实现，因其工具的属性决定了其为物或者人的附属。目前，世界已有语言6909种，通过联合国教科文组织绘制的“语言地图”得知，语言使用者的地区分布以及数量极不均衡，全球只有3%的人口对96%的语言在极小区域内进行使用。所以，大量的语言因使用人员的减少而逐渐衰败，主流语言正在对其逐渐取代并侵蚀。大量的语言不能在公共场所、新闻传媒、出版业以及教育体系中使用，所以，体现语言活力程度的形式就是使用人数。假如只有本土的母语使用人对该语言进行使用，那么必将影响到该语言的经济价值。由此可见，母语以及非母语的使用人数就是评价该要素的重要标准。

（2）国家综合实力。

对国家资源以及国情进行衡量的重要标准就是综合实力，其更是对国家技术实力、文化、军事、政治以及经济进行衡量的综合性标准，同时也是国家具备对外施加影响及发展条件的力量总和。国家整体发展水平的强弱直接决定了国家的综合实力，并且对国家在世界中的影响力与地位起到了根本性作用。国家综合实力具有丰富的内涵，既包括精神，又涵盖了物质的社会与自然两种角度。美国哈佛大学教授约瑟夫·奈在20世纪90年代率先提出了“软实力”理论，之后，各国开始重点关注，认为“软实力”就是国家的对外形象。目前在全球经济飞速发展的趋势下，文化软实力表现最为重要的一点为：其已经成为维护国家安全、文化权益、经济利益及政治利益的主要手段。

语言同国家综合实力相辅相成，语言传播与发展的基础就是国家综合实力，语言扩张能力随着综合实力的壮大而加强，语言经济价值也就变得更加巨大；国家综合实力传播的媒介就是语言，国家认同度及形象因语言的传播得到提升，进而国家综合实力也会随之增强。比方说英语的传播，主要运用英语的英、美两国在国际推广英语教学就是其综合实力的表现，也是语言经济发展的坚实后盾。在国际领域，英美两国利用语言传播使得国家影响力进一步增强。英国在十六世纪时利用国家综合实力的强大，将殖民范围扩展到了海外，完成其原始资本积累，同时使小语种的英语走进了世界领域。随着工业革命的出现，彻底实现了英语国际化，其经济价值进一步提升。在我国的唐宋时期，汉语被传播到越南、韩国和日本。基于本国当时实力衰弱，只有寥寥无几的来华留学生，然而随着本国经济逐渐崛起，汉语热已在国际上兴起。所以便可总结出：国家综合实力展现的主要层面即为 GDP，GDP 会因综合实力的增强而提高。因此，衡量与评价国家综合实力的重要标准之一就是 GDP。当具备足够影响力的综合实力出现时，基于利益的驱动，语言规则不同体系的运用者必将同该国加强互动与交流。如果各语言规则的运用者对该语言进行了转用，则语言扩张便就此产生，而且所具备的经济价值将以乘数的效应得到展现。

（3）语言关联紧密产业。

对于同语言相紧密关联的产业评价指标，设定为国际旅游、文化产品及留学服务，具体为以下几点。

第一，国际旅游。国际旅游由两部分组成，分别为入境旅游和出境旅游。基于内容角度，旅游包含从事文化体育及经贸交流活动、探亲访友、消遣购物及异国观光等，比如参加宗教活动、世博会、奥运会及商务旅游等。语言服务是国际旅游的首要前提。与文化产品大同小异，国际旅游也是利用语言作为媒介，形成一条拥有巨大商机的产业链。旅游国的经济会因语言服务的一流水平得到巨大的回报，对于语言的经济价值提高有显著成效。通过中国国家旅游局相关数据可知，2010 年本国国际旅游收入（外汇）已达到 458.14 亿美元，较上年增加了 15.5%。美英国家旅游局 2010 年统计中国为其带来的国际旅游收入（外汇收入）高达 33.384 亿美元，美国占到了 29.4 亿美元。因此便可得知国际旅游中，语言依然占据了重要位置。

第二，文化产品。1921 年，美国的语言教授萨皮尔提出语言的存在离不开文化。文化生存的基础就是语言，二者相辅相成。目前国际交流日趋频繁，文化需求也变得愈加强烈，正在向文化全球化趋势发展。文化已成为推动社会经济发展的重要力量。信息文化的基本载体就是语言，因此要想扩大文化贸易，就必须利用语言的支撑能力。文化贸易基于服务贸易及文化产品而展开。基于文化产品种类的不同，UNESCO（联合国教育、科学及文化组织）对其进行了区分，文化产品的核心内容有视听媒介、记录媒体、书籍及文化遗产等，文化相关产品有贸易广告材料、建筑图纸贸易及设备等。比如世界著名的娱乐互动软件公司美国艺电（Electronic Arts，EA），其营业额在2010年就已达到37亿美元，仍旧保持逐渐增长的趋势。文化总产值在2011年达到了3.9万亿美元，首超GDP总产值的3%。

第三，留学服务。全球目前正向以消费和生产服务为主的服务型经济转变。根据《世界贸易组织服务贸易总协定》（GATS），12类国际服务中教育服务是第五类，其实质就是以经济为前提的国家之间进行的教育输入与输出。不仅如此，经济消费与投资的主要内容及主要增长点就是教育服务贸易。教育服务贸易有自然人流动、商业存在、境外消费及跨境交付四种形式。据相关统计，2011年，已有194个地区或国家的留学生分布在中国各地660多所教育机构或者高校进行学习。同时中国海外留学总数正在以20%的速度递增，2011年，中国出国总人数位居全球第一位，达34万人之多。留学经济规模保守计算将近人民币600亿元。

（4）语言传播渠道。

首先，出版物。出版物由数字出版物、视听出版物及印刷出版物三大类型组成。印刷出版物就是传统出版物，其包括图书、杂志以及报纸，利用纸质形式向大众传输信息与知识。20世纪20年代，录像、录音及缩微成像等技术出现，各类信息以计算机为媒介进行传播，至此新型出版物开始形成，为国家带来了巨大的经济利益。比如在2010年，英国出版业总额已达2325.853亿美元，美国为4740.5758亿美元，反之，中国的出版总额是为7.58亿美元。据相关调查，中国有60%的语言教育相关产品进行了版权出口贸易。基于“汉语热”的狂潮，汉语教学在世界范围内得到了推广，海内外发行的《新华字典》累计超过4.5亿册，已成为国际发行量最大的辞书。

其次，影视传媒。作为发展潜力巨大的传媒产业，影视传媒把语言作为基础载体，利用电视、电影及广播等将世界的丰富多彩瞬时、便捷地传播到人们的生活娱乐中，不仅给人们带来了美好的精神享受，还为国家经济带来了丰厚的效益。例如，美国的影视地位可以说是独一无二的，其所生产出的影片在世界播放影片中已占据到一半之多，票房总收入高达全球总收入的2/3。好莱坞电影不仅风靡了全世界，而且占据了全球电影市场的92.3%，海外的票房市场也占据到一半以上。不仅如此，相关电影语言调查发现，英语占据了主导位置。全球有60%的广播节目以及75%的电视节目在制作与生产中受到了美国的控制，有60%～80%的节目被第三世界国家自美国转出，然而美国只对外国的1%～2%的节目进行了引进，至此英语的经济价值得到迅速提升。而中国在2011年已有131亿票房，但国外电影占据了大半的收入，中国影视传媒的自身盈利能力相对薄弱。根据中国广电总局调查得知，中国电影的海外票房还不足美国的1/40，中国电影进入海外主流院线的数量少之又少，海外至少有1/3的观众2011年对中国电影毫无了解。

最后，互联网。科学技术把人类经济的发展推向全球化，作为第一生产力，又因经济实力的雄厚获取到了物质保障，至此“马太效应”开始显现。在语言发展进程中，科学技术所扮演的角色带有双刃性，一方面加速了贫困或者弱小地区与国家的语言弱化，乃至消失殆尽，而另一方面在经济实力强大的地区与国家，其语言得以迅速发展。造纸术的出现使利用口语表达的语言在瞬时性限制中被释放；之后印刷术的应用使得阅读成本开始节省，语言开始进行大众化普及。人类交流方式的转变始于第三次科技工业革命，特别是在计算机技术与现代互联网通信技术出现后，语言的演变、结构、使用以及选址发生了彻底的革新，各国人民能够对各种集声音、图像、文本于一体的信息进行享用。作为美国母语的英语，对整个互联网语言进行了统治，独占鳌头，而且承载了几乎大部分最新国际资讯以及编程语言，载体是文字的汉语在一定程度上成为被互联网舍弃的语言。因此，诸多专家倡导将汉语进行拼音化。然而基于信息网络技术的进步，语言多元化的网络世界必将逐渐形成。

（四）评价过程与结果

语言价值评估系统是综合体系框架的重要组成部分，其首要任务为确定权重，即调整因子，该项研究能够体现所有指标在综合体系中的重要性。显而易见，不同的指标对该目标起到的作用也有所不同，因此，权重比例也有所差距。例如，指标作用越大，权重比例也就越高，并且权重比例是根据定量方法来反映的。对语言策略层面的权重进行确定，能够清楚地确定语言价值高低，确定权重是语言价值量化系统的一项重要内容。

如今，关于对评估系统权重的确定，国际领域提出了多种参考方式，主要有以下几种：德尔菲法、因子分析法、层次分析法、专家会议法、对偶比较法等。具体来说，这几种方法的特点和实现方式如下：一是德尔菲法，这是根据人的主观意志确立的一种方法，通过填写匿名的调查问卷，收集各类专家的意见，经过整理加工之后，再反馈到专家手中，经过反复的收集归纳，最终达成共识。二是因子分析法，其出发点是为了研究与分析指标之间的依附关系，将一部分拥有较为复杂关系的指标归为少量因子，主要应用领域为产品的市场调查，能够分析出有哪些因素影响到消费者的购买行为以及满意程度。三是层次分析法，是指把决策有关元素进行系统的分解，可分为总目标、具体目标、实施方案、评估规则等，然后以此为基础来确定定性分析以及定量分析的方式策略，其适用于分层较为错乱的评估系统。四是专家会议法，该种方法根据规定准则选择有关方面的权威性专家，然后组织专家会议，吸收来自不同专家的建议，组织人员内部之间需要进行交流与探讨，以便于科学有效地预测出未来的发展状况。五是对偶比较法，顾名思义，需要对全部预测内容进行配对，然后呈现给被试系统，被试系统根据某一特性将两者进行比对，最终得出结论——其中一个预测内容在这方面的特性更为明显。这种方法的推广范围面较窄。

由于语言功能具有特殊性以及复杂性，所以语言价值评估系统内不同指标的量纲和权重也有所不同。通过上述分析可以看出：层次分析法首先将研究系统进行分解，其次再对不同指标进行比较，最后判断出哪项指标更加完美。此种方法在语言价值评估系统权重确定方面起到了借鉴作用。根据目前的语言价值系统，选择多个要素作为语言价值评估准则，然后将这些要素分解成具体指标，以此来建设语言评估系统的指标层。针对不同指标的影响程度构建一个递阶形式的层次结构。以下为具体操作步骤。

1. 建立递阶层次结构模型

按照该体系的设计理念与设计策略，语言价值又可分成 4 个要素，这些要素依据基本属性与关系进行了一个更为细致的划分，形成一个自上而下递进支配的层级结构。语言价值评估是该结构的最高层次，具体指标内容是该结构的中间层次，语言策略方案是该结构的最低层次。本次结构体系中，英语与汉语为语言策略方案层的具体内容，因为这两个语种的使用人口最为广泛，相对而言在语言使用方面比较稳定。在特定时间范围内，语言运用频率与语言使用人数可以保持语言生机与活力，一般情况下，不会产生迅速灭亡的可能性。另外，在语言评估方面，不会产生由于语言价值太过悬殊，最终导致语言价值体系设立意义的缺失。

2. 构造各层次的判断矩阵

假如上层的构成元素 A 是基本准则，下层的构成元素被 A 元素所支配，为 W_1，W_2，…，W_n（n 为构成元素的数量），因为各构成元素指标拥有不同的物理意义，所以按照各个指标对构成元素的排列情况以及应用标准，可以把判断矩阵具体量化，以此来确定各个指标的权重比例，构成元素进行两两对比最终得到了 $n \times n$ 矩阵 A。

$$A = n \times (a_u) n \begin{bmatrix} W_1/W_1 & W_1/W_2 & \cdots & W_1/W_n \\ W_2/W_1 & W_2/W_2 & \cdots & W_2/W_n \\ \vdots & \vdots & & \vdots \\ W_n/W_1 & W_n/W_2 & \cdots & W_n/W_n \end{bmatrix}$$

其中，W 数值的确立标度为 1 ~ 9 的数字以及倒数，具体的评估分值是依据各类要素对所有语种作用的排列顺序，因为语言价值评估体系始终是动态运行的，即使测试结果出来以后，权重指数也没那么绝对，所以，在确定 W 数值的情况下，需要采取定性处理方式，也就是指依照两个语种的分析数据加以排列，以此来判断在矩阵队列中的标准维度。判断矩阵队列的标准维度具有以下含义，见表 2。

表 2　重要性判断矩阵队列的标准维度

标准维度	基本含义
1	两种元素进行比较，重要程度大致相同
3	两种元素进行比较，前一元素比后一元素稍微重要
5	两种元素进行比较，前一元素比后一元素重要
7	两种元素进行比较，前一元素比后一元素非常重要
9	两种元素进行比较，前一元素比后一元素绝对重要
2，4，6，8	取上述相邻判断矩阵的中间数值
倒数	对这两种元素进行反方向比较

在估量判断矩阵队列各个元素的比例时，需要充分考虑到所有指标对语言影响的复杂程度，本文借助了 AHP 软件实现测量标度，以此方式来简化判断预测过程的复杂与反复程序，尽最大能力使最终数据科学有

效。在由中间层次控制的下层指标矩阵系统中，由于牵涉的指标量较大，因此，本文采取两两比较的策略，反复运用 AHP 软件实行初步预算以及不断更改，根据矩阵队列的理论检验，从而获取各项指标的相对权重。

针对上面提到的矩阵等式，并参照矩阵队列理论，设定矩阵的最大数值为 λmax，当 *A* 矩阵得到满意的结果时，λmax 数值将会高于矩阵阶数 *n*，即 λmax 值越与矩阵阶数 *n* 相近，则一致性越好，反之，结果也会相反。另外，矩阵指标的检验标准为引用判断矩阵队列的平均值，即使用平均统一性指标 *RI* 值，该数值经过多达 500 次的反复估算，再取结果的平均值，详细数据可以参见表 3。

表 3　随机统一性标准

矩阵阶数	1	2	3	4	5	6	7	8	9
RI	0.00	0.00	0.58	0.90	1.12	1.24	1.32	1.41	1.45

通过分析，可以看出：当矩阵阶数 >2 时，统一性比例（*CR*，指判断矩阵统一性指标 *CI* 与平均随机值 *RI* 的比例，*CR* = *CI*/*RI*）≤0.1 时，判断矩阵队列就具备一致性，反之，该矩阵队列需要整改。实行专家打分的方式，得出语言价值评估系统各个层次的矩阵，进而可以得到二级指标的权重比值，权重结果可以参见表 4 至表 7，各级指标的权重结果参见表 8。

表 4　语言使用人数指标的判断矩阵建设与相对权重

指标	判断矩阵 *A*11	判断矩阵 *A*12	相对权重	统一性检验
*A*11	1	1/3	0.250*Wi*	Λmax = 2，*CI* = 0 *RI* = 0，*CR* = 0
*A*12	3	1	0.750*Wi*	
最终结果：检测通过				

表 5　国家综合实力指标的判断矩阵建设与相对权重

指标	判断矩阵 *A*11	判断矩阵 *A*12	相对权重	统一性检验
*A*21	3	1	0.750*Wi*	Λmax = 2，*CI* = 0 *RI* = 0，*CR* = 0
*A*22	1	1/3	0.550*Wi*	
最终结果：检测通过				

表 6　语言相关行业指标的判断矩阵建设与相对权重

指标	判断矩阵 *A*31	判断矩阵 *A*32	判断矩阵 *A*33	相对权重	统一性检验
*A*31	1	3	5	0.6370 *Wi*	$\Lambda max=3.0385$, $CI=0.01925$
*A*32	1/3	1	3	0.2583 *Wi*	$RI=0.58$,
*A*33	1/5	1/3	1	0.1047 *Wi*	$CR=0.03319$
最终结果：检测通过					

表 7　语言传播途径指标的判断矩阵建设与相对权重

指标	判断矩阵 *A*41	判断矩阵 *A*42	判断矩阵 *A*43	相对权重	统一性检验
*A*41	1	4	7	0.7094 *Wi*	$\Lambda max=3.0324$, $CI=0.0162$
*A*42	1/4	1	3	0.2109 *Wi*	$RI=0.58$,
*A*43	1/7	1/3	1	0.0841 *Wi*	$CR=0.0279$
最终结果：检测通过					

表 8　各级指标权重统计表

	指标类别	权重	指标变量	权重
评价语言经济价值标准体系	语言使用人数 *A*1	0.0729	母语使用人数 *A*11	0.250
			非母语使用人数 *A*12	0.750
	国家综合实力 *A*2	0.6729	GDP 总量 *A*21	0.750
			GDP 增速 *A*22	0.550
	语言相关紧密产业 *A*3	0.2844	留学服务 *A*31	0.6370
			文化产品 *A*32	0.2583
			国际旅游 *A*33	0.1047
	语言传播渠道 *A*4	0.1699	互联网 *A*41	0.7094
			影视传媒 *A*42	0.2109
			出版物 *A*43	0.0841

通过各级指标权重统计表分析可知，国家综合实力 *A*2 对于语言经济价值影响权重最大为 0.6729，因此本文针对国家综合实力 *A*2 进行了扩展研究。

3. GPD 扩展研究

（1）理论基础。

①GDP 的逐渐增加，提升了国家的整体经济水平，为文化的发展、

语言的推广奠定了坚实的基础。同时，语言的推广亦能够推动国家的经济发展。

②提高商品出口比率，可为语言的传播、文化的传播提供可能性。语言、文化类商品作为具有高附加值特点的贸易品，能够保障国家在有限的时间内实现国民财富的积累，并为国家实现经济可持续发展做铺垫。另外，贸易的发展为学者传播文化理念提供了平台，最终不仅能够提升国家的文化形象，还能够进一步增强国家的综合竞争实力。随着贸易范围的扩大，可促使进口国家对于输出国家的文化产生认同感与亲近感，所以，贸易的开展有助于提高输出国家的整体形象，扩大其辐射效应与整合效应，从而带动经济的快速发展。

（2）构建原则。

①结合独立性与系统性原则。该原则要求在构建过程中，既要做到全面考虑各个指标之间联系，又要对相关关系进行精简。

②结合可行性与科学性原则。对评估系统进行科学分析，并选择代表性的主要指标与综合指标，确保数据的易得性。

③结合稳定性与动态性原则。改进指标体系，以便维持特定时间范围内国家的稳定状态。

④结合适应性与普遍性原则。被分析的指标并不局限于推广汉语时期内存在的社会经济现状，可被应用于其他分析层面。

（3）指标选择。

①评估关联度指标。选择生成统计之后的指标或是原始指标，时期构成能够对关联度进行评估的指标体系，该指标体系彰显可比性，数据遵从比例关系，见表 9 至表 12。

表 9　1950 年经济数据统计结果

国家	商品出口率（*A*1）	劳动生产率（*A*2）	就业率（*A*3）	GDP（*A*4）
日本	2.2	2.08	42.7	160966
西班牙	3	2.6	41.8	66792

续表

国家	商品出口率（A1）	劳动生产率（A2）	就业率（A3）	GDP（A4）
德国	6.2	3.99	42	265354
法国	7.6	5.82	47	220492
英国	11.3	7.93	44.5	347850

表10　1970年经济数据统计结果

国家	商品出口率（A1）	劳动生产率（A2）	就业率（A3）	GDP（A4）
日本	7.7	11.48	48.4	1013602
西班牙	5	10.86	37.4	246976
德国	23.8	14.76	44.9	843103
法国	15.2	18.02	41.1	5923289
英国	14	15.97	44.6	599016

表11　1990年经济数据统计结果

国家	商品出口率（A1）	劳动生产率（A2）	就业率（A3）	GDP（A4）
日本	10	19.04	50.6	2321153
西班牙	16	18.96	33.2	474366
德国	25	21.94	46.4	1264438
法国	21	29.47	39.9	1026491
英国	24	21.42	46.8	944610

表12　1998年经济数据统计结果

国家	商品出口率（A1）	劳动生产率（A2）	就业率（A3）	GDP（A4）
日本	13.4	22.54	51.5	2589320
西班牙	23.5	21.94	34	560138
德国	38.9	26.56	44	1460069
法国	28.7	33.72	38.6	1150080
英国	25	27.45	45.8	1108568

②因子得分。各个主成分与变量的负荷数量，为主成分变量所拥有的实际系数。以该实际系数为依据，在与原始数据实现指标标准化的过程中，能够进一步推算出各因子得分的具体状态。另外，还可通过深入分析，在主成分旋转之后得出各个国家不同年份的因子得分情况。如表13至表16所示：

表 13　1950 年因子得分情况

国家	排序	因子 1	因子 2	因子总得分
英国	1	1. 44566	−0. 28861	1. 116506
法国	2	0. 00484	1. 65229	0. 444958
德国	3	0. 22165	−1. 06888	0. 007386
日本	4	−0. 84537	−0. 12877	−0. 70046
西班牙	5	−1. 04678	−0. 16602	−0. 86839

表 14　1970 年因子得分情况

国家	排序	因子 1	因子 2	因子总得分
德国	1	0. 55767	0. 81096	0. 599276
日本	2	1. 3016	−1. 0511	0. 348332
英国	3	−0. 01745	0. 38713	0. 12843
法国	4	−0. 53463	0. 94554	0. 040248
西班牙	5	−1. 30718	−1. 09253	−1. 11628

表 15　1990 年因子得分情况

国家	排序	因子 1	因子 2	因子总得分
德国	1	0. 34283	0. 59475	0. 359495
日本	2	1. 24013	−1. 19169	0. 313897
法国	3	−0. 19348	1. 05583	0. 208457
英国	4	0. 12434	0. 47632	0. 207288
西班牙	5	−1. 51382	−0. 93769	−1. 08914

表 16　1998 年因子得分情况

国家	排序	因子 1	因子 2	因子总得分
日本	1	1. 39717	−0. 98258	0. 545239
德国	2	0. 10656	0. 777	0. 270995
法国	3	−0. 19761	1. 1315	0. 190152
英国	4	0. 10343	0. 1378	0. 097057
西班牙	5	−1. 40955	−1. 06373	−1. 10344

③关联度分析。通过对不同国家因子关联度得分情况进行汇总，得出式（1）：

$$C_i = \sum_{i=2}^{1} Y_{ki} \tag{1}$$

其中，C_i 是指国家 k 拥有的关联度状态，Y 是指主成分。设定主成分的序号为 $i = 1, 2, 3, 4$，国家序号为 $k = 1, 2, 3, 4$。通过上述公式，评估因子关联度之后所得的结果见表 17 至表 20。

表 17　1950 年因子关联度评估结果

国家	排序	因子得分
西班牙	5	-0.86839
日本	4	-0.70046
德国	3	0.007386
法国	2	0.444958
英国	1	1.116506

表 18　1970 年因子关联度评估结果

国家	排序	因子得分
西班牙	5	-1.11628
日本	4	0.040248
德国	3	0.12843
法国	2	0.348332
英国	1	0.599276

表 19　1990 年因子关联度评估结果

国家	排序	因子得分
西班牙	5	-1.08914
日本	4	0.207288
德国	3	0.208457
法国	2	0.313897
英国	1	0.359495

表 20　1998 年因子关联度评估结果

国家	排序	因子得分
西班牙	5	-1.10344
日本	4	0.097057
德国	3	0.190152
法国	2	0.270995
英国	1	0.545239

4. 评价结果

针对不同的五个国家，选取与之经济水平发展现状相吻合的重要指标，并将之与语言发展的关联度进行分析与比较。尽管所获得的数据在一定程度上存在片面性，且数据量并不十分强大，但是，通过全方位的计算分析与数据建模，可总结出在一个国家范围内，其在语言发展与推广时期，自身国家的商品出口率与GDP所产生的影响较大。因子分析结果表明，商品出口率与GDP处于主成分1的行列中，其每个因子的解释率在80%左右，由此可见，商品出口率与GDP直接影响一个国家的经济发展水平与速度。另外，正是因为就业率与劳动生产率处于相对不稳定的状态，尤其是就业率在经济意义上产生的影响力较小，所以，该两个因子处于主成分2的行列中。上述分析结果表明，对于西班牙、日本、德国、法国、英国而言，各个国家的语言推广机遇期与其经济发展水平相吻合，例如，1998年，日本的语言推广效果排名第一；1990年，德国的语言推广效果排名第一；1970年，德国的语言推广效果排名第一；1950年，英国的语言推广效果排名第一。此外，在殖民地时期，西班牙的语言推广处于重要地位，然而在该国家经济实力不断降低的背景下，其语言推广力度进入了相对减弱的阶段。

三、语言国际推广的收益分析

语言国际推广的收益表现为多方面，远远超越可以看得到的数字数据。从长期来看，这项政治经济活动过程所带来的收益有政治收益，有经济收益，更有文化收益。

人们普遍持有一个观点：如果国家地位得到明显提升，那么该国家的母语发展也会越来越繁荣昌盛；反作用到母语发展层面，其繁荣昌盛也势必会增强该国家的政治经济文化实力。首先从片面问题上来进行分析，语言并不能与意识形态画等号，而且还不能与该国利益画等号。不过如果语言占有绝对的优势地位，就能够传递丰富的价值理念，则以此能够获取巨大的政治利益。

就其自身而言，语言文字是一种能够产生经济利益与价值的特殊物品，语言的国际推广活动在不同领域内都能够带动国家经济的增长，从而获取可观的经济利益。首先，从微观角度出发，语言文字是指一种特殊的人力成本，掌握它将有利于人类掌握与运用其他的劳动力成本，例如专业知识与职业技能等，所以，加大对语言文字的投入力度，一定会给国家经济带来积极的正面影响。其次，从中观角度出发，语言的国际推广工作具有综合性强、与其他行业联系紧密的基本特征，因此语言推广的发展势必会带动其他行业的发展，进而出现强大的因果效应。根据世界贸易组织（WTO）的相关政策可以发现，语言的国际推广工作是语言教学出口的主要项目，换言之，语言教学的对外出口势必会拉动总体教学的对外出口。最后，从宏观角度出发，假如一种文字语言的国际响应号召力强，语言运用的深度较为广泛，那么这种文字语言就能够产生巨大的经济效益，也会导致越来越多的人慕名而来，进行该文字语言的学习。另外，学习此类文字语言的方式也唾手可得，学习的成本也相对较低，因此，相应的文字语言需求也会逐步提高。

在全球经济政治一体化进程中，占有统治地位的语言能够为该语言使用国带来巨大的文化利益。但是换一个角度考虑，如果仅有一种占统治地位的语言，其不受其他语言的相互制约，造成唯我独大的场面，不利于全球多元文化的形成，在一定程度上会阻碍全球的生态文化发展。各种各样的文字语言都代表着各自的世界观，这种世界观普遍被人们认为是某个国家对整个世界的看法，或者是某种独特的认识与理解，从这个层面上来说，文字语言的传播交流实质上是一种世界观的传递。

四、汉语国际推广案例分析

本文选取中亚地区进行考察，主要是因为这一地区在“一带一路”背景下的研究意义和作用较为明显，汉语推广的优势在这些国家中也更为明显，对世界其他国家和地区的汉语推广工作也会有指导作用。

（一）基本背景介绍

2014年，中大中国石油（吉尔吉斯斯坦）公司炼油厂在吉尔吉斯斯坦卡拉巴德市东方工业园区正式运营。这是陕西省能源化工企业陕西煤业化工集团控股，由中亚能源有限责任公司投资，在吉尔吉斯斯坦注册成立的一家境外企业。生产初期，中国籍员工与吉尔吉斯斯坦本地员工分别约300名和500名。在实际运营中，公司深刻感受到在当地办好“走出去”企业的种种不易。究其深层次原因，语言沟通和文化相通是关键，也是造成“本土化”障碍的主要因素。主要体现在两个方面：一是生产经营方面，由于公司主要的炼油技术为中方掌握，配套各部门的骨干力量也大多为中方员工，所以在向当地员工进行生产业务培训、工作沟通时，存在效率低、效果差的问题；在市场销售方面，由于受使用俄语、柯尔克孜语能力和营销网络基础的制约，中国企业在与俄罗斯石油、比什凯克石油等同行竞争时，存在很大的劣势。二是在企业文化塑造方面，公司中除了中方员工，还有大部分来自吉尔吉斯斯坦本地和少量中亚其他民族的员工。这些吉国员工，大多使用俄语或柯尔克孜语，少数员工还会使用英语；而中方员工中掌握俄语的约占20%，其中有中亚国家生活或学习背景，精通俄语的人占约20%，还有相当部分在中国国内学习过俄语或在吉尔吉斯斯坦本地生活中自然习得俄语的人员。由于存在语言沟通障碍，企业文化的包容性和延展性难以得到体现，具体表现为公司成立初期，吉国籍员工对公司某些制度的不理解、不接受，中国师傅与吉国员工“一带一”过程中的磨合难度大，等等。

在国家“一带一路”的倡议下，位于古代丝绸之路起点的西北大学也一直在“校企联合”方面积极探索，在了解中大石油中国公司（中大公司）的实际情况后与中大公司进行沟通。2015 年，西北大学与中大公司计划展开一项“丝绸之路经济带建设千人培训计划”（计划）方案，即用十年的时间持续为中大公司在汉语和炼油技术方面培养 1000 名员工，加强企业与当地文化交流，加快员工“本土化”进程，培养具有国际视野、通晓国际规则并熟练掌握专业技术的优秀人才，进而促进企业快速发展。

计划第一期，采取“请进来”的方式，吉国员工来西北大学进行学习。88 名中大的吉国员工在中国期间采用“理论 + 实践”的教学模式，前四个月学习汉语，后六个月学习多门以石油化工类为主的专业技术课程，其间贯穿工厂实习。回到中大公司后，这一期的优秀学员在本职岗位（包括行政办公岗、车间操作岗、化验消防等）上发挥了很好的示范及带动作用。

计划第二期，采取“走出去”的方式，由西北大学选派汉语言和炼油技术工艺专业的老师前往吉国中大公司，根据企业实际需要为中大吉方员工进行中国文化、汉语、企业管理及专业技术的多方位培训。此次参加培训的员工有 100 名左右。

（二）案例研究方法

在此案例中，采取访谈调查定性研究的方法，通过参与两期计划实施过程深入调查，对多个对象进行访谈完成。定性调查的目标是获取研究主体尽可能多的信息，因此，调查是要达到“最大差异的信息饱和”的程度，以及由此获得的“研究主题的归纳程度”。调查力求取得足够有效的吉国员工信息，以期待对调查目标“汉语推广效果”的质的方面加以考察。

在调查中，调查者参与了第一期汉语培训课程的实施，以及第二期在吉尔吉斯斯坦中大公司内部的汉语培训课程的实施。在两个过程中，对62位具有代表性的吉国人员进行了访谈，访谈的方式包括列单式的程序问答与为防止言表缺失而进行的开放式交谈，以尽可能地收集到多样化、多角度的信息。

（三）调查结果及分析

62位受访对象包括21位有在中国学习经历的员工，32位中大吉国公司在职学习汉语的员工，以及6位未系统学习过汉语的员工和3位精通俄语的中国员工。根据访谈结果对信息加以梳理，可以归纳为以下几点。

（1）有过中国学习生活经历的人员，对中国以及汉语有明显的好感。在中大公司的工作中，与中国同事合作、学习新技能的诉求也更高。

（2）在中国曾学习“汉语国际教育”专业的员工，回到本国后并没有从事汉语教师的职业，主要原因是在本国相关职业的工资水平没有竞争力。

（3）在中亚国家有学习生活经历、精通俄语的中国员工，对公司的吉国员工有更大的包容性，在工作和生活中更容易沟通与合作。

（4）吉国员工开始学习汉语的一大主要动力来自实际工作的刚性需求，以及周围大量的中国朋友，这样的动力也使得他们在学习汉语的过程中更容易坚持下来。

（5）曾有在中国生活经历的家人是吉国青年人去中国学习汉语的一个主要引导因素，许多家庭不止一个孩子学习过汉语，对中国与汉语的热情有连锁效应。

（6）从中大公司辞职并懂得汉语的员工，换工作的主要原因包括家庭住址和工资水平，新工作绝大部分与中文相关，离职员工也会将中文当作一个有利应聘条件。

（7）当地的汉语教育主要在高等院校及孔子学院开展，中小学阶段的孩子接受的语言教育除了柯尔克孜语外，主要为俄语和英语。

（8）与中国陕西有着历史渊源的东干族人员工，在汉语语音交流中障碍较小，但语言文字方面需要加强，他们本身对汉语教育方面也有着很强的需求。

基于以上几点，可以得出以下结论：第一，文化和语言在实际生活中的相通和互促作用远远超出我们想象。校企联合对外国员工进行培训，是推广语言的一个非常有效的途径。相对于教师“走出去”进行汉语推广，把学生“请进来”进行体验式的学习，从长期来看更具有效果。生活体验、民心相通、语言学习会形成一个良性的有效循环。第二，外语在一国基础阶段的教育不容忽视。这一方面与语言学习的自然规律相关，另一方面也直接关系到外语学习者学习活动的系统性与持续性。第三，汉语教师在一国汉语推广中的作用需要加强。加强对外国的汉语教师的培训工作，可以考虑开展中亚各国汉语教师培训项目，跟踪考察来华学习汉语国际教育专业的留学生回国之后的职业选择。第四，核心人物（如家长、车间主任、班长、师傅等）有很大的影响作用，可以促进减少误解、增进融合，降低沟通成本。同时，核心人物在汉语学习方面的示范引导作用也很大。

五、促进汉语国际推广的政策措施

（一）优化汉语推广机构的组织结构

第一，加强汉语推广机构的管理，优化汉语推广机构的资源。我国汉语推广工作的管理部门是汉语推广工作小组，负责汉语推广工作的具体部门是国家汉语办公室。我国文化部与国务院华侨办公室都是汉语推广工作小组的所属部门。现在我国汉语推广工作开展得最好的项目是孔子学院。孔子学院的管理层中有文化部与国务院华侨办公室的派驻机构，具体负责在国际上推广我国汉语和传统文化。所以，我国的汉语与传统文化推广工作可以由我国汉语办公室与孔子学院统一进行管理。对汉语推广工作进行统一管理有利于汉语推广机构的资源优化配置，更有助于高效利用汉语推广投资。在国际上，孔子学院成为我国传统文化和汉语推广机构的知名品牌。

第二，加强各个汉语推广工作管理部门的相互合作，建立汉语推广管理部门的联动机制。加强汉语和传统文化的推广力度，需要各个汉语推广管理部门加强合作，协调工作，设置有效的协商机制与联动机制。汉语推广工作的顺利开展，需要各个汉语推广管理部门团结一致，联合发挥应有的作用。

第三，提升各个汉语推广管理部门的管理能力，使汉语推广工作具有科学性。为了保证汉语推广工作的科学性，汉语推广管理工作需要专家参与，对推广工作提出指导性意见，并由专业的汉语推广人才实施。

第四，加强汉语在世界政治与经济活动的影响力。在外交中用本国语言进行交流，象征着国家主权，此为一般的国际外交准则。汉语是国际组织的工作语言之一，要充分发挥汉语在世界机构中的影响力，不断提升汉语在国际上的地位。

（二）完善汉语国际推广的支撑系统

为使我国的语言能够逐步推广到国际，既要把推广语言任务在大外宣以及大外交战略中进行明确定位，还要积极制定完整的语言推广制度，使语言推广机构灵活多样，并确保投入的资金量相对充足，从而形成一个坚实、完善的语言推广支撑系统。

（三）健全汉语国际推广制度

应加强汉语在国外基础教育阶段的推广。基础教育的重要性毋庸置疑，尤其是语言教育。从欧洲各国语言教育的发展史来看，外语教学法的实践、积累与发展主要得益于基础教育。汉语的国际推广，在基础教育领域的实施效果，在法国有着最好的体现。据统计，法国目前学习汉语的人约有10万人，其中一半是在基础教育阶段学习的，目前法国约有700所中学开设有汉语课。把语言学习作为一个正规的学习科目而非一个短期的兴趣安排，对一国的语言推广十分重要。法国的汉语推广方式对于汉语在其他国家的推广具有借鉴意义。同时，可以考虑在其他国家建立本国优质大学，吸引学生将汉语作为学习工具及专业技能，进行学习。另外，不妨积极考虑以下具体途径。

积极开展和实施针对中亚国家的教育援外项目。在“一带一路”建设中，应注重援外品牌的打造以及援外培训地基的建设，开展非中国籍汉语教师培训项目，为当地培养人才，支持受援国走上独立自主、可持续发展的良性轨道。同时，周期长、影响深的教育援助，可以培养一批对中国具有深厚感情的友好人士，提升中国在受援国民众心目中的形象，为双方的长期合作奠定人文基础。此类国际合作与交流项目，对实现中国与各个国家在政治、经济、文化方面的交流具有非常重要的意义，有助于增强中国传统文化在中亚各国的影响力、亲和力，促进丝绸之路沿线中亚区域全方位合作，为丝绸之路经济带建设夯实人才基础，构建全面合作的新格局。

进行订单式复合人才的培养。开展境外“走出去”的中国企业本土化培训，为走入中国的外国企业提供语言服务项目，同时，在国内高校设立留学生特色专业学位，将语言技能和专业素质培养相结合，为国际企业输送有相关专业背景且语言文化相通的定向人才。

参考文献

[1]王辉，周玉忠．语言规划与语言政策（续）[M]．北京：中国社会科学出版社，2015.

[2]王建勤．全球文化竞争背景下的汉语国际传播研究[M]．北京：商务印书馆,2015.

[3]韦森．语言与制序：经济学的语言与制度的语言之维[M]．北京：商务印书馆,2014.

[4]张卫国．语言的经济学分析：一个基本框架[M]．北京：中国社会科学出版社,2016.

[5]陈珞瑜．全球化背景下运用语言规划提高汉语国际语言竞争力[J]．语文建设,2012(18):72－73.

[6]陈美华,陈祥雨．当代中国文化软实力建设背景下的国际文化传播与语言规划[J]．艺术百家,2013(6):40－44.

[7]段红鹰,娄玉娟．英语教育缘何低效：基于语言经济学的分析[J]．教育学术月刊,2010(8):106－107.

[8]冯佳,王克非．近十年国际语言规划和语言政策研究的Cite Space分析[J]．中国外语,2014,11(1):69－84.

[9]郭熙．语言规划的动因与效果——基于近百年中国语言规划实践的认识[J]．新疆师范大学学报(哲学社会科学版),2013(1):34－40.

[10]苏剑,黄少安．语言距离的测度及其在经济学中的应用[J]．江汉论坛,2015(3):5－10.

我国地方政府财政支出竞争的经济增长效应研究

席小瑾

摘　要：本文深入分析了我国地方政府财政支出竞争对经济增长产生正、负效应的作用机理，通过建立一个内生增长理论模型证明：地方财政支出竞争强度与经济增长之间呈先同向后反向的变化关系，即在竞争强度较小时，财政支出竞争可以促进经济增长率的提高，而在竞争强度较大时，财政支出竞争反而抑制了经济增长，说明适度的财政支出竞争有利于经济增长，而过度的财政支出竞争会抑制经济增长。最后通过面板空间杜宾模型实证检验了我国2007—2015年财政支出竞争强度和竞争结构对经济增长的影响。

关键词：地方政府；财政支出竞争；经济增长

作者简介：席小瑾（1975—　），青岛农业大学经济学院讲师，主要研究方向为财政理论与政策。公开发表论文10余篇，其中人大复印资料全文转载3篇，CSSCI及中文核心期刊3篇，参编《统计学原理》教材1部。

一、引言

1978 年改革开放以来，中国经济的快速增长引起世界的普遍关注，很多学者都将中国财政分权体制下相对有效的地方政府竞争作为解释中国经济持续多年高速增长的根本原因（张军、周黎安，2007；张五常，2008；冯涛、赵会玉，2009）。而政府主要通过财政收支活动实现其政策意图，因而财政竞争就是这种竞争性地方政府增长模式最主要的实施手段，主要包括税收竞争和财政支出竞争。现阶段我国地方政府采取税收竞争的可操作空间日益减小，财政支出竞争成为竞争的主流，地方政府通过改变财政支出规模和结构，可以改善本地区的投资条件及生活环境，吸引更多的资本、人力等生产要素流入，并在制度和技术上不断创新，以此提高生产率，由此获得的产出远高于其为了吸引资源而付出的成本，从而实现了地区的经济增长。

我国特殊的经济分权与政治集权体制催生了地方政府之间激烈的财政支出竞争行为，在其追求自身利益最大化的过程中对经济增长产生了正、负两方面的影响。本文目的就是通过理论及实证研究，探寻我国地方政府财政支出竞争行为对经济社会发展的影响机理，以求实现在一个合理的支出竞争水平下达到经济增长及整个社会福利的最大化。总体来看，目前有关我国地方政府间财政支出竞争的研究明显不足，大部分散落于财政分权、地方政府竞争、地方财政竞争等相关文献中，本文的研究不仅对丰富国内相关研究具有一定的理论价值，而且可为如何引导地方政府之间展开良性竞争，为规范其财政支出竞争行为提供决策参考。

地方政府财政支出竞争是指地方政府为了实现自身利益最大化，通过调整财政支出规模和结构的方式，改善本地区公共产品和服务的供给水平，争相吸引诸如劳动力、资本、技术等外部资源流入本地区的行为。本文将财政支出分为建设性支出、福利性支出和维持性支出三大类，其中建设性支出是政府为了促进经济发展而进行的各种实物形态的建设投资类支出，如基础设施和基础产业方面的投资，其一般因规模大、周期长、跨区域、正外部性等特点，导致私人难以承担而主要由政府财政承担；福利性支出是与民生状况直接相关的支出，反映社会整体的福利水平，包括科教文卫、社会保障与就业、环境保护等方面；维持性支出则主要指维护国家机构正常运转的项目支出，如国防外交、行政管理、社会治安等公共服务方面的支出。

二、相关文献综述

自从凯恩斯政府干预经济的理论诞生以来，学者们对财政支出与经济增长之间的关系一直保持着较高的关注度。阿罗（Arrow）和库尔茨（Kurz）1970 年构建了第一个包含财政支出的外生经济增长模型，其结论是长期经济增长是由外生的人口增长决定的，与政府的财政支出多少没有关系。在阿罗和库尔茨的基础上，巴罗（Barro）（1990）将政府财政支出这一变量引入内生经济增长模型，得出了只有生产性支出才是经济产生持续的内生增长的动力，消费性支出只是提高了居民的福利水平这一结论。巴罗的研究为其后研究财政支出与经济增长之间关系的学者提供了一个标准的分析框架，此后大量的研究从不同的角度扩展和修正了这一模型。

大量学者通过实证分析验证财政支出对经济增长的影响，得出的结论具有较大的差异性。如 Landau（1983）发现财政支出对经济增长具有负向影响。Aschauer（1989）则认为美国政府资本存量对生产率的增长具有正效应。此外，Barro（1991）、Devarajan 等（1996）、Li 等（2010）、Bose 等（2007）、Yu 等（2009）等均对不同财政支出类型与经济增长之间的关系进行考察，得出的结论各不相同。还有部分研究的结论是政府支出与经济增长之间没有明确的关系（Kormendi & Meguire,

1985；Evans，1997；Yeoh，2013）。

国内对财政支出与经济增长关系的研究主要以实证分析为主，结论也并不一致。郭庆旺等（2003）指出，财政支出总规模与经济增长负相关，但生产性支出能推动经济增长，与物质资本投资相比，人力资本投资提高经济增长率的效果更强。庄子银、邹薇（2003）认为随着调整成本的不断加大，财政支出推动经济增长的效应逐渐减弱，还有可能出现负效应。娄洪（2004）证明了公共基础设施资本能够提高长期经济增长率。张明喜、陈志勇（2005）实证检验的结果表明，我国的经济增长与财政支出正相关，增加财政支出能够促进经济增长。付文林和沈坤荣（2006）的结论是：经济建设性支出与GDP增长率正相关，社会文教费支出、维持性支出则是负相关。严成樑和龚六堂（2009）则认为财政支出结构通过影响家庭的劳动—休闲选择，进而影响经济增长。

近年来也有一些关于财政竞争与经济增长关系的研究成果，但数量有限。郭庆旺对这一主题进行了系列研究，认为不同职能的财政支出竞争对经济的影响是不同的，经济性和维持性财政支出竞争不利于地区经济增长，而社会性支出竞争则对地区经济增长有显著的促进作用（郭庆旺、贾俊雪，2009），但是地方政府为了吸引民间和国外资本，在财政竞争中进行违规操作，引起中国宏观经济波动（郭庆旺、贾俊雪，2006），而且地方政府在非政府投资规模上的竞争加剧了全国经济周期波动，而在政府投资规模上的竞争在一定程度上缓解了全国经济周期波动（郭庆旺、赵旭杰，2012）。李涛、周业安（2008）的研究结果证明，辖区之间在财政支出总量及文教科卫等社会福利支出上的竞争行为，能够显著地促进地区经济增长，而在基本建设支出及行政管理费支出上的竞争会显著阻碍地区经济增长。伍文中（2010）将财政支出竞争分为物本竞争、民本竞争、官本竞争，通过实证研究发现财政支出竞争在东中西部地区都有利于地区经济增长，但是也存在着地区差异，财政的物本竞争在全国及中部地区阻碍了经济增长，财政的民本竞争在全国及东部地区促进了经济增长。邓子基、杨志宏（2012）重点分析了“省管县”体制下，县级政府之间横向财政竞争的特点：以税收优惠为主，财政支出竞争是重要的潜在手段，县级财政竞争必然对地区经济产生重要影响，恶性竞争会加剧地方保护主义。

三、我国地方政府财政支出竞争的经济增长效应

适度的地方政府财政支出竞争能够带来地区经济的增长，这是不争的事实，尽管这种增长在我国现阶段仅是一种数量上的短期增长。政府不同的财政支出类型，都对经济增长具有一定的积极影响。具体来说，建设性支出可以增加公共资本存量，福利性支出可以提高社会的人力资本水平，而维持性支出可以形成制度约束服务，为人们提供较好的交易环境。因此，当地方政府的财政支出竞争能够有效提高公共资源的配置和利用效率时，就能够带来地区公共实物资本的增加，居民福利水平的提高以及地区经济运行环境的改善，进而实现地区经济增长。李涛和周业安（2008）、郭庆旺和贾俊雪（2009）、伍文中（2010）、刘彦军（2016）等都对地方财政支出竞争在推动地方经济增长方面的作用予以了肯定。

（一）正效应

关于经济增长的动力来源，除了经济学家们普遍认同的资本、劳动、技术之外，还包括了一系列其他的众多因素。如西蒙·库兹涅茨认为，影响一个国家经济增长的因素先是各种先进的现代化技术；其次是社会结构的改变，如城市化的发展；最后是与社会制度调整相联系的经济结构的转变，如农业向非农业的转变，工业向服务业的转变。而美国经济学家肯德里认为，经济增长的来源有二：一是要素投入量的增长，二是全要素生产率的提高。其中提高全要素生产率的途径有很多，比如

资源的合理配置、新技术的普及和应用、规模经济、对教育和科研投入的增加、人力资源和自然资源的质量等。我国地方政府的财政支出竞争行为，可能会改变某些能够影响经济增长的因素，从而推动经济的增长，具体分析如下。

第一，政府直接投资的乘数效应。地方政府财政支出竞争促使地方政府投入更多的生产性支出，这些政府直接投资具有乘数效应，是最为直接、见效较快的一种促进经济增长的方式。

第二，增加社会总需求。政府支出无论是消费性支出还是投资性支出都属于社会总需求的组成部分，财政支出竞争会使政府的支出规模扩张，社会总需求增加，将使劳动力市场、产品市场、债券市场及资本市场的产品需求量及其价格上升，引起劳动力、产品、债券及资本的供给量增加，从而增加消费者的收入，企业有更多的资金追加投资扩大生产规模，进而实现经济增长。

第三，提高居民的福利水平。财政支出竞争导致的无论是建设性支出还是福利性支出的增加，都意味着公共产品和服务数量的增加及质量的提高，如城乡基础设施不断改善，居民的教育、医疗、养老等权利得到保障，这些都会提高居民的福利水平，有利于刺激居民消费，带动经济增长。

第四，规模集聚效应。地方政府在建设性、福利性财政支出上的竞争有利于地区基础设施的改善，辖区内居民生活福利水平的提高以及高级技术人员的流入，为地区适宜的投资环境创造了必要条件，通过吸引同质企业及高关联企业到本地区投资，形成规模集聚效应，增强本地竞争力，推动地区经济增长。

第五，促进地区技术创新、制度创新。地方政府财政支出竞争的直接目的是吸引资本、劳动力等要素流入。在招商引资的过程中，与引进的优质资本相伴随的，往往还有先进的生产技术、管理水平和制度安排，同时劳动力的流入也往往伴随着知识的流入，这些都对本地区的经济增长、技术进步及制度创新具有巨大的推动作用。

第六，提高财政资金使用效率。竞争的存在使地方政府面临更大的财政收支缺口，可能会促使其努力提高财政资金的使用效率，这也有利于促进经济增长，因为促进经济增长的一个重要方面就在于如何解决效率瓶颈的问题。

（二）负效应

任何事物都有其两面性。地方政府财政支出竞争能够促进经济增长，提高财政资金的使用效率，不过竞争行为也可能给整个经济社会发展带来一些负面效应，尤其是不规范的财政支出竞争还会引起经济运行的扭曲，具体表现为以下几点。

第一，支出竞争导致政府投资增加，加剧宏观经济波动。一方面，地方政府热衷于将财政资金投入到经济增长效应显著的大工程、大项目上，从而拉动了投资品的需求，并通过乘数效应和示范效应刺激民营资本流入，对投资品的需求被进一步强化，导致资本品价格上涨，投资过热；另一方面，支出竞争会使地方政府的财政支出规模扩张，导致财政压力，当这种压力达到一定限度，中央银行可能会通过增发货币予以缓解，产生通货膨胀压力（赵文哲、周业安，2009）。另外，政府直接投资会对私人投资产生挤出效应，过度的公共投资是造成中国私人投资不足的根本原因（张勇、古明明，2011），而缺少民间资本参与的经济常常活力不足，不利于经济繁荣。由此，财政支出竞争加剧了经济波动。

第二，出现重复建设及产能过剩。地方政府之所以会采取财政支出竞争，其目的就是要使本地经济增长的排名具有相对优势，以利于官员的政治晋升，但是在竞争过程中，大部分地方政府都缺乏创新的能力和魄力，对自身优势和区域合作潜力分析不到位，只是一味模仿照搬成功案例，盲目投资，结果造成各地产业结构雷同，发展模式类似，重复建设严重，部分行业出现产能过剩。例如，地方政府竞争使各地政府倾向于投资基础设施，最终导致基础设施重复建设。而在生产领域，地方政府通常将资金投向价高税大的项目以获取地方利益，而不考虑市场需求是否饱和、所投资的项目是否属于技术水平较低的落后产能。

第三，导致支出结构不合理，资金使用效率低。地方政府财政支出竞争最直接的表现就是地方政府偏向于将有限的财政资金用于吸引外资和带动经济增长，或投资于见效快的行业或产业中，或大搞“政绩工程”（Qiang - Wcingast，1997；靳涛，2006；张军等，2007），同时忽视和压缩地方福利性支出，造成支出结构偏向，导致教育、医疗和卫生、环境治理等公共产品和服务供给不足，降低了居民的福利水平（乔宝云等，2005；傅勇、张晏，2007；平新乔、白洁，2006），公众对政府的公共服务满意度较低，总体来说财政资金的使用效率不高。

第四，加剧地区市场分割和地方保护主义。地方政府的财政支出竞争造成支出规模的大幅增长，地方财政面临越来越严重的收支矛盾。为了缓解这一矛盾，壮大本地税源，保证收入利益，地方政府有动力制定贸易保护政策或运用行政力量提高本地产品的竞争力，同时采取贸易壁垒加大地区间的交易成本，降低外地产品的竞争力，人为加剧了市场分割。

第五，造成资源过度消耗及环境污染问题。地方政府通过财政支出竞争招商引资时，重点关注的是引进项目能给本地带来的 GDP 增长，而不对其生态环境效应进行事前评估，势必会将劳动密集、自然资源密集、污染密集的产业引入本地，伴随着引进项目的落地投产，大量的不能进口或不可再生的资源被消耗，同时造成严重的环境污染，对经济可持续发展造成严峻挑战。但政府用于环境治理方面的支出又不能满足公众的需要，使人们的生活质量和福利水平受到损害。潘孝珍（2009）分析了 1992—2007 年省级面板数据发现，一个地区的财政分权程度越高，该地区的污染水平就越高。

第六，催生寻租和腐败。政府干预市场经济活动时，会使某种资源因出现产权垄断或经营垄断而产生超额收入，称为租金，在监督机制不完善时，企业会通过寻租行为，试图独占这部分经济利益。寻租与腐败常常相伴而生，企业寻租时向官员行贿，官员寻租时索贿、受贿，通过这样的交易，企业取得其对某些资源、项目的特许权，官员获取非法经济收入。随着财政支出竞争的加剧，地方政府可能会与相关利益集团合谋，以牺牲其他团体的利益为代价，使财政支出偏向于难于监督、更好寻租的支出类型，以便于达到其既定的目的（Mauro，1998），出现寻租、腐败等现象。寻租与腐败破坏了市场的公平竞争，不利于企业技术进步和优胜劣汰；寻租只是改变了生产要素的产权关系，增加了经济活动的交易成本，使资源配置扭曲甚至配置无效；政府各部门和官员之间也会为了获取租金展开权力斗争，降低政府的行政效率。

第七，产生巨额政府债务。财政支出上的竞争导致地方政府财政支出规模扩张，规模的扩张需要更多的财政收入予以支撑。目前我国地方政府的财政收入主要包括税、费、债、利四种形式，鉴于其他形式收入的有限性和约束性，地方政府往往通过借债进行服务于政绩的财政支出竞争。首先，地方政府并不具有实质上的税收自主权，无法通过增税获得更多的财政收入。其次，如果采用增费或增利的方式来增加财政收入，一方面可增加的数额有限，另一方面也会使得流动性要素迁出本地区，不利于本地区的发展，也有悖于地方政府进行竞争的初衷。在此约束下地方政府通常会选择通过负债的方式增加现期收入，其中的好处也是不言自明的：第一，政府债券以政府信用为担保，投资者通常认为政府债券安全性高，不会出现到期不能偿还的问题，使地方政府可以在短期内筹措到大量的资金用于支出；第二，发行债券时政府向投资者承诺到期还本付息，相比于由政府单向强制征收的增税或增费方式更加隐蔽，便于社会公众接受；第三，负债减轻本届政府财政压力的同时，将偿债压力推给下届政府，如果债券的偿还期跨越两届地方政府，现任政府在享受好处的同时有可能逃避全部或部分债务。庞大的债务规模，过快的增长速度，加上各种违规举债，使得地方政府债务风险不断累积，一旦地方政府出现违约造成民众对政府偿债能力产生怀疑，就会引发一系列连锁反应，爆发危机，必将对宏观经济的稳定和持续运行带来毁灭性的破坏。

由以上分析可见，地方政府财政支出竞争既可通过提高资源配置效率促进经济增长，又可通过不合理的财政支出安排引起资源错配、阻碍经济增长，综合来看，地方政府财政支出竞争对经济增长的总效应取决于正负两种效应的对比关系。

四、基于内生增长理论模型的分析

本部分的理论分析参考 Robert J. Barro（1990）和 Devarajan 等（1996）的思路，并将财政支出竞争引入模型。

假设资本的规模报酬不变，在一个封闭经济中，有代表性家户和政府两个部门，其中代表性家户具有无限生命，既是生产者又是消费者。

代表性家户在消费时获得效用的满足，通过选择现期抑或未来消费寻求整体效用最大化，其效用函数为：

$$U = \int_0^{\infty} u(c)\mathrm{e}^{-\rho t}\mathrm{d}t \tag{1}$$

其中，c 代表人均消费，$\rho>0$ 为时间偏好率，即消费者如果推迟 1 单位当前消费，那么在下一期必须多消费 ρ 单位作为补偿，这意味着消费者以 ρ 作为未来消费的折现率。假设人口（工人数与消费者人数之和）为常数。效用函数 u（c）的函数形式为：

$$u(c) = \frac{c^{1-\sigma}-1}{1-\sigma} \tag{2}$$

假设常数 $\sigma>0$，则 $-\sigma$ 表示消费的边际效用弹性。

每个家户生产者（household – producer）具备生产函数：

$$y = f(k) \tag{3}$$

其中，y 表示人均产出；k 表示人均资本。每个人给定一定的生产时间，这意味着不考虑闲暇对劳动的替代。

假设生产者的产出一部分用于消费，一部分用于投资，且不存在折旧，则资本积累公式为：

$$\dot{k} = y - c \tag{4}$$

其中，$\dot{k}$ 表示人均资本 k 对时间求导。

代表性家户的最优化问题，就是在式（4）的约束下，实现效用最大化，即：

$$\text{Max}U = \int_0^{\infty} u(c) \mathrm{e}^{-\rho t} \mathrm{d}t$$

$$\text{s. t.} \quad \dot{k} = \mathrm{y} - \mathrm{c} \tag{5}$$

显然，这是一个动态最优化问题，因此可以构建汉密尔顿现值函数：

$$H_c = u(c) + m(y - c) \tag{6}$$

其中，m 表示现值拉格朗日乘子，表示时刻 t，一单位资本存量的增加带来的边际效用的增量，可以看作是财富的现值影子价格。

由最大值原理：

$$\frac{\partial H_c}{\partial \mathrm{c}} = u'(c) - m = 0 \tag{7}$$

现值拉格朗日乘子 m 的运动方程：

$$\dot{m} = -\frac{\partial H_c}{\partial k} + \rho m \tag{8}$$

式（7）等式两边同时对时间 t 求导并将结果代入式（8），得：

$$-y_k' + \rho = \frac{u''(c)}{u'(c)}\dot{c} \tag{9}$$

由式（2）得：

$$u'(c) = c^{-\sigma} \tag{10}$$

$$u''(c) = -\sigma c^{-\sigma-1} \tag{11}$$

代入式（9），得：

$$\frac{\dot{c}}{c} = \frac{1}{\sigma}(y_k' - \rho) \tag{12}$$

其中，y_k' 表示资本的边际产出。

根据假设，经济总是处于稳态下，因此所有的变量 c、k 和 y 以同样的增长率 γ 增长，即 $\gamma = \frac{\dot{c}}{c} = \frac{\dot{k}}{k} = \frac{\dot{y}}{y}$。

现在将政府引入模型，政府向代表性家户提供公共产品，且公共产品的资金来源于税收，则有：

$$\eta \cdot y = g \tag{13}$$

其中，η 表示税率；g 表示人均公共产品的数量，式（13）表明，政府向每个家户的收入征税，所得税金全部用于提供公共产品，且收支平衡，不存在盈余或赤字。考虑政府税收后，代表性家户的人均实际可支配收入可以表示为 $(1-\eta)\cdot y$，将其代入式（4），可以得到：

$$\dot{k} = (1-\eta)y - c \tag{14}$$

此时，在式（14）的约束下，求代表性家户的效用最大化，经过与上文类似的推导过程，可以得到经济稳态条件下的增长率：

$$\gamma = \frac{\dot{c}}{c} = \frac{1}{\sigma}[(1-\eta)y_k' - \rho] \tag{15}$$

式（15）对 η 求导，并结合式（13）得：

$$\frac{d\gamma}{d\eta} = \frac{d\gamma}{d(g/y)} = \frac{1}{\sigma}[-y_k' + (1-\eta)y_{k\eta}''] \tag{16}$$

式（16）可以看作政府支出规模的变动对经济增长率的影响。

假设代表性家户的生产函数为更为一般的常替代弹性（CES）生产函数：

$$y = A[\alpha g^{-\delta} + (1-\alpha)k^{-\delta}]^{-\frac{1}{\delta}} \tag{17}$$

其中，A 表示规模参数或效率参数，代表技术水平；α 表示人均公共产品的产出弹性或分配参数，代表了人均公共产品在生产中的贡献所占的份额；$1-\alpha$ 表示人均资本 k 对生产的贡献份额；δ 表示替代参数，且 $\delta>-1$ 。

将式（13）代入式（17），容易得到：

$$y=\left(\frac{1-\alpha}{A^{\delta}-\alpha\eta^{-\delta}}\right)^{-\frac{1}{\delta}}k \tag{18}$$

分别对式（18）的人均资本 k 和财政支出规模 g/y（用税率 η 表示）求偏导得到：

$$y_{k}'=\left(\frac{A^{\delta}-\alpha\eta^{-\delta}}{1-\alpha}\right)^{\frac{1}{\delta}} \tag{19}$$

$$y_{k\eta}''=y_{k}'\left(\frac{\alpha}{A^{\delta}-\alpha\eta^{-\delta}}\right)\eta^{-\delta-1} \tag{20}$$

将式（19）和式（20）分别代入式（16）得：

$$\frac{\mathrm{d}\gamma}{\mathrm{d}\eta}=\frac{\mathrm{d}\gamma}{\mathrm{d}(g/y)}=\frac{1}{\sigma}\frac{y_{\mathrm{k}}'}{A^{\delta}-\alpha\eta^{-\delta}}(\alpha\eta^{-\delta-1}-A^{\delta}) \tag{21}$$

由式（18）可知 $A^{\delta}-\alpha\eta^{-\delta}>0$ ，又因为 $\frac{1}{\sigma}>0$ ，所以式（21）的符号由 $\alpha\eta^{-\delta-1}-A^{\delta}$ 决定。当 $\alpha\eta^{-\delta-1}-A^{\delta}>0$ 时，$\frac{\mathrm{d}\gamma}{\mathrm{d}(g/y)}=\frac{\mathrm{d}\gamma}{\mathrm{d}\eta}>0$ ，即 $\frac{g}{y}=\eta>\left(\frac{A^{\delta}}{\alpha}\right)^{-\frac{1}{1+\delta}}\Rightarrow\frac{g}{y}<\left(\frac{\alpha}{A^{\delta}}\right)^{\frac{1}{1+\delta}}$ ，此时稳态经济增长率随财政支出规模的增加而增加；同理，当 $\frac{g}{y}>\left(\frac{\alpha}{A^{\delta}}\right)^{\frac{1}{1+\delta}}$ 时，$\frac{\mathrm{d}\gamma}{\mathrm{d}(\eta)}<0$ ，即 $\frac{g}{y}>\left(\frac{\alpha}{A^{\delta}}\right)^{\frac{1}{1+\delta}}$ 时，$\frac{\mathrm{d}\gamma}{\mathrm{d}(g/y)}<0$ ，此时稳态经济增长率随财政支出规模的增加而下降。由此可见，财政支出规模较小时经济增长率随着支出规模的增加而上升，但当财政支出规模超过某一点时，如本文的 $\left(\frac{\alpha}{A^{\delta}}\right)^{\frac{1}{1+\delta}}$ ，经济增长率则随财政支出规模的增加而下降。

（1）当存在财政支出总规模的竞争时，假设财政支出规模达到 $\theta\frac{g}{y}$（$\theta \geqslant 1$），其中 θ 为财政竞争强度参数，反映了地方政府财政竞争的程度，将其代入式（17），并经过相同的推导过程，可以得到：

$$\frac{\mathrm{d}\gamma}{\mathrm{d}\theta}=\frac{1}{\sigma}\frac{y_{k}^{\prime}\eta}{A^{\delta}-\alpha\theta^{-\delta}\eta^{-\delta}}(\alpha\theta^{-\delta-1}\eta^{-\delta-1}-A^{\delta}) \tag{22}$$

则式（22）的符号由 $\alpha\theta^{-\delta-1}\eta^{-\delta-1}-A^{\delta}$ 决定。当 $\alpha\theta^{-\delta-1}\eta^{-\delta-1}-A^{\delta}>0$ 时，即 $\theta<\left(\frac{\alpha}{A^{\delta}}\right)^{\frac{1}{1+\delta}}\eta^{-1}$ 时，$\frac{\mathrm{d}\gamma}{\mathrm{d}\theta}>0$，此时稳态经济增长率随财政支出竞争的增强而上升；同理，$\theta>\left(\frac{\alpha}{A^{\delta}}\right)^{\frac{1}{1+\delta}}\eta^{-1}$ 时，$\frac{\mathrm{d}\gamma}{\mathrm{d}\theta}<0$，表明稳态经济增长率随财政支出竞争的增强而下降；当 $\theta=\left(\frac{\alpha}{A^{\delta}}\right)^{\frac{1}{1+\delta}}\eta^{-1}$ 时，$\frac{\mathrm{d}\gamma}{\mathrm{d}\theta}=0$，此时，稳态经济增长率达到最大值。

（2）当存在某类具体的财政支出竞争时，此处以建设性支出竞争为例。生产型政府是中国政府的典型制度性特征（付敏杰，2013），这种制度性特征使得中国地方政府更多地关注经济增长而不是收入再分配，而基础设施的投资决策则更多地与经济增长目标相关联（张军，2007）。因此我们进一步假设，由于财政收入的限制，地方政府不可能进行长期无限制的财政支出总规模的竞争。为实现经济增长目标，地方政府往往将竞争的注意力集中在建设性支出方面，通过调整财政支出结构，在财政支出总规模变化不大的情况下，进行建设性支出竞争。

假设地方政府的支出包括两个方面，建设性支出和福利性支出，本文分别用 g_1、g_2 表示人均建设性支出和人均福利性支出，且：

$$g_1=\psi g \tag{23}$$

$$g_1=(1-\psi)g \tag{24}$$

其中，ψ 表示建设性支出占总支出的比例，同时代表地方政府建设性支出竞争强度。ψ 越大，地方政府进行建设性支出竞争的强度就越大，建设性支出占总支出的比重就越高。此时，假设代表性家户的生产函数为 CES 常替代弹性生产函数：

$$y = A\left[\alpha_1 g_1^{-\delta} + \alpha_2 g_2^{-\delta} + (1-\alpha_1-\alpha_2)k^{-\delta}\right]^{-\frac{1}{\delta}} \tag{25}$$

其中，α_1 和 α_2 表示人均建设性支出和人均福利性支出的产出弹性或分配参数，代表了人均公共产品在生产中的贡献所占的份额；$1-\alpha_1-\alpha_2$ 表示人均资本 k 对生产的贡献份额。地方政府为公共支出的融资手段仍然是税收，所以依然有：

$$g = \eta y \tag{26}$$

将式（23）、式（24）和式（26）代入式（25），并整理，可以得到：

$$y = \left[\frac{A^{\delta} - \alpha_1\psi^{-\delta}\eta^{-\delta} - \alpha_2(1-\psi)^{-\delta}\eta^{-\delta}}{1-\alpha_1-\alpha_2}\right]^{\frac{1}{\delta}} k \tag{27}$$

式（27）对资本 k 求偏导，得到：

$$y'_k = \left[\frac{A^{\delta} - \alpha_1\psi^{-\delta}\eta^{-\delta} - \alpha_2(1-\psi)^{-\delta}\eta^{-\delta}}{1-\alpha_1-\alpha_2}\right]^{\frac{1}{\delta}} \tag{28}$$

式（28）对建设性支出竞争强度 ψ 求导，可得：

$$y''_{k\psi} = \frac{1}{\delta}\cdot Z\cdot\left(\frac{\eta^{-\delta}\delta}{1-\alpha_1-\alpha_2}\right)\left[\alpha_1\psi^{-\delta-1} - \alpha_2(1-\psi)^{-\delta-1}\right] \tag{29}$$

其中，$Z = \left[\frac{A^{\delta} - \alpha_1\psi^{-\delta}\eta^{-\delta} - \alpha_2(1-\psi)^{-\delta}\eta^{-\delta}}{1-\alpha_1-\alpha_2}\right]^{\frac{1}{\delta}-1}$。

在其他条件都不变的情况下，当经济达到稳态时的经济增长率仍可以用式（15）表示。将式（28）代入式（15），并对 ψ 求导，则：

$$\frac{d\gamma}{d\psi} = \frac{1-\eta}{\sigma}\frac{1}{\delta}\cdot Z\cdot\left(\frac{\eta^{-\delta}\delta}{1-\alpha_1-\alpha_2}\right)\left[\alpha_1\psi^{-\delta-1} - \alpha_2(1-\psi)^{-\delta-1}\right] \tag{30}$$

由式（30）可以看出，$\frac{d\gamma}{d\psi}$ 的符号由 $[\alpha_1\psi^{-\delta-1} - \alpha_2(1-\psi)^{-\delta-1}]$ 决定，当 $\frac{\psi}{1-\psi} < \left(\frac{\alpha_1}{\alpha_2}\right)^{\frac{1}{1+\delta}}$ 时，有 $\alpha_1\psi^{-\delta-1} - \alpha_2(1-\psi)^{-\delta-1} > 0$，即 $\frac{d\gamma}{d\psi} > 0$，表明在这一阶段稳态的经济增长率随财政建设性支出竞争强度的增加而上

升；同理，$\frac{\psi}{1-\psi} > \left(\frac{\alpha_1}{\alpha_2}\right)^{\frac{1}{1+\delta}}$ 时，$\frac{d\gamma}{d\psi} < 0$，表示稳态经济的增长率与地方政府财政建设性支出竞争强度反向变化；当 $\frac{\psi}{1-\psi} = \left(\frac{\alpha_1}{\alpha_2}\right)^{\frac{1}{1+\delta}}$ 时，$\frac{d\gamma}{d\psi} = 0$，此时稳态经济增长率达到最大值。

由此，本文论证了，无论是地方财政支出的总规模竞争还是总支出规模不变条件下的某项财政支出竞争，在竞争强度较小时，财政支出竞争可以促进经济增长率的提高，而在竞争强度较大时，二者的关系则恰恰相反。说明适度的财政支出竞争有利于经济增长，而过度的财政支出竞争会抑制经济增长。

五、我国地方政府财政支出竞争经济增长效应的度量

（一）空间计量模型简介

20 世纪七八十年代的空间计量经济学得到了较快的发展，它是计量经济学较新的一个分支。空间计量经济学之所以发展迅速主要源于两方面的因素：一是地理信息系统的发展使数据包含越来越多的空间信息或地理信息；二是研究者开始将注意力逐渐由代表性厂商或个人转向经济行为主体之间的互动，如国家之间、地区之间、企业之间等。

由于面板数据较截面数据具有包含更多的信息、变量之间有较少的共线性、更多的自由度等优点，在计量经济学中得到了广泛的应用，因此空间计量模型也由基于截面数据的空间计量模型逐渐转向基于面板数据的空间计量模型。现阶段，文献中应用较广、较为成熟的空间面板计量模型主要有三种。

1. 面板空间自相关模型（Spatial Autoregressive Model，SAR 模型）

基本的面板空间自相关模型为：

$$y_{it} = \rho W y_t + \beta X_{it} + \mu_i + \varepsilon_{it} (i = 1,2,\cdots,n; t = 1,2,\cdots,T) \quad (31)$$

其中，y_{it} 表示被解释变量，它是 i 区域 t 时期的某个变量；y_t 是 i 区域以外的其他区域的被解释变量；W 表示 $n\times n$ 阶空间权重矩阵，表示区域之间的相互联系；X_{it} 表示 i 区域 t 时期相互独立且与被解释变量相关的各解释变量；μ_i 表示区域 i 的个体效应，当 μ_i 与 X_{it} 相关时，式（31）表示固定效应的 SAR 模型；如果二者不相关，则式（31）表示随机效应的 SAR 模型，此时 $\mu_i \sim N(0,\sigma_{\mu}^2)$；$\varepsilon_{it}$ 为随机扰动项，且 $\varepsilon_{it} \sim N(0,\sigma_{\varepsilon}^2)$；$\rho$ 和 β 为待估参数。

2. 面板空间误差模型（Spatial Error Model，SEM 模型）

有时，具有空间相关性的变量并非发生在被解释变量之间，而是在误差项之间，这种反映误差项之间交互效应的空间计量模型被称为空间误差模型，基于面板数据的空间误差模型记为：

$$y_{it} = \beta X_{it} + \mu_i + v_{it}(i = 1,2,\cdots,n;t = 1,2,\cdots,T) \tag{32a}$$

$$v_{it} = \lambda M v_t + \varepsilon_{it} \tag{32b}$$

其中，M 表示 $n\times n$ 阶空间权重矩阵；v_{it} 表示随机扰动项；λ 表示待估参数；其余字母含义与式（31）相同。

式（32）与式（31）的区别在于，区域之间的交互效应不是发生在被解释变量之间，也不是发生在被解释变量和其他地区的解释变量之间，而是发生在各区域的误差项之间。该模型的一个前提条件是式（32a）中存在具有决定性的遗漏变量，这个决定性因素又具有空间相关性，可以被式（32b）所描述。

3. 面板空间杜宾模型（Spatial Durbin Model，SDM 模型）

$$y_{it} = \rho W y_t + \beta X_{it} + \theta W_z Z_t + \mu_i + \varepsilon_{it}(i = 1,2,\cdots,n;t = 1,2,\cdots,T) \tag{33}$$

式（33）与式（31）的区别在于增加了 $\theta W_z Z_t$ 项，其中 W_z 为 $n\times n$ 阶空间权重矩阵，需要说明的是，W_z 与 W 既可以相同，也可以不同；Z_t 表示具有空间效应的解释变量，Z_t 所表示的变量与 X_{it} 相同时，表示 i 区域的被解释变量 y_{it} 同时受本区域和其他区域相同解释变量的影响，二者不同时，则表示影响 i 区域被解释变量的因素在本区域和其他区域是相异的。可以看出当待估参数 $\theta=0$ 时，式（33）退化为式（31），由此可见 SDM 模型是 SAR 模型的一般式。另外，可以证明当 $\theta=-\rho\beta$ 时，SDM 模型和 SEM 模型是等价的（证明见后文），所以也可以把 SEM 模型看作 SDM 模型的特例。

（二）空间权重矩阵简介

空间权重矩阵的设定是建立空间计量模型的关键，正确设定空间权重矩阵关系到模型估计结果对现实的解释力。目前应用比较广泛的空间权重矩阵大致可以分为三类。

1. 基于相邻概念的空间权重矩阵

这种矩阵是以区域之间“相邻”作为矩阵设定基础的。“相邻”是指两个区域既可以是有共同的边界（线性相邻）、也可以是有共同的顶点或兼而有之，抑或是限定有限的距离，在距离阈值以内的两个区域即认为是相邻的（Pace & Barry，1997）。在限定了相邻的概念后，如果区域 i 与区域 j 相邻，则记为 $w_{ij}=1$；否则，记为 $w_{ij}=0$。按此规则，对于具有 n 个区域的空间系统最终空间权重矩阵 W 是一个对角线元素为 0 的 n 行 n 列的 0 – 1 矩阵。

2. 基于距离概念的空间权重矩阵

研究者们认识到，区域之间的相互影响强度，与两地之间的距离有着密切的关系，具体表现为距离越远，区域间的相互影响强度越低。根据这种假定，空间权重矩阵各要素被定义为 $w_{ij}=1/d_{ij}$ 或 $w_{ij}=1/d_{ij}^2$，其中 d_{ij} 表示区域 i 与区域 j 之间的距离。这个距离既可以用两地之间的公路、铁路里程表示，也可以用两地中心或政府所在地之间的直线距离计算，这类矩阵被称为反（逆）地理距离矩阵。

除了使用两个区域之间真实的地理距离作为计算距离的基础外，还可以使用经济或社会因素计算两地距离，以反映区域之间的相互联系。

例如，当以 GDP 作为两区域关系的重要联系因素时，可以将空间权重矩阵的元素设定为 $w_{ij} = 1/|\overline{GDP_i} - \overline{GDP_j}|$ 或 $w_{ij} = 1/|\overline{GDP_i} - \overline{GDP_j}|^2$，其中 $\overline{GDP} = \frac{1}{T}\sum_{t=1}^{T} GDP_t$，为样本期 T 时期内区域 i（j）的 GDP 平均值。研究者也可以根据研究的需要将 GDP 总额替换为通信量、进出口总额、人口迁移等其他任何指标。相应地，该类元素所组成的矩阵被称为反（逆）经济距离矩阵。

3. 基于地理要素与经济要素综合考虑的空间权重矩阵

以上讨论的两种空间权重矩阵类型都仅考虑了联系两个区域的实际地理距离或经济要素距离来设定空间权重矩阵，但区域之间的相互联系往往更为复杂，这种联系可能既包含了地理因素也包含了经济因素，这两种因素综合考虑而形成的空间权重矩阵，被称为嵌套空间权重矩阵。嵌套空间矩阵多见于国内文献，常用的形式有：

嵌套空间矩阵 1：

$$W = W_d \cdot \mathrm{diag}(\bar{X}_1/\bar{X}, \bar{X}_2/\bar{X}, \cdots, \bar{X}_n/\bar{X}) \tag{34}$$

其中，W_d 表示反距离空间权重矩阵，diag(…) 为对角阵；$\bar{X}_n$ 表示样本期内第 n 个空间单元经济变量 X 的平均值；$\bar{X}$ 表示样本期内所有空间单元经济变量 X 的平均值（王火根等，2007；李婧等，2010）。

嵌套空间矩阵 2：

$$W(\varphi) = (1-\varphi)W_d + \varphi W_e \tag{35}$$

其中，W_d 和 W_e 分别表示反距离空间权重矩阵和经济空间权重矩阵；φ 表示权数且 $\varphi \in [0,1]$，φ 越接近 0 表示地理距离因素对空间权重矩阵的影响越大，反之则经济因素的影响越大（张征宇、朱平芳，2010）。

需要说明的是，上述三种类型的空间权重矩阵设定后，往往要对空间权重矩阵进行行标准化或列标准化，即使得其每一行（列）的元素的和等于 1，这样保证了所有的权重都在 0 至 1 之间。

本文对上述各空间权重矩阵的计算方法如下：根据有共同边界为

“相邻”的界定，确定中国30个省、自治区、直辖市的0－1矩阵 W_{01} ，由于海南省地理位置特殊，本文假定海南省与广东省具有共同边界；以两地省政府之间的直线距离代表两地之间的距离，计算出中国30个省、自治区、直辖市之间的两地距离，依据 $w_{ij} = 1/d_{ij}^2$ 计算地理逆距离矩阵 W_d ；以各省的人均实际国内生产总值（$PGDP$）为地区经济属性的代表，依据 $w_{ij} = 1/|\overline{PGDP_i} - \overline{PGDP_j}|$ 计算经济逆距离矩阵 W_e ；依据式（34）计算嵌套矩阵 $W_{de} = W_d \cdot \mathrm{diag}\,(\overline{PGDP_1}/\overline{PGDP}, \overline{PGDP_2}/\overline{PGDP}, \cdots, \overline{PGDP_{30}}/\overline{PGDP})$，其中 $\overline{PGDP}$ 表示所有区域在样本期内的平均值；根据式（35）分别取 $\varphi = 0.1, 0.2, \cdots, 0.9$ ，计算嵌套矩阵 $W_{\varphi1}, W_{\varphi2}, \cdots, W_{\varphi9}$ 。

（三）莫兰指数与空间权重矩阵的选择

1. 莫兰指数 I（Moran's I）

在建立空间计量模型之前，一般需要进行空间相关性检验，如果检验结果表明存在空间效应，即可建立适当的空间计量模型；反之，则可以使用一般估计方法估计模型参数。在众多检验区域之间是否存在空间自相关性的方法当中，最常用的就是莫兰指数 I（Moran's I）。

Moran's I 的计算公式为：

$$\mathrm{I} = \frac{n\sum_{i=1}^{n}\sum_{j=1}^{n} w_{ij}(x_i - \bar{x})(x_j - \bar{x})}{\sum_{i=1}^{n}\sum_{j=1}^{n} w_{ij}\sum_{i=1}^{n}(x_i - \bar{x})^2} = \frac{\sum_{i=1}^{n}\sum_{j=1}^{n} w_{ij}(x_i - \bar{x})(x_j - \bar{x})}{S^2\sum_{i=1}^{n}\sum_{j=1}^{n} w_{ij}} \quad (36)$$

其中，n 表示研究空间内所包含区域的总数；w_{ij} 表示空间权重；x_i 、x_j 表示变量 x 在区域 i、j 的观测值；$\bar{x} = \frac{1}{n}\sum_{i=1}^{n} x_i$ ，表示 x 的平均值；$S^2 = \frac{1}{n}\sum_{i=1}^{n}(x_i - \bar{x})^2$ ，表示 x 的方差。

可以通过标准化的 Z 统计量检验 Moran's I 的显著性。Moran's I 是一

个 -1 到 1 之间的值，当 Moran's I 大于 0 时，表示正相关，接近 1 时，表示具有相似属性的区域聚集在一起；当 Moran's I 小于 0 时，表示负相关，接近 -1 时，表示具有相异属性的区域聚集在一起。当 Moran's I 接近于 0 时，表示具有变量 x 属性特征的区域是随机分布的，或者说，不存在空间自相关关系，即不存在空间效应。

2. 空间权重矩阵的选择

在空间权重矩阵形式的选择中，考虑到空间计量模型的首要步骤是利用 Moran's I 指数估算变量的空间相关性，因此本文根据 Boots 和 Dufornaud（2010）提出的通过最大化 Moran's I 指数选择相应空间权重矩阵。具体而言，首先，计算待考察空间权重矩阵。其次，计算 Moran's I。利用所有待考察的空间权重矩阵分别计算下文计量模型中的被解释变量，即人均 GDP 增长率 2007—2015 年的 Moran's I，根据各年的 Moran's I 的大小和显著性确定人均 GDP 增长率是否存在空间自相关性。再次，选择空间权重矩阵。由于 Moran's I 主要针对截面数据，而本研究所用数据为面板数据，所以在选择矩阵时，第一步先选出使 Moran's I 显著次数最多的矩阵；第二步，当第一步选出的矩阵在两个以上时，选择使 2007—2015 年 Moran's I 算术平均值最大的矩阵即为最终选择的空间计量模型使用的空间权重矩阵。具体的 Moran's I 的计算结果见表 1。

表 1　Moran's I 计算结果

矩阵名称	Moran's I	Moran's I 显著次数
0 -1 矩阵（W_{01}）	0.2744	6
逆空间距离矩阵 W_d	0.1972	6
逆经济距离矩阵 W_ε	0.0516	2
嵌套矩阵 $W_{d\varepsilon}$	0.1833	6
嵌套矩阵 $W_{\varphi 1}$（$\varphi = 0.1$）	0.0660	4
嵌套矩阵 $W_{\varphi 2}$（$\varphi = 0.2$）	0.0807	4
嵌套矩阵 $W_{\varphi 3}$（$\varphi = 0.3$）	0.0953	4
嵌套矩阵 $W_{\varphi 4}$（$\varphi = 0.4$）	0.1097	5
嵌套矩阵 $W_{\varphi 5}$（$\varphi = 0.5$）	0.1244	5

续表

矩阵名称	Moran's I	Moran's I 显著次数
嵌套矩阵 $W_{\varphi6}$（$\varphi = 0.6$）	0.1389	6
嵌套矩阵 $W_{\varphi7}$（$\varphi = 0.7$）	0.1534	6
嵌套矩阵 $W_{\varphi8}$（$\varphi = 0.8$）	0.1681	6
嵌套矩阵 $W_{\varphi9}$（$\varphi = 0.9$）	0.1826	6

注：表中 Moran's I 是 2007—2015 年 Moran's I 的算术平均值，显著标准是指至少在 10% 的水平上显著。

从表 1 可以看出在待考察的矩阵中，有 7 个矩阵计算出的 Moran's I 的显著次数达到 6 次，而在这 7 个矩阵中，0－1 矩阵计算出的 Moran's I 平均值达到最大，为 0.2744，因此本研究最终选择 0－1 矩阵作为空间计量模型的权重矩阵。另外，也要注意到逆经济距离矩阵在所有矩阵中，所对应的 Moran's I 的显著次数最少，Moran's I 平均值最低，嵌套矩阵 $W_{\varphi1} \sim W_{\varphi9}$ 中，随着地理权重矩阵所占比例的增加，Moran's I的平均值逐渐增加，说明中国的经济增长速度表现出一定的空间相关性，而且这种空间相关性与各地区所处的地理位置的关系更为密切。

（四）模型的设定

由于面板空间杜宾模型（SDM）可以看作面板空间自相关模型（SAR）和面板空间误差模型（SEM）的一般形式，并根据 LeSage 和 Pace（2009）、Elhorst（2010）的建议，此处可以先考虑使用空间杜宾模型，然后根据模型估计参数，再检验空间杜宾模型是否可以简化为空间自相关模型或空间误差模型。因此，设定空间杜宾模型为本研究的基本空间计量模型，具体形式如下：

$$er_{it} = \rho Wer_t + \beta_1 com_{it} + \beta_2 com_{it}^2 + \sum_{j=1}^{n} \alpha_j X_{itj} + \theta_1 Wcom_t + \sum_{j=1}^{n} \theta_j WX_{tj} + \mu_i + \varepsilon_{it} \quad (37)$$

其中，er 表示经济增长；W 表示空间权重矩阵；com 表示核心变量财政支出竞争，为考察财政竞争与经济增长之间的非线性关系，引入财政支出竞争的二次项式，在具体回归时，保持其他控制变量不变的同时，分别将财政维持性支出竞争、建设性支出竞争、福利性支出竞争和总支出规模竞争对经济增长进行回归，以考察这些核心变量对经济增长的影响；X 表示控制变量，包括劳动力、资本、市场化进度和对外开放进度；μ 和 ε 分别表示区域个体效应和随机扰动项；下标 $i=1，2，\cdots，30$ 代表 30 个省、自治区、直辖市；$t=2007，2008，\cdots，2015$ 代表年份。

（五）指标说明和数据处理

根据 2007 年以后公布的财政按政府职能分类的统计口径以及数据的连续可得性，本研究的建设性支出包括农林水利支出、交通运输支出、城乡社区支出；福利性支出包括环保支出、医疗卫生支出、文化传媒支出、教育支出、社会保障支出和科技支出；维持性支出包括一般公共服务支出和其他支出。

关于财政支出竞争指标的选择，由于财政支出竞争会导致财政支出总规模及维持性支出、建设性支出规模扩张，同时考虑到地方政府财政收入对财政支出的制约作用，本文以地方政府的维持性支出、建设性支出和福利性支出以及三者的和分别与地方政府财政净收入的比值作为待检验的各类财政支出竞争的替代指标。地方财政净收入是地方政府财政总收入减去地方上解中央支出后的结果。

在其他指标的选取上，用人均实际经济增长率表示经济增长；用社会就业规模增长率作为劳动指标，其中就业规模用城镇单位就业人员、私营单位就业人员和个体就业人员的总和表示；资本指标，用全社会固定资产投资增长率作为替代指标，由基本的经济理论可知资本和劳动是经济增长的两个决定性因素，通常它们与经济增长之间呈正向变化关系；市场化进度和对外开放进度指标是在前文市场化程度和对外开放度指标的基础上分别进行差分，以差分后的结果分别作为本部分市场化进度和对外开放进度的替代指标。一般认为市场化水平越高对经济越有利，加快市场化进度可以推动经济增长。但同时必须认识到市场化进度越快，市场化水平就越高，市场失灵的可能性就越大，市场自身的这种缺陷往往造成经济剧烈波动，反而抑制经济增长，造成经济衰退；对外开放进度也是影响经济增长的重要因素，当对外开放进度加快时，进出口增加，从而促进经济较快增长，但对外开放进程的加快意味着对外开放度越高，对区域外经济的依赖程度也会加大，容易受到区域外经济波动的影响，当区域外经济处于衰退或萧条期时，对外开放进度的加快反而会抑制经济增长。

本部分所有数据来源于2008—2016年《中国统计年鉴》《中国财政年鉴》和各省统计年鉴，其中，全社会固定资产投资额，以固定资产投资价格指数进行平减，转换为实际值（见表2）。

表2　2007—2015年变量的描述性统计

变量	平均值	标准差	最小值	最大值
人均经济增长率	10.4022	3.0288	2.6000	18.8000
维持性支出竞争	0.1281	0.0395	0.0498	0.2531
建设性支出竞争	0.2202	0.0428	0.1173	0.3369
福利性支出竞争	0.3696	0.0369	0.2694	0.4547
就业人员增长率	0.0749	0.0620	-0.2020	0.3207
固定资产增长率	0.2221	0.1348	-0.2622	0.8259
市场化进度	0.0075	0.0175	-0.0463	0.0868
对外开放进度	-0.0159	0.0694	-0.5100	0.2443

（六）估计结果

在模型选择上，首先估计一般的空间杜宾模型，再利用LR检验和Wald检验原假设$H_0:\theta = 0$且$H_0:\theta + \rho\beta = 0$。第一个原假设用来检验空间杜宾模型是否可以转换为空间自相关模型；第二个原假设用来检验空间杜宾模型是否可以退化为空间误差模型。在随机效应与固定效应的选择上，利用Hausman检验进行判断，所有检验结果见表3。其中模型（1）～模型（3）是分别以维持性财政支出竞争、建设性财政支出竞争和福利性财政支出竞争作为核心变量代入式（37）得到的结果，以考察三种支出竞争各自对经济增长产生的影响；模型（4）是以财政支出总规模竞争作为核心变量代入式（37）并加入三种竞争的交互项得到的结果，考察财政支出竞争总强度和竞争结构对经济增长的综合影响。

表3　模型的LR检验和Wald检验

检验方法	模型（1）	模型（2）	模型（3）	模型（4）
LR检验	29.95 ***	31.95 ***	31.81 ***	27.81 ***
Wald检验	26.51 ***	31.98 ***	27.59 ***	30.22 ***
LR检验	47.96 ***	49.80 ***	45.92 ***	46.75 ***
Wald检验	60.82 ***	104.96 ***	94.74 ***	101.95 ***
Hausman检验	74.50 ***	36.48 ***	88.44 ***	39.42 ***

注：＊＊＊、＊＊、＊分别表示在1%、5%和10%的水平上显著。

由表3可以看出，对于模型（1）～模型（4）无论LR检验还是Wald检验都在1%的显著性水平上拒绝原假设，表明空间杜宾模型不能够退化为空间自相关模型和空间误差模型。Hausman检验表明在1%的显著水平上拒绝原假设，应采取固定效应模型。因此，本研究以固定效应下的空间杜宾模型估计式（37），得到的结果如表4所示。

表4　财政支出竞争对经济增长影响的空间计量模型估计

项目	模型（1）	模型（2）	模型（3）	模型（4）
空间自回归系数（rho）	0.5242 *** （0.0547）	0.5749 *** （0.0494）	0.5592 *** （0.0505）	0.4781 *** （0.0593）
维持性财政支出竞争	31.0436 *** （10.1133）			
维持性财政支出竞争二次项	-87.4110 *** （29.6354）			
建设性财政支出竞争		61.0020 *** （10.2567）		

续表

项目	模型（1）	模型（2）	模型（3）	模型（4）
建设性财政支出竞争二次项		-119.4069*** (21.8347)		
福利性财政支出竞争			-39.4192 (46.8927)	
福利性财政支出竞争二次项			45.3121 (64.6353)	
财政总支出竞争				42.8186*** (12.1407)
财政总支出竞争二次项				-39.4361*** (9.0758)
交互项				328.5684*** (124.3778)
就业人员增长率	3.4891** (1.5140)	3.6199** (1.5388)	2.9217** (1.4154)	3.4042** (1.4917)
固定资产投资增长率	4.4552*** (0.9773)	4.63871*** (0.9893)	4.6040*** (0.9283)	4.5602*** (0.9717)
市场化进度	-14.5413** (6.5434)	-19.1914*** (6.7479)	-17.4599*** (6.2622)	-17.9020*** (6.6238)
对外开放进度	-1.8705 (1.4804)	-1.4507 (1.5002)	-2.1749 (1.3967)	-1.4647 (1.4770)
$W\times$维持性支出竞争	12.6661** (6.3758)			
$W\times$建设性支出竞争		-18.6954*** (5.3889)		
$W\times$福利性支出竞争			-13.0981** (6.6237)	
$W\times$财政总支出竞争				-15.4346* (7.9384)
$W\times$交互项				211.4952 (167.6909)

续表

项目	模型（1）	模型（2）	模型（3）	模型（4）
W×就业人员增长率	3.2789 （2.2972）	3.2012 （2.4386）	0.8848 （2.0909）	2.2909 （2.2644）
W×固定资产投资增长率	-3.1670*** （1.2064）	-1.6321 （1.2194）	-0.0317 （1.2359）	-1.8124 （1.2815）
W×市场化进度	-15.4618 （9.6389）	-21.6300** （10.4457）	-41.2714*** （10.2142）	-27.5046*** （10.5818）
W×对外开放进度	6.0853*** （2.3344）	6.1880*** （2.3706）	7.4578*** （2.2516）	7.0535*** （2.3373）
拟合优度	0.4745	0.5562	0.5110	0.5033

注：***、**、*分别表示在1%、5%和10%的水平上显著；模型（1）~模型（4）下各变量的对应值，括号外为参数估计值，括号内为标准误。

模型（1）~模型（4）的所有空间自回归系数rho显著为正，说明存在显著的空间自回归效应。模型（1）、模型（2）显示，维持性支出竞争、建设性支出竞争与经济增长之间均呈倒“U”形关系，说明这两类竞争在竞争初期都能够优化资源配置，促进经济增长，而随着竞争的加剧，导致财政支出规模不断加大，由于边际收益递减规律，反而抑制了经济的增长。模型（3）表明，福利性支出竞争对经济增长没有显著影响；模型（4）显示，财政支出竞争在总规模上与经济增长之间呈倒“U”形关系，而在财政支出结构上表现为正向影响。说明财政支出竞争有利于经济增长，但要注意控制财政支出竞争强度，避免因竞争导致财政支出规模过大。

在空间互动作用下，任何一个区域中的解释变量变动不仅会直接影响到本区域被解释变量，而且会影响到与该区域存在空间相关的其他区域中的被解释变量，对此，Le Sage和Pace（2009）将前者称作直接效应，将后者称作间接效应。姚鹏等（2015）、徐春华（2016）认为空间杜宾模型的回归系数应从直接效应、间接效应及总效应的层面来解释，所以在表5和表6中报告了模型（1）~模型（4）的直接效应和间接效应。

表 5　直接效应

项目	模型（1）	模型（2）	模型（3）	模型（4）
维持性支出竞争	36. 2216 *** （10. 3095）			
维持性支出竞争二次项	－96. 6501 *** （31. 9734）			
建设性支出竞争		64. 5388 *** （10. 2242）		
建设性支出竞争二次项		－133. 8119 *** （22. 9665）		
福利性支出竞争			－44. 2699 （53. 3433）	
福利性支出竞争二次项			47. 4666 （73. 6213）	
财政总支出竞争				43. 9927 *** （11. 9924）
财政总支出竞争二次项				－42. 6348 *** （9. 5296）
交互项				392. 1201 *** （116. 3377）
就业人员增长率	4. 4663 *** （1. 5343）	4. 8107 *** （（1. 5812）	3. 5390 ** （1. 4254）	3. 9827 *** （1. 4977）
固定资产投资增长率	4. 3141 *** （0. 9260）	4. 8392 *** （0. 9374）	5. 0771 *** （0. 8755）	4. 6027 *** （0. 9181）
市场化进度	－18. 2673 *** （6. 1394）	－25. 3091 *** （6. 3136）	－26. 8023 *** （5. 8673）	－22. 7271 *** （6. 4097）
对外开放进度	－0. 9515 （1. 4767）	－0. 3331 （1. 5290）	－0. 9460 （1. 4311）	－0. 5644 （1. 5809）

注：＊＊＊、＊＊、＊分别表示在1%、5%和10%的水平上显著；模型（1）～模型（4）下各变量的对应值，括号外为参数估计值，括号内为标准误。

表6　间接效应

项目	模型（1）	模型（2）	模型（3）	模型（4）
维持性支出竞争	56.0754*** (8.2412)			
维持性支出竞争二次项	-89.1202*** (29.7566)			
建设性支出竞争		35.2424*** (7.8255)		
建设性支出竞争二次项		-148.7152*** (25.9617)		
福利性支出竞争			-73.7091 (61.7146)	
福利性支出竞争二次项			52.9799 (82.6199)	
财政总支出竞争				8.6025 (7.5049)
财政总支出竞争二次项				-33.3813*** (7.5475)
交互项				662.9122*** (238.3881)
就业人员增长率	9.7245** (4.4160)	11.4748** (4.9338)	5.2597 (4.1040)	7.0985* (3.8404)
固定资产投资增长率	-1.4477 (1.8309)	2.3991 (1.8755)	5.5359*** (1.9793)	0.4925 (1.8713)
市场化进度	-44.3966*** (14.4371)	-69.6148*** (17.1237)	-106.6087*** (14.2713)	-62.8954*** (15.3317)
对外开放进度	9.9416** (4.0159)	11.6452** (4.5697)	13.1414*** (4.2353)	11.1259*** (3.9500)

注：***、**、*分别表示在1%、5%和10%的水平上显著；模型（1）~模型（4）下各变量的对应值，括号外为参数估计值，括号内为标准误。

从直接效应看，模型（1）显示维持性支出竞争与本地经济增长倒“U”形关系的拐点在0.1874，而样本期内维持性支出竞争强度均未超过拐点，最高值出现在2008年为0.1706，最低值则出现在2015年，为

0.0792，从模型（1）的间接效应看，本地区的维持性支出竞争对其他地区也产生了显著的非线性影响，说明维持性支出竞争具有溢出效应，但这种溢出效应会随着维持性财政支出竞争的加剧而由正转变为负。模型（2）的直接效应显示建设性支出竞争的拐点为0.2412，在2007—2015年的样本期内，中国各省建设性支出竞争强度的平均值未超过拐点，但2013年和2014年建设性财政支出竞争强度已超过拐点，最大值出现在2014年，为0.2530，最小值在2007年，为0.1686，间接效应显示建设性支出竞争对其他地区产生了倒“U”形的空间溢出效应。模型（3）表明福利性支出竞争对本地区经济增长的影响和其他地区的空间溢出效应均不显著。模型（4）反映了财政支出竞争对经济增长的综合影响。模型（4）的直接效应显示，财政支出总规模的竞争对本地区经济增长呈倒“U”形影响，拐点为0.5159，样本期内财政支出总规模竞争平均值已超过拐点，最低值在2015年的0.6527，最高值则出现在2009年的0.7453。财政维持性支出竞争、建设性支出竞争和福利性支出竞争对经济增长的交互效应表明三者的相互作用对本地的经济增长产生了正向影响。间接效应显示，总规模上的竞争会对其他地区经济增长产生倒“U”形影响。三类支出竞争的交互作用的直接效应和间接效应显示，它们的交互作用不但促进了本地区经济增长，而且对其他地区的经济增长产生了正的溢出效应。由于模型（4）表现了财政支出竞争的综合影响，所以基于模型（4）对控制变量进行分析。劳动、资本都对本地区的经济增长产生了促进作用，符合基本的经济理论预期；而劳动对其他地区的溢出效应为正，资本对其他区域的溢出效应则不显著。市场化进度无论是对本地区还是对其他地区而言都是抑制了经济的增长，可能是因为市场失灵的现象在中国较为突出。对外开放进度对本区域的影响不显著，而对其他区域的影响为正向溢出效应，这可能是由于2008年的金融危机后，国外经济普遍衰退，从而影响了中国对外开放进度快的地区的产品出口，这种影响迅速反映在资源流动上，使得本地资源向区域外流动，从而促进了区域外经济的发展。

为了验证模型的稳定性，作者分别用逆空间距离矩阵 W_d 和嵌套矩阵 $W_{d\varepsilon}$ 替换原模型中的0－1矩阵 W_{01} 并进行了模型估计，其结果没有明显的改变，说明模型是稳健的，结论是可靠的。

六、结论及启示

通过以上的理论及实证研究，本文论证了地方政府财政支出竞争的经济增长效应：一方面，财政支出竞争可以通过提高资源配置效率促进经济增长；另一方面，又可能由于缺乏有效监督，通过不合理的财政支出安排引起资源错配阻碍经济增长。具体来说，地方财政支出竞争与经济增长之间的数量变化关系表现为：无论是地方财政支出的总规模竞争还是总支出规模不变条件下的分类财政支出竞争，其竞争强度与经济增长之间均呈现先同向后反向的变化关系，即在竞争强度较小时，财政支出竞争可以促进经济增长率的提高，而在竞争强度较大时，财政支出竞争反而抑制了经济增长。

从实证研究的结果来看：①样本期内维持性财政支出竞争、建设性财政支出竞争和福利性财政支出竞争三类支出竞争的交互作用不但促进了本地区经济增长，而且对其他地区的经济增长产生了正的溢出效应；②建设性财政支出竞争强度在2013年、2014年已超过拐点，此时对经济增长产生的负效应大于正效应；样本期内维持性支出竞争强度均未超过拐点；财政支出总规模竞争的平均值已超过拐点。可见，2007—2015年总体上来看，地方财政支出竞争促进了我国的经济增长，但也引起了财政支出结构的扭曲，建设性及维持性支出挤占福利性支出，并引起一系列经济福利的损失。地方政府应注重提高建设性支出的投资效益，在保持适度投资的前提下，使财政预算适当向福利性支出倾斜，同时保证财政资金对社会技术进步的推动和引导作用。此外，还应通过合理划分中央与地方事权与财权、修正参与竞争的地方政府面临的激励与约束机制、建立健全监督机制、加强地方政府债务风险防范等措施，规范地方政府财政支出竞争行为，发挥其对经济运行的积极效应，实现经济的可持续增长。

参考文献

[1] SHELL K, ARROW K J, KURZ M. Public investment, the rate of return, and optimal fiscal policy[J]. Journal of Finance, 1970, 26(4): 1005.

[2] ASCHAUER D. Is government spending productive? [J]. Journal of Monetary Economics, 1989, 23: 177-200.

[3] BARRO R J. Government spending in a simple model of endogenous growth [J]. Journal of Political Economy, 1990, 98(5): 103-126.

[4] BARRO R J. Economic growth in a cross section of countries [J]. Quarterly Journal of Economics, 1991, 106(2): 407-443.

[5] BOSE N, HAQUE M E, OSBORN D R. Public expenditure and economic growth: A disaggregated analysis for developing countries[J]. The Manchester School, 2007, 75(5): 533-556.

[6] BOOTS B, DUFOURNAUD C A. Programming approach to minimizing and maximizing spatial autocorrelation statistics[J]. Geographical Analysis, 2010, 26(1): 54-66.

[7] DEVARAJAN S, SWAROOP V, ZOU H F. The composition of public expenditure and economic growth [J]. Cema Working Papers, 1996, 37 (2): 313-344.

[8] ELHORST P J. Applied spatial econometrics: raising the bar[J]. Spatial Economic Analysis, 2010, 5(1): 9-28.

[9] EVANS P. Government consumption and growth [J]. Economic Inquiry,

1997,35(2): 209 -217.

[10]KORMENDI R C, MEGUIRE P G. Macroeconomic determinants of growth: Cross - country evidence[J]. Journal of Monetary Economics,1985,16(2): 141 -163.

[11]LANDAU D. Government expenditure and economic growth: a cross - country study[J]. Southern Economic Journal,1983(49): 783 -92.

[12]LESAGE J, PACE R K. Introduction to spatial econometrics [M]. Boca Raton: CRC Press,2009.

[13]LI H, LIANG H. Health, education, and economic growth in East Asia [J]. Journal of Chinese Economic & Foreign Trade Studies,2010,3(2): 110 -131.

[14]MAURO P. Corruption and the composition of government expenditure[J]. Journal of Public Economics,1998, 69(2): 263 -279.

[15]PACE R K, BARRY R. Sparse spatial autoregressions[J]. Statistics & Probability Letters,1997,33(3): 291 -297.

[16]QIAN Y, WEINGAST B R. Federalism as a commitment to preserving market Incentives[J]. Working Papers,1997,11(4): 83 -92.

[17]YEOH N M, STANSEL D. Is public expenditure productive? evidence from the manufacturing sector in U. S. cities, 1880 - 1920 [J]. Social Science Electronic Publishing,2013,17(1): 411 -446.

[18]YU B, FAN S, SAURKAR A. Does composition of government spending matter to economic growth. [EB/OL]. (2009 -08 -16)[2016 -12 -20]. https://www. researchgate. net/publication/228425797_Does_Composition_of_Government_SpendiSp_Matter_to_Economic_Growth.

[19]邓子基，杨志宏．省管县改革、财政竞争与县域经济发展[J]. 厦门大学学报(哲学社会科学版), 2012(4): 73 -81.

[20] 冯涛，赵会玉．地方政府竞争视角下的中国经济增长[J]. 学术交流, 2009(9): 71 -74.

[21] 付敏杰．中国有多少结构问题？[J]. 经济学动态, 2013(5): 27 -38.

[22] 付文林，沈坤荣．中国公共支出的规模与结构及其增长效应[J]. 经济科学, 2006(1): 20 -29.

[23] 傅勇，张晏．中国式分权与财政支出结构偏向：为增长而竞争的代价[J]．管理世界，2007(3)：4－12,22.

[24] 郭庆旺，吕冰洋，张德勇．财政支出结构与经济增长[J]．经济理论与经济管理，2003(11)：5－12.

[25] 郭庆旺，贾俊雪．地方政府行为、投资冲动与宏观经济稳定[J]．管理世界，2006(5)：19－25.

[26] 郭庆旺，贾俊雪．地方政府间策略互动行为、财政支出竞争与地区经济增长[J]．管理世界，2009(10)：17－27.

[27] 郭庆旺，赵旭杰．地方政府投资竞争与经济周期波动[J]．世界经济，2012(5)：3－21.

[28] 靳涛．资本倚重、投资竞争与经济增长——中国转型期经济增长的再思索(1978—2004)[J]．统计研究，2006(9)：37－41.

[29] 李婧，谭清美，白俊红．中国区域创新生产的空间计量分析——基于静态与动态空间面板模型的实证研究[J]．管理世界，2010(7)：43－55.

[30] 李涛，周业安．财政分权视角下的支出竞争和中国经济增长：基于中国省级面板数据的经验研究[J]．世界经济，2008(11)：3－15.

[31]刘彦军．公共服务、政府竞争与产业集聚[J]．贵州财经大学学报，2016 (2)：1－9.

[32] 娄洪．长期经济增长中的公共投资政策——包含一般拥挤性公共基础设施资本存量的动态经济增长模型[J]．经济研究，2004(3)：10－19.

[33] 潘孝珍．财政分权与环境污染：基于省级面板数据的分析[J]．地方财政研究，2009(7)：29－33,48.

[34] 平新乔，白洁．中国财政分权与地方公共品的供给[J]．财贸经济，2006(2)：49－55,97.

[35] 乔宝云，范剑勇，冯兴元．中国的财政分权与小学义务教育[J]．中国社会科学，2005(6)：37－46.

[36] 王火根，沈利生．中国经济增长与能源消费空间面板分析[J]．数量经济技术经济研究，2007，24(12)：98－107.

[37] 伍文中．政府间财政支出竞争的经济效应研究[D]．济南：山东大学，

2010.

[38] 徐春华，刘力．FDI、政府消费与 CO_2 排放——基于36国贸易空间权重矩阵的空间杜宾模型分析[J]．国际经贸探索，2016，32(1)：64－78.

[39] 严成樑，龚六堂．财政支出、税收与长期经济增长[J]．经济研究，2009，44(6)：4－15.

[40] 姚鹏，孙久文．贸易开放、人力资本与中国区域收入空间效应——基于地级及以上行政区域经验数据分析[J]．经济理论与经济管理，2015(2)：101－112.

[41] 张军，高远，傅勇，等．中国为什么拥有了良好的基础设施？[J]．经济研究，2007(3)：4－19.

[42] 张军，周黎安．为增长而竞争[M]．上海：上海人民出版社，2007.

[43] 张明喜，陈志勇．促进我国经济增长的最优财政支出规模研究[J]．财贸经济，2005(10)：41－45.

[44] 张五常．中国的经济制度[M]．北京：中信出版社，2009.

[45] 张勇，古明明．公共投资能否带动私人投资：对中国公共投资政策的再评价[J]．世界经济，2011，34(2)：119－134.

[46] 张征宇，朱平芳．地方环境支出的实证研究[J]．经济研究，2010(5)：82－94.

[47] 赵文哲，周业安．基于省际面板的财政支出与通货膨胀关系研究[J]．经济研究，2009，44(10)：48－60.

[48] 庄子银，邹薇．公共支出能否促进经济增长：中国的经验分析[J]．管理世界，2003(7)：4－12.